Gustav

Rumelin

Shakespearestudien

Gustav Rümelin

Shakespearestudien

ISBN/EAN: 9783742808394

Hergestellt in Europa, USA, Kanada, Australien, Japan

Cover: Foto ©Andreas Hilbeck / pixelio.de

Manufactured and distributed by brebook publishing software (www.brebook.com)

Gustav Rümelin

Shakespearestudien

Shakespearestudien

von

Gustav Rümelin.

Stuttgart.
Verlag der J. G. Cotta'schen Buchhandlung.
1866.

Ich möchte gerne, daß in dem kleinen Kreise, wo dieß gelesen wird, es niemand mehr in den Sinn komme, Shakespeare weder zu entschuldigen noch zu verdammen, aber zu erklären, zu fühlen wie er ist, zu nützen und, wo möglich, uns Deutschen herzustellen. Trüge dieß Blatt etwas dazu bei!   Herder.

Vorwort.

Im Morgenblatt für gebildete Leser ist vor einiger Zeit (Jahrgang 1864 Nr. 48—52 und Jahrgang 1865 Nr. 4—9) unter dem Titel „Shakespearestudien eines Realisten" eine Reihe von Aufsätzen erschienen, die in dem Leserkreis jenes Blattes theils Zustimmung, theils Widerspruch, aber immerhin so viel Beachtung gefunden haben, daß gegen die Redaktion, die Verlagshandlung und den Verfasser vielfältig der Wunsch ausgesprochen wurde, sie möchten zu einem besondern Büchlein gesammelt auch einem weiteren Publikum dargeboten werden.

Der Verfasser derselben, der zu dem Fach der Aesthetik und schönen Literatur von jeher nur das Verhältniß des einfachen Lesers, Laien und Liebhabers hatte, mußte schon seit Jahren wahrnehmen, daß der unbefangene Eindruck, den ihm Shakespeares Dichtungen machten, ihn in einen stillen Widerspruch mit den in der deutschen Literatur herrschenden Ansichten versetzte. Er mißtraute lange dem eigenen

Gefühl und schob die Schuld auf das noch mangelnde, volle Verständniß. Als er den Dichter aber immer von Neuem zur Hand nahm und daneben die kritischen Werke der Hauptstimmführer in der Sache sorgfältiger durchgieng, fand er zur eigenen Ueberraschung jene ersten Eindrücke weit mehr bekräftigt als abgeschwächt. Denn einerseits trat ihm, wie das Auge durch Geduld und Aufmerksamkeit zuletzt auch im Halbdunkel deutlicher zu unterscheiden lernt, die Gestalt des Dichters allmälig bestimmter, individueller, verständlicher entgegen, und andererseits sah er auch der Kritik etwas genauer in die Karten und überzeugte sich, welch großer Antheil daran auf Vorurtheile, vorübergehende Zeitströmungen und Abstraktionen der Schule fiel. Das Maß wurde voll, als er nun noch die Fluth von Schriften und Reden, die auf das dritte Secularfest der Geburt Shakespeares den deutschen Büchermarkt übergoß, zu durchschwimmen versucht hatte. Bei aller Einhelligkeit in überschwenglicher Verherrlichung, wie unvereinbar waren die Prädikate, die dem Dichter beigelegt wurden, wie seltsam und krausbärtig die Schlüssel, die man uns zum Verständniß seiner Werke bot! Es schien das Wunder des ersten Pfingstfestes, die Gabe in Zungen zu reden wiedergekehrt. Es war Eine Lobpreisung, aber jeder verstand den Dichter nur in der Sprache, in der er geboren war. Man konnte Parthisch und Medisch, Elamitisch und Kappadocisch hören und lernen. Als nun so viele und bunte Stimmen sich vernehmen ließen, schien es dem Verfasser erlaubt, auch seine Ketzereien noch auf den Markt zu führen; ja es schien ihm noch verdienstlich, wenn in dem Chorus von Verehrern, der um den Dichter an seinem Triumphtage einherzog, neben den tanzenden Thyrsusträgern die Zahl der Nüchternen und noch geraden Schrittes Wandelnden auch nur um Einen vermehrt würde.

Wenn sich der Verfasser in seinen Aufsätzen des Morgenblattes als einen „Realisten" bezeichnet hat, so will er hier nicht mit einer Erläuterung dieses vieldeutigen Wortes ermüden, da er hofft, der Leser der folgenden Blätter werde von selbst merken, wie er allein gemeint seyn und wie wenig damit eine Verläugnung der idealen Anforderungen an die Kunst beabsichtigt seyn konnte.

Die Aufsätze sind im Wesentlichen unverändert geblieben und es sind nur einzelne Ergänzungen und nähere Begründungen, die zusammen nicht über Einen Druckbogen füllen mögen und fast ganz auf den sechsten und zwölften Abschnitt fallen, hinzugekommen. Der formelle Mangel, daß das Ganze nicht völlig in Einem Guß entstanden ist, sondern einzelne Punkte aus den ersten Abschnitten später und in etwas anderem Zusammenhang wieder aufgenommen und fortgeführt werden, ließ sich ohne eine gänzliche Umarbeitung nicht wohl beseitigen und dürfte, da auch für den Leser eine erst allmählige Vertiefung in den Gegenstand etwas

Natürliches hat, nur von Wenigen als Störung empfunden werden. Im Uebrigen wäre über das unendliche Thema noch Vieles zu sagen gewesen, zumal wenn man auf die einzelnen Stücke noch näher eingehen wollte. Allein es war dem Verfasser nur darum zu thun, einige allgemeine Gesichtspunkte, die ihm beachtenswerth erschienen, zur Sprache und Geltung zu bringen, und er wollte sich lieber vorbehalten, falls die Kritik davon Notiz nehmen und sich die Aussicht auf eine Förderung des Verständnisses durch weitere Gegenrede bieten sollte, zum zweitenmal das Wort zu nehmen, als gleich vornherein noch mehr Detail heranziehen.

Stuttgart, im November 1865.

Inhalt.

		Seite
I.	Die Stellung der englischen Bühne zu Shakespeares Zeit	1
II.	Shakespeares Stellung zu seinen Zeitgenossen	15
III.	Die Mängel der Shakespearekritik	27
IV.	Für wen dichtete Shakespeare?	32
V.	Shakespeares Eigenthümlichkeiten in der Charakteristik der Personen und in der Motivirung der dramatischen Handlung	49
VI.	Die Motivirung der Handlung in Lear, Maß für Maß, Cymbeline, Romeo, Macbeth, Othello, Hamlet	60
VII.	Zu den englischen Historiendramen	97
VIII.	Zu den Dramen über Stoffe des classischen Alterthums	107
IX.	Zu den Lustspielen	123
X.	Shakespeares Individualität und Bildungsgang	132
XI.	Shakespeares Lebensansichten	155
XII.	Der deutsche Shakespearecultus und Vergleichung Shakespeares mit Schiller und Goethe	188

I.

Die Stellung der englischen Bühne zu Shakespeares Zeit.

Es ist nur Weniges, was wir von den Bühnenverhältnissen aus Shakespeares Zeit, noch Wenigeres, was wir von dem Lebensgang und der persönlichen Stellung und Stimmung des Dichters wissen; und dennoch scheint es uns, wie wenn auch aus diesem Wenigen die wahren und vollständigen Schlußfolgerungen in mehreren nicht unwichtigen Punkten noch nicht gezogen worden seyen.

Die bei allen Schriftstellern über den Gegenstand herrschende und in alle Geschichtsbücher übergegangene Auffassung der Sache geht dahin, daß in England oder mindestens in London zu den Zeiten Elisabeths und Jakobs eine Volks- oder Nationalbühne bestanden habe, ähnlich der altgriechischen, der spanischen oder auch der modern französischen, d. h. eine Bühne, der sich die Aufmerksamkeit und Theilnahme aller Klassen und Stände des Volks zugewendet, in deren Darstellungen das Volk den Ausdruck seiner eigenthümlichen Weltanschauung, den Spiegel seiner Vergangenheit und Gegenwart zu sehen gewöhnt war.

Aus dieser Bedeutung der Bühne ergibt sich von selbst auch die persönliche Stellung des dramatischen Dichters, der an derselben thätig ist. Wir sind gewöhnt, Shakespeares Leben als ein ächtes und fast ideales „Dichterleben" zu betrachten. Nicht bloß Tieck in seiner reizenden Novelle, auch die ernsten Forscher, wie Ulrici, Gervinus, rücken uns den Dichter in ein solches Licht. Er erscheint uns als der Günstling seiner großen Königin und ihres Nachfolgers, als der vertraute Freund der vornehmsten Männer, als der Liebling des Publikums, der in allen Kreisen bekannte und gefeierte Dichter, dem es vergönnt war, von den Brettern, die die Welt bedeuten, herab zu den Edelsten seines Volkes über die höchsten Fragen des Menschenlebens, über Welt und Menschenschicksal zu reden, und, wie er selbst im "Hamlet" den Zweck des Schauspiels bestimmt, der Natur gleichsam den Spiegel vorzuhalten, der Tugend ihre eigenen Züge, der Schmach ihr eigenes Bild und dem Jahrhundert und Körper der Zeit den Abdruck seiner Gestalt zu zeigen. Alle kleinen Flecken und Schatten in des Dichters Lebensgang müssen in diesem sonnigen Bilde des ächtesten, auf die Höhen der Menschheit gestellten Künstlerlebens verschwinden.

Diese Anschauung von der Sache schien uns immer mit der bekannten und unzweifelhaften Thatsache, daß das Theater in England vor, zu und nach Shakespeares Zeit der Gegenstand einer unablässigen Verfolgung von Seiten des Staats, der Kirche und der Gemeinden war, in augenscheinlichem Widerspruch zu stehen.

Denn eine nähere Betrachtung der Sache läßt keineswegs die übliche Auslegung zu, daß hier eben Staat, Kirche und Gemeinde im Widerspruch mit der Sitte und Anschauung des Volks standen, und die Volkssitte ihre unwiderstehliche Macht und ihre innere Berechtigung nur um so glänzender bewährt habe, wenn trotz aller jener Verfolgungen der officiellen Mächte die Zahl und der Besuch der Bühnen sich von Jahr zu Jahr steigern konnten.

Scenische Darstellungen an sich gewährten dem religiösen und sittlichen Bewußtseyn jener Zeiten keinen Anstoß. Sie waren ja kirchlichen Ursprungs und aus den Passionsspielen, Mirakeln und Moralitäten des Mittelalters hervorgegangen; die katholische Kirche war auch immer klug und weitherzig genug gewesen, zu den komischen, possenhaften, mitunter cynischen Zuthaten und polemischen Anspielungen ein Auge zuzudrücken. Das fiel doch alles noch unter den Gesichtspunkt der Liebhabertheater; es beschränkte sich auf einzelne festliche Tage im Jahr, und die Personen, die dabei auftraten, waren die übrige Zeit hindurch gerade so ehrbare Handwerker, Landleute, Studenten, Cavaliere als die andern. Daß nun aber diese Aufführungen sich zu einem stehenden Institut ausbildeten, daß ein besonderes Gewerbe daraus gemacht wurde, daß man Knaben für diese Beschäftigung als eine besondere Berufsart heranbildete, daß man rein weltliche Stoffe dramatisch behandelte und dabei mit wachsender Freiheit vom Einen zum Andern griff, das galt als anstößige Neuerung, als ein schreiendes Zeichen steigender Sittenverderbniß.

Die Schauspieler bildeten einen ehrlosen, von der bürgerlichen Gesellschaft ausgeschlossenen und geächteten Stand. Die Gesetze jener Zeit stellen sie mit den Gauklern, Seiltänzern, Bärenführern u. s. w. stets in Eine Linie; eine Verordnung spricht sogar von den „wandernden Schurken."

Man ersieht nun aber aus der näheren Geschichte der Theaterverfolgungen jener Zeit ganz deutlich, daß die Verbote der obersten Behörde nicht etwa im Widerspruch mit der Volkssitte ergingen, sondern eher hinter den Forderungen derselben zurückblieben. Nicht die Königin und ihre ersten Räthe waren es, die die stehenden Theater am eifrigsten bedrohten, sondern die Parlamente und Gerichte. Elisabeth hatte sich zwar gleich nach dem Antritt ihrer Regierung zu einem allgemeinen Verbot der öffentlichen Bühnen und auch später zu mancherlei Zwangsmaßregeln verstanden; aber im Grunde fand sie an der Sache selbst Gefallen, namentlich an den gelehrten und allegorischen Stücken, und sah es gern, wenn sie für die Spiele bei Hof über eine geübte Truppe verfügen konnte. Auch auf kirchlicher Seite waren nicht die Bischöfe die heftigsten, da sie einer Liebhaberei der Königin gegenüber ihren Eifer zu zügeln wußten; um so rücksichtsloser sprachen sich die niedern Prediger auf den Kanzeln der Hauptstadt und des Landes aus. Der ausdauerndste Widerwille und die zäheste Verfolgung aber ging von dem Lordmayor und den Gemeindebehörden der City aus, die im Jahr 1575 alle Theater aus dem Bereich ihrer Amtsgewalt auswiesen und sie nöthigten, in die Vorstädte und an exemte

Plätze (wie z. B. gerade das ehemalige Kloster der schwarzen Brüder, „Blackfriars", an dem Shakespeare stand) zu flüchten; und daß sie hiebei im Einklang mit der Bürgerschaft handelten, geht aus den zahlreichen Petitionen und Adressen hervor, mit denen sie von den Einwohnern, zumal der Stadttheile, in welchen sich Theater befanden, bestürmt wurden.

Gleichwohl ist es Thatsache, daß die Zahl der Theater in London unter Elisabeth von fünf auf zehn stieg, daß fast alle gute Geschäfte machten, indem ihre Unternehmer, wie Shakespeare selbst, zu Wohlstand und Reichthum gelangten, daß die Bühne in Fruchtbarkeit an neuen dramatischen Stücken selbst mit der altspanischen wetteiferte. Wie sind diese seltsamen Widersprüche zu vereinigen? Offenbar müssen hier Verschiedenheiten zwischen den einzelnen Klassen des Volkes vorliegen. Wer besuchte und förderte die Theater? Wer mied und verfolgte sie? Niemand wird sich von Shakespeares Lebens- und Dichterstellung ein ganz zutreffendes Bild machen können, ohne diese Frage aufgeworfen und richtig gelöst zu haben.

Die Ansicht, als ob England zu Shakespeares Zeit im Besitz einer durch die Theilnahme aller Stände getragenen Nationalbühne gewesen wäre, hängt genau mit einem weiteren Irrthum über den ganzen Charakter, die Stimmung und geistige Strömung dieses Zeitabschnittes zusammen. Man liebt diese so darzustellen, als ob das englische Volk nach dem Sieg über die spanische Armada im frischen Aufschwung aller materiellen und geistigen Kräfte, bei blühender

Entwicklung seiner Seemacht, seines Handels und aller Gewerbe eine schöne Periode des gehobenen Nationalgefühls, der patriotischen Begeisterung, der Empfänglichkeit für alle Künste und Genüsse des Friedens durchlebt habe, gleichsam halkyonische Tage, die den Stürmen der Revolution vorausgingen und zwischen den Zeitaltern der religiösen und politischen Erregung als eine glückliche Zwischenperiode erscheinen, in der dann die rasche und glänzende Entwicklung der dramatischen Kunst und Shakespeares Dichtergenius ihren natürlichen Boden und ihre beste Erklärung finden.

Diese Auffassung leidet aber schon an einer innern Unwahrscheinlichkeit, weil eine befriedigte und enthusiastische Stimmung über vergangene Erfolge und abgewendete Gefahren im Leben der Einzelnen wie der Völker stets nur von kürzester Dauer ist und niemals das hervortretende Merkmal eines ganzen Zeitraums bilden wird. Der Gedanke an das nicht eingetretene Unglück ist ohnedieß nie im Stande, nachhaltige Wirkung in uns hervorzubringen; aber auch das wirklich Errungene wird uns immer ungenügend und mangelhaft erscheinen und Blick und Streben vorwärts drängen, statt zurück.

Wir finden in der That auch bei mehrern Geschichtsforschern, wie z. B. Macaulay und Schlosser eine ganz andere Auffassung jenes Zeitalters, die uns ebenso innerlich begründet als äußerlich beglaubigt erscheinen will.

Es gab natürlich schon in den ersten Zeiten der Elisabeth Männer genug, die an der Art, wie die Reformation von

oben herab eingeführt wurde, an dem Supremat über die
Kirche, an den beibehaltenen Bischöfen und römischen Cere=
monien den größten Anstoß nahmen und eine weit tiefere
und gründlichere Durchführung der reformatorischen Prin=
zipien in Staat, Kirche und Sitte forderten. Aber der eng=
lische Protestantismus war noch zu sehr von Außen und
Innen gefährdet, ja in seiner ganzen Existenz bedroht, als
daß innere Spaltungen und Erschütterungen dem Bedürfniß
der Sachlage entsprochen hätten und Elisabeth auf viele
Schwierigkeiten stoßen konnte, wenn sie die Eiferer, die
Calvinisten und Puritaner mit gleicher Strenge wie die
Papisten niederwarf. Erst als die Ansprüche der katholischen
Prätendentin unter dem Beil des Henkers erloschen, der
Abfall der Niederlande gesichert, die Armada vernichtet war
und auf Frankreichs Thron ein Hugenotte saß, konnte der
Protestantismus für völlig gesichert gelten und von jenen
beengenden Rücksichten keine Rede mehr seyn. Um dieselbe
Zeit sehen wir nun aber auch jene Forderung, daß mit den
Grundsätzen der neu gewonnenen evangelischen Freiheit voller
Ernst zu machen sey, sich sofort in unaufhaltsamer Strömung
durch alle Kreise des Volkes Bahn brechen. Noch in den
achtziger Jahren gelangen puritanische Ansichten zur Mehr-
heit im Parlament; sie herrschen bereits in allen Muni-
cipalitäten, am entschiedensten in den größeren Städten des
Landes, besonders der Hauptstadt. Es war naturgemäß,
daß die Saat der neuen Gedanken den empfänglichsten Boden
in denjenigen Klassen der Gesellschaft fand, deren äußere

Interessen am wenigsten in die alte Ordnung der Dinge verflochten schienen. Die Kaufleute und Gewerbetreibende der City, die mit den Niederlanden in steter Verbindung standen und zu einem ansehnlichen Theil aus denselben stammten, die niederen Geistlichen, Richter und Beamten, die kleineren Grundbesitzer und unabhängigeren Pächter auf dem Land, kurz die maßgebendsten Stände eines Volkes, die natürlichen Träger neuer Zeitideen gehörten ganz überwiegend dieser ernsten reformatorischen Richtung an. Wo hätte auch die darauffolgende Generation die Männer des langen Parlaments und die Heiligen Cromwells finden sollen, wenn nicht noch unter Elisabeth und Jakob die Elemente solcher Anschauungen Wurzel gefaßt hätten?

Ueber so viele Dinge aber auch Presbyterianer, Puritaner, Anglikaner und Independenten verschiedener Ansicht seyn mochten, in der Einen Forderung einer ernsten sittlichen Zucht, einer strengen Sonntagsfeier, eines arbeitsamen, von eitlen Vergnügungen und Lustbarkeiten abgekehrten Lebenswandels stimmten sie unter sich und mit allen calvinistischen Kirchen überein. Das Theater rechnete man unzweifelhaft zu diesen eitlen und unsittlichen Lustbarkeiten, wie denn auch, sobald unter Karl I. die Parlamente zur Herrschaft gelangten, es eine ihrer ersten Maßregeln war, alle Bühnen des Königreichs zu schließen. Jene unabläßigen Verfolgungen des Theaters zu Shakespeares Zeiten erscheinen in diesem Zusammenhang nicht, wie es die meisten Schriftsteller über unsern Dichter darzustellen pflegen, als einer jener unmächtigen, allmählig erlahmenden Versuche der Obrigkeiten, gegen eine neue Volkssitte anzukämpfen, sondern als die Symptome einer neuen, die wichtigsten Klassen des Volkes selbst ergreifenden und bald zur völligen Herrschaft gelangenden sittlichen Lebensrichtung.

Um nun aber auch zu wissen, wer denn die Besucher jener zahlreichen Theater Londons waren, vor welchem Auditorium Shakespeares Meisterwerke in Scene traten, bedarf es nichts Weiteres, als sich die inneren Räumlichkeiten und Einrichtungen der Bühne jener Zeit kurz zu vergegenwärtigen. Wir lassen dabei jene niedrigen Vorstadttheater außer Acht, in welchen die Aufführungen von Mord= und Greuelthaten mit Prügelscenen, Hanswurstiaden, Bärenhetzen und Hahnenkämpfen wechselten, und betrachten, der bekannten Schilderung von Thomas Nash folgend, eines der vornehmsten, den Globus, in welchem die Truppe, der Shakespeare angehörte, in den Sommermonaten spielte.

Man unterschied vier Zuschauerplätze. Der erste und vornehmste war auf der Bühne selbst und in den Coulissen. Hier saßen und lagen die Gönner der Bühne, jene jungen Männer des Adels und der Gentry, die Stutzer und Lions der Hauptstadt, für welche der Theaterbesuch damals zu den nobeln Passionen gehörte. Hier waren die jungen aristokratischen Freunde unseres Dichters, die Grafen Southampton, Pembroke, Rutland ꝛc. zu treffen. In dem großen, unbedeckten Hofraume, dem Parterre, waren in den vordersten Reihen die Inhaber von Freibilleten, die Fachgenossen, unbeschäftigte Schauspieler, Theaterdichter, Kritiker u. s. w.; hinter ihnen die aus den untern Volksklassen, den niedern Handwerkern, Gesellen und Lehrlingen, den Bootsleuten, Arbeitern auf den Werften und in den Fabriken bestehende Hauptmasse der Zuhörerschaft. Auf der ersten Gallerie nahmen die vordersten Plätze die Maitressen der Vornehmen und andere käufliche Schönheiten ein, für welche das Theater als günstige Gelegenheit der Werbung galt, wie denn in der Nähe der Bühnen zur großen Beschwerde der Umwohner häufig Frauenhäuser entstanden. Hinter diesen saßen solche, die der Versuchung des Theaterbesuches nicht widerstehen konnten und doch nicht im Theater gesehen werden wollten. Bürgerfrauen konnten nur diese Plätze besuchen, zeigten sich aber auch hier gewöhnlich nur mit Masken vor dem Gesicht. Auf der zweiten Gallerie, dem letzten und wohlfeilsten Platz, war das niedrigste Publikum, Matrosen, Bediente, Soldaten, Dirnen, zu suchen.

Man sieht hieraus wohl, für achtbare Männer und anständige Frauen war nicht einmal ein Platz vorgesehen. Auch andere Gebräuche und Einrichtungen sind bezeichnend. Es durfte niemals am Sonntage gespielt werden, auch an Werktagen auf den öffentlichen Bühnen nur bei Tage, so daß für denjenigen, der einem Erwerb oder Beruf nachzugehen hatte, ein regelmäßiger oder häufiger Besuch von selbst wegfiel. Man aß und trank während der Aufführungen; man rauchte und spielte Karten. Im offenen Parterre war der übelriechende, zum allgemeinen Gebrauch dienende, Bottich, ben zu entfernen die Theaterdirektionen vergebliche Versuche machten. Das Parterrepublikum war der Tyrann und Schrecken der Bühne und trieb groben Unfug, der nicht selten zu wilden Excessen und Gewaltthätigkeiten ausartete und zu polizeilichen Schließungen Anlaß gab. Man begreift gar wohl, daß in jenem Schreiben, in welchem Graf Southampton einem höheren Staatsbeamten ein Anliegen seiner Freunde Shakespeare und Burbadge in Theatersachen empfiehlt, die Worte gebraucht werden: „Wiewohl es Curer Würde und Weisheit nicht zukommt, sich an die Orte zu verfügen, wo sie das öffentliche Ohr zu ergötzen pflegen."

Offenbar könnte es nur durch einen Mißbrauch der Worte geschehen, wenn man den vielsagenden Namen einer Nationalbühne auf ein Institut anwenden wollte, dem Staat, Kirche und Gemeinde aus Gründen der Sittlichkeit entgegentraten, dessen Schwelle achtbare Männer, gesittete Frauen und Jungfrauen aus Gründen des Anstandes nicht überschreiten konnten. Und doch wäre es oberflächlich und einseitig genug, sich nun bei diesem negativen Ergebniß zu beruhigen und zu vergessen, daß in eben diesen Räumen und vor einem solchen Auditorium ein Macbeth, Hamlet, Romeo und Julie, der Sommernachtstraum und andere Dramen der höchsten Gattung über die Scene gingen.

Der Haupterklärungsgrund für die wachsende Zahl und Frequenz der Theater in jener Zeit war zunächst allerdings die rasche und ungemeine Vermehrung des bürgerlichen Wohlstands und der städtischen Gewerbe. London überragte

schon damals in gleicher Proportion wie heute alle europäischen
Städte an Volkszahl und Reichthum. Die Bevölkerung stieg
bereits auf eine halbe Million. Es gab, wie in jeder groß-
städtischen Bevölkerung, viele Tausende von unverheiratheten
Männern, denen es weder an leeren Tagen und Stunden,
noch an den Mitteln fehlte, dem dringenden Bedürfniß der
Unterhaltung Genüge zu thun. Daß nun aber eben diese
Tausende von Unterhaltungslustigen, welche der Verkehr und
Reichthum einer Weltstadt erzeugt, damals nicht ebenso, wie
in andern Zeiten und Orten, an den sonstigen Spielen und
Lustbarkeiten, nicht an Tänzern und Gauklern, nicht an
Rennen und Stiergefechten und andern Circusspielen ihr
Gefallen fanden, daß gerade die Lust an scenischen Aufführungen, der Sinn für die Aufregungen der dramatischen
Kunst zur herrschenden Mode wurde, das bedarf doch immer
wieder einer besondern Erklärung, die man gewiß nur in
dem Verständniß eines tieferen Zusammenhangs zwischen den
verschiedenartigen Bestrebungen eines Zeit- und Volkslebens
finden wird.

Das mittelalterliche Christenthum war nicht bloß eine
Religion, sondern es war zu einer alle Lebenskreise beherr-
schenden Weltanschauung geworden und hatte zu einer Ver-
weltlichung alles Kirchlichen, zu einer Verkirchlichung alles
Weltlichen geführt. Das neue Zeitalter, das man nach der
Reformation der Kirche zu benennen pflegt, verwarf jene
Vermengung ungleichartiger Dinge; es beschränkte zunächst
das Religiöse auf sein bestimmtes und ausschließliches Gebiet,

stellte aber eben damit zugleich auch die übrigen Lebenskreise, Erwerb, Staat, Wissenschaft, Kunst auf ihre eigenen Füße, es gab sie den Gesetzen ihrer eigenen inneren Entwicklung zurück. So gelangten die Wissenschaften und schönen Künste zu einem neuen selbstständigen Leben, ohne von der kirchlichen Bewegung weiterer Impulse zu bedürfen, ja unter Abweisung derjenigen Einflüsse, welche gleichwohl von dieser Seite versucht wurden.

Die Entwicklung der Poesie und dramatischen Kunst in England ist ein charakteristisches Beispiel für diese Verhältnisse. Man kann die Shakespeare'schen Dichtungen wohl, wie es von den meisten Literarhistorikern geschieht, in einem weiteren Wortsinn protestantische nennen, sofern sie ohne die vorausgegangene kirchliche Reform nicht denkbar wären und mit dieser in letzter Linie das gleiche Grundprincip, die Reinigung und Befreiung der verschiedenartigen Lebenszweige von fremdartigen Beschränkungen als gemeinsamen Ausgangspunkt haben. Aber damit ist nicht ausgeschlossen, daß diese sich in unkirchlichen oder wenigstens nichtkirchlichen Kreisen vollzog, mit der gleichzeitigen religiösen Strömung in gar keinem oder auch in feindseligem Verhältniß stund, daß Shakespeare der Kirche, welcher er dem Namen nach angehörte, die Gleichgültigkeit und den Widerwillen, womit sie seine Bestrebungen und Leistungen betrachtete, einfach mit einer ganz ähnlichen Beurtheilung ihrer eigenen Richtungen erwiederte.

Die mannigfachen Consequenzen einer gleichartigen

Grundanschauung treten in der Geschichte gewöhnlich als verschiedene Klassen, Stände oder Parteien auseinander, die ohne ein Bewußtseyn gemeinsamer Ausgangspunkte sich einander fremd oder feindlich gegenüberstellen. Das stärkste und politisch wichtigste, die Schicksale der folgenden Generation bestimmende Element in dem englischen Volksgeiste zu Shakespeares Zeiten war die Propaganda der puritanischen Denkart. Neben dieser politisch-religiösen Richtung gingen noch viele andere Kreise menschlicher Thätigkeit ihren abgesonderten, selbstständigen Weg. Es war ein reges und schöpferisches Leben in fast allen Zweigen des Wissens und des praktischen Lebens. Insbesondere gelangte die Dichtkunst zu einer überraschend schnellen und großartigen Blüthe. Die dramatische Kunst, die mehr als jeder andere Zweig der Poesie die Gunst äußerer Bedingungen fordert, fand in Folge des wachsenden Wohlstands in den Unterhaltungsbedürfnissen einer schon damals colossalen Stadtbevölkerung einen fruchtbaren und auch in materiellem Sinne lohnenden Boden. Gleichwohl sind wir der Meinung, daß die meisten und bekanntesten Schriftsteller der deutschen und englischen Shakespeare-Literatur den Wirkungen der englischen Bühne in dem Gesammtbilde, das sie von jenem Zeitalter entwerfen, eine viel zu hervortretende Stelle einräumen. Einmal waren jene Wirkungen rein localer Natur, da sie sich auf die Hauptstadt beschränkten und von einer Bedeutung der Theater in andern englischen Städten oder gar auf dem Land so viel als nichts zu sagen ist. Sodann hielten sich auch in

London selbst gerade diejenigen Klassen und Stände der Bühne völlig ferne, in welchen überall der Schwerpunkt eines Volkslebens zu suchen ist und in deren Händen die Leitung aller öffentlichen Angelegenheiten in Staat und Gemeinde, Kirche und Schule ruht. Endlich darf man überhaupt nicht von Shakespeares Dichtungen ohne Weiteres auf die damaligen Bühnenzustände überhaupt schließen. Nur eine der vielen Truppen führte Shakespeares Dramen auf; auch für sie bildeten sie natürlich nur einen kleinen Theil des Repertoires und wurden in ihrem hervorragenden Werth nur von Wenigen erkannt.

II.

Shakespeares Stellung zu seinen Zeitgenossen.

Die irrige Vorstellung von einer englischen Nationalbühne, oder wenigstens von einer im Bewußtseyn der Zeitgenossen hervortretenden Bedeutung des Theaters für die Sitte und Bildung des englischen Volks zu Shakespeares Zeiten führte von selbst zu einer ganzen Reihe falscher und schiefer Schlüsse auf die Lebensverhältnisse unseres Dichters, auf seine Stellung zur bürgerlichen Gesellschaft, auf den Ton und Charakter seines Selbstbewußtseyns und seiner persönlichen Stimmungen. Es geschieht uns unwillkürlich, daß wir die jetzige Meinung von dem Dichter auch schon seinen Zeitgenossen unterlegen; wir können es nicht begreifen, daß eine so große Erscheinung nur in den kleinsten Kreisen nach ihrem Werth erkannt worden seyn soll. Und dennoch scheint alles dafür zu sprechen, daß Shakespeare in seinem eigenen Zeitalter keine sonderliche und hervortretende Beachtung gefunden hat. Seine Anerkennung als eines der größten Dichter aller Zeiten und Völker ist in England und Deutschland neueren Datums, noch nicht hundert Jahre alt. Anderthalb Jahrhunderte hindurch nach seinem Tode war der Dichter nahezu vergessen, was allein schon dafür zeugt, daß er noch keinen großen Namen in das Grab trug.

Dieß erklärt sich leicht schon aus einem rein äußerlichen Umstand. Shakespeare dichtete alle seine dramatischen Werke für die bestimmte Bühne, der er als Unternehmer und Schauspieler angehörte. An sie verkaufte er seine Manuscripte gegen Tantièmen oder bestimmte Summen und verzichtete damit selbstverständlich auf das Recht, dieselben Stücke auch noch an andere Bühnen zu verkaufen oder durch den Druck zum Gemeingut aller Bühnen zu machen. Die Bühne, welche ein Manuscript erworben hatte, hatte ebenso das natürliche Interesse, ihrerseits eine Veröffentlichung durch den Druck auf alle Weise zu hindern. Wo dieses dennoch der Fall war, geschah es in Folge besonderer Umstände, meist durch den Verrath und die Untreue der Theaterangehörigen. Shakespeares Dramen waren zu seinen Lebzeiten wirklich zum größten Theil noch gar nicht gedruckt; sie konnten also überhaupt nicht gelesen, sondern nur im Theater gehört werden. Das Theater besuchten aber nach dem Obigen aus den gebildeten und urtheilsfähigen Klassen des Volks mit vereinzelten Ausnahmen nur die Jünglinge und jungen Männer ohne bürgerliche Stellung. Anständige Frauen waren jedenfalls völlig davon ausgeschlossen. Man würde in diesen Kreisen vielleicht kaum Shakespeares Namen gehört haben, wenn er nicht auch die beiden epischen Dichtungen, Venus und Adonis und Lucretia, verfaßt hätte, und wenn seine Sonette nicht im Druck erschienen wären.

Jene Stellen bei dem schon oben genannten Thomas Nash, einem angesehenen Kritiker jener Zeit, die uns jetzt so verkehrt und wunderlich vorkommen, lassen die herrschenden Anschauungen sehr deutlich erkennen. In seiner Schilderung einer Aufführung von Heinrich VIII. im Globustheater sagt er zu einer Zeit, da Shakespeare noch lebte, aber seine dichterische Laufbahn bereits abgeschlossen hatte, unter anderem: „Der Verfasser dieses Stücks ist ein gewisser William Shakespeare, ein Mann, dem es keineswegs an Talent fehlt. Die Kenner geben indessen seinen Gedichten den Vorzug vor seinen Theaterstücken. Denn ein Theaterstück ist nur ein eitles Vergnügen. Die Menge ist danach begierig, hält aber nichts von den Verfassern solcher Stücke. Deßhalb machen sich diese die Sache auch leicht; sie plündern, wo es zu plündern gibt, übersetzen, bearbeiten und bringen auf die Bühne, was sich ihnen darbietet, Himmel, Hölle, Erde, kurz, was ihnen unter die Hände kommt, Vorfälle von gestern, alle Chroniken,

Mährchen und Romane. Sie treiben ihren Spott mit allem, und wenn sie uns nur dadurch unterhalten, so verlangen wir weiter nichts von ihnen. Dieser Shakespeare, von dem ich eben spreche, ist indeß durchaus nicht ohne Verdienst und hat sich unter der großen Masse dramatischer Dichter unserer Zeit den meisten Ruf erworben."

In einer andern ähnlichen Stelle sagt derselbe Verfasser: Er würde Shakespeares Talent weit höher schätzen, wenn er nicht, nur um zu leben, Schauspiele geschrieben hätte, die seinem Ruhm weit mehr geschadet als genützt haben. In seinen andern Dichtungen dagegen, Venus und Adonis, Tarquin und Lucretia, und in seinen Sonetten herrsche der Geist Petrarcas, und wäre Shakespeare stets dem italienischen Kunststyle treu geblieben, so wäre er einer unserer größten Dichter geworden, größer noch als Daniel, der erste Dichter seiner Zeit.

Wie wildfremd klingen uns jetzt diese Aeußerungen! Und doch haben gewiß unsere Shakespearekritiker Unrecht, wenn sie dieselben nur als Beleg für die Urtheilslosigkeit ihres Verfassers, als Beweis, wie sehr sich die Kritik vor der Nachwelt blamiren könne, anführen. Es sprechen vielmehr alle inneren und äußeren Gründe dafür, daß jene seltsamen Reden das vorherrschende Urtheil der gebildeten Zeitgenossen Shakespeares enthalten.

Der Dramatiker Webster, ein Freund Shakespeares, redet in ähnlicher Weise „von dem vollen und hohen Styl des Meisters Chapman, den durchgearbeiteten und verständigen

Werken des Meisters Jonson, den nicht minder würdigen
Schöpfungen der vortrefflichen Meister Beaumont und Fletcher,
und endlich, ohne durch das spätere Nennen dieser Namen
irgend welche Hintansetzung auszudrücken, von der eben
so glücklichen wie fruchtbringenden Thätigkeit (industry)
der Meister Shakespeare, Dekker und Heywood." Shakespeares Zeit- und Volksgenosse, Bacon von Verulam, der
mehrere Jahrzehnte neben ihm in London lebte und in seinen
Schriften und Briefen fast keine einzige Zeiterscheinung
unerwähnt läßt, scheint von der Existenz eines dramatischen Dichters Namens Shakespeare gar keine Kunde gehabt oder es nicht der Mühe werth gefunden zu haben,
darüber zu reden.

Selbst das Zeugniß, das auf den ersten Anblick eine
solche Auffassung zu widerlegen scheint, stimmt bei näherer
Betrachtung mit ihr wohl zusammen. Jenes oben schon er-
wähnte Schreiben, das in den Papieren des Lord Ellesmere
gefunden wurde, und worin Graf Southampton Burbadge
und Shakespeare, die beiden Ueberbringer einer Beschwerde
der Schauspielergesellschaft von Blackfriars gegen den Gemeinderath, empfiehlt, sagt von diesen: „Den einen bezeichnet der
Ruf als unsern englischen Roscius, als Einen, der die Gebärde dem Wort und das Wort der Gebärde höchst bewun-
dernswürdig anpaßt. Der andere ist ein Mann, der kein
Haarbreit weniger Gunst verdient und mein specieller Freund;
bis kürzlich noch ein Schauspieler von gutem Klang bei der
Gesellschaft, jetzt Miteigenthümer derselben und Verfasser

einiger unserer besten englischen Schauspiele. — Dieser andere heißt William Shakespeare und sie sind beide aus Einer Grafschaft. Beide sind ihren Gaben nach wahrhaft rühmenswerth."

So würde man von einem wirklich hochgefeierten, in allen gebildeten Kreisen bekannten Nationaldichter nicht reden; ein solcher würde überhaupt dieser Empfehlung gar nicht bedurft haben. Der Graf stellt den Schauspieler, dessen Namen wir nicht einmal mehr wüßten, wenn er nicht mit Shakespeare in Verbindung stünde, mit dem Dichter ganz in Eine Linie, nennt ihn sogar noch vor demselben, und redet von beiden, wie von Männern, von deren Existenz und Verdiensten Kenntniß zu haben einem englischen Kanzler nicht ohne weiteres zugemuthet werden kann.[1]

Das unverwerflichste Zeugniß aber gibt uns der Dichter selbst in seinen Sonetten. Diese Gedichte von der tiefsten Empfindung und hoher technischer Vollendung, die trotz der trefflichen Uebersetzungen von Jordan und Bodenstedt selbst so vielen Freunden unseres Dichters noch unbekannt sind, und uns mehr als alle dramatischen Werke die Persönlichkeit des Dichters, seine Stimmungen und die Tinktur seines Selbstbewußtseyns aufschließen, zeigen mit unwidersprechlicher

[1] Die Authentie jenes Schreibens ist neuerdings in Frage gestellt worden. Wir erlauben uns darüber kein Urtheil. Wenn es ein Falsum seyn sollte, so gehört es jedenfalls zu den mit Takt und Sachkunde abgefaßten, und es wäre nur zu bedauern, wenn der Verfasser von seinen Kenntnissen jener Verhältnisse keinen bessern Gebrauch zu machen wüßte.

Deutlichkeit, wie weit entfernt er von dem Selbstgefühl eines
großen, von der Theilnahme seiner Nation emporgehobenen
Sängers war. Niemand wird es ohne Rührung und innige
Theilnahme lesen, wenn er ihn klagen hört:

> Wenn ich nach Trost für mein verachtet Loos,
> Für meines Standes Schimpf in Thränen suche,
> Zum tauben Himmel schreie hoffnungslos,
> Mich selbst betrachtend mein Geschick verfluche,
> Und Anderen ihr hoffnungsreiches Leben,
> Ihr Aussehn, ihren Freundeskreis beneide,
> Dem seine Kunst und dem sein thätig Streben,
> Mir aber meine beste Lust verleide,
> So komm ich mir beinah verworfen vor.

Ebenso wenn er an einer andern Stelle seinem Freunde sagt:

> Mein Name muß mit mir begraben bleiben,
> Um dir wie mir die Schande zu ersparen;
> Mich schändet mein Beruf, dich würd' es schänden,
> Dem schlecht Berufnen Liebe zuzuwenden.

Das sind aber nicht bloß vereinzelte Stellen, sondern durch
das Ganze geht ein Ton der Schwermuth, das Gefühl der
niedrigen und verachteten Stellung, wo nicht des verfehlten
Lebens. An hundert Stellen wünscht man dem Dichter gegenüber von seinem jugendlichen vornehmen Freund ein männ-
licheres Selbstgefühl, ein stolzeres Bewußtseyn seines eigenen
Werthes, und freut sich, wenn er sich wenigstens an einigen
Stellen zu der Zuversicht erhebt, daß er dem Tod zum Trotz,
der unter den stummen Horden wüthen möge, unsterblich

fortleben und in seinen Liedern auch dem Freunde ein Denk=
mal setzen werde, dauernder als Erz und Marmor.

Ja wenn man die vollen Consequenzen aus allen diesen
Thatsachen ziehen will, so wird man Shakespeares Stellung
zur bürgerlichen Gesellschaft mit derjenigen vergleichen müssen,
welche nach heutiger Sitte Taschenspieler, Kunstreiter, Seil=
tänzer ꝛc. behaupten. Sie mögen noch so ausgezeichnet in
ihrer Kunst seyn, sich oft und viel vor den höchsten Herr=
schaften producirt haben, sich hoher Gönner, vielleicht auch
hoher Gönnerinnen erfreuen und Lieblinge des Publikums,
das ihren Produktionen nachgeht, genannt werden können;
sie mögen auch zu einem großen Einkommen, ja zu Reich=
thum gelangen; sie werden es doch bei allem dem nie zu
einer geachteten Stellung bringen, von den gebildeten Stän=
den, von dem Zutritt in Familien der höheren und mittleren
Klassen wie durch eine Kluft geschieden bleiben; es wird
auf ihrem Beruf ein Makel haften, den sie durch keine Lei=
stung, durch keine persönlichen Vorzüge von sich wegbringen,
der sie unfehlbar bis an's Ziel des Lebens begleitet.

So und nicht anders faßt Shakespeare selbst in seinen
Sonetten seine Stellung zur Gesellschaft auf, und so war sie
auch nach den übereinstimmenden Zeugnissen seiner Zeit=
genossen. Das Vorurtheil der Stände, das in allen germani=
schen Ländern, zumal in England, die tiefsten Wurzeln hat,
war damals durch die ascetische Richtung, welche die Kirchen=
reform begleitete, noch verstärkt, und erst eine neuere
Zeitperiode lernte allmählig und langsam den Mimen zu den

Künstlern stellen. Daß Shakespeare zugleich als Unternehmer und Dichter bei dem Theaterwesen betheiligt war, brachte ihm zwar ökonomisch große Vortheile; für die bürgerliche Achtung war es eher nachtheilig als günstig, und der Puritaner von der ächtesten Sorte sah darin wohl keinen weiteren Unterschied als den zwischen der Bordellwirthin und der Dirne.

Die Argumente für eine höhere Stellung Shakespeares in der Gesellschaft werden vorzugsweise aus der angeblichen Gunst der Königin und ihres Nachfolgers, sowie aus dem Verhältniß einer innigen Freundschaft mit dem Grafen Southampton entnommen. Allein man hat indessen vergeblich versucht, irgend ein reales Zeugniß für ein näheres Interesse, das Elisabeth an unserem Dichter genommen haben soll, ausfindig zu machen, wiewohl auch das kleinste Zeichen der Anerkennung oder Auszeichnung von Seiten der Königin, wenn ein solches vorläge, gewiß viel sicherer zu unserer Kenntniß gelangt seyn würde, als die vielerlei unverbürgten und unerheblichen Anekdoten aus dem Leben des Dichters. Es ist natürlich nicht daran zu zweifeln, daß Shakespeare so gut wie andere Schauspieler seiner Truppe auch in den königlichen Schlössern zu spielen hatte, daß dabei ein und das anderemal auch eines von seinen Stücken zur Aufführung kam; es geht aus jenem Zeugniß des Grafen Southampton hervor, daß sie an denselben Gefallen fand, und es ist wohl denkbar, daß sie, wie die Tradition will, von dem Dichter verlangt hat, den Falstaff auch einmal als Liebhaber zu sehen. Allein

gleichwohl hat sie ~~feinmal~~ nichts für ihn gethan; und nach
Allem, was wir sonst von ihrer Bildung und ihrem Kunst=
geschmack wissen, ist es auch nicht zu verwundern, daß sie
diesen Dichtergenius nicht zu würdigen wußte und den größ=
ten ihrer Zeitgenossen trotz aller äußeren Veranlassung dazu
nicht viel beachtet hat. Sie bildete sich zu viel auf ihr Latein
und Griechisch ein; sie fand zu großes Gefallen an jenen
gelehrten allegorischen Hofmasken, die nur auf die plumpsten
Schmeicheleien hinausliefen und uns jetzt als ein wahrer Aus=
bund von Abgeschmacktheit erscheinen, als daß sie an den
Werken einer so ungelehrten und nur aus dem Innern eines
hohen Geistes geschöpften Kunst den Stempel des Genius er=
kannt hätte. Wie wenig sie aber die Kunst in den Personen,
die sie ausüben, zu ehren wußte, zeigt jene Vollmacht, die
sie ihrem Ceremonienmeister gab, jeden Schauspieler ohne
Unterschied nach Bedarf für Aufführungen bei Hofe zu pressen
und im Weigerungsfall ins Gefängniß zu werfen.

Von König Jakob I. wissen wir nur, daß, als Shakespeare
sich um ein kleines Hofamt, mit welchem die Aufsicht über
die scenischen Aufführungen verbunden war, bewarb, ihm ein
obscurer Concurrent vorgezogen wurde, sowie daß er nicht
Shakespeare, sondern dessen Gegner und Rivalen, Ben
Jonson, mit der Auszeichnung eines poeta laureatus und
einem Jahrgehalt bedachte. Daß der König ihm für die
schmeichelhaften Anspielungen des Macbeth durch ein Hand=
schreiben gedankt habe, ist als ein der Hofetikette höchlich
widersprechender Vorgang an sich höchst unwahrscheinlich und

schlecht bezeugt und würde überdieß an der Hauptsache nichts
ändern.

Es war wohl eines der wichtigsten Ereignisse in dem
Lebensgang unseres Dichters, als ihm zu einer Zeit, da er
sich noch aus einer dunkeln und niedrigen Stellung selbst
innerhalb der Theaterkreise emporzuarbeiten hatte, ein Jüngling aus den höchsten Ständen, schön, reich, begabt und
thatendurstig, entgegentrat und ihm, nur von seinem Geist
und seiner Persönlichkeit angezogen, die Freundeshand darbot. Shakespeare verdankte dieser Begegnung ohne Zweifel,
wie seinen späteren Wohlstand, so auch einen erfrischten
Lebensmuth und höheren Flug seines Geistes und seiner Kunst.
Gleichwohl wird die Bedeutung dieses Verhältnisses, namentlich für die gesellschaftliche Stellung des Dichters, häufig
weit überschätzt. Ein junger Lord von zwanzig Jahren mag
sich den verschiedenartigsten Passionen und Extravaganzen hin-
geben, und als eine solche sah man es wohl an, wenn die
jungen Grafen Southampton und Rutland ihre Abende, statt
bei Hof und unter Standesgenossen, mit Schauspielern und
Literaten zubringen mochten. Unserem damals dreißigjährigen Dichter aber hätte man lieber einen reiferen Freund
und Führer aus den bürgerlichen Ständen wünschen mögen,
der den Abstand an Geist und Phantasie durch die reichere
Lebenserfahrung, solideres Wissen und ein in der Schule der
Alten geläutertes Kunsturtheil ausgeglichen hätte, als einen
vornehmen Jüngling, der dem Dichtergenius die Vorzüge von
Reichthum und Schönheit und den tollsten Jugendübermuth

entgegenzustellen hatte. Von dem excentrischen Wesen des
Grafen Southampton ist das deutlichste Zeugniß seine hervorragende Betheiligung an dem unsinnigen Aufstandsversuch
des Grafen Essex in den Straßen von London, die ihm ein
Todesurtheil zuzog, dessen Vollziehung nur durch die äußeren
Umstände hinausgeschoben und durch den baldigen Tod der
Königin aufgehoben wurde. Wie wenig aber in jenem Freund-
schaftsbund — falls man diesen Namen überhaupt für ein
solches Verhältniß festhalten will — die Kluft des Standes
wirklich beseitigt wurde, zeigen die Sonette fast auf jeder
Seite, und wir können heute noch nicht ohne peinliche
Empfindung den hochbegabten Mann zu dem unreifen Jüng-
ling sprechen hören:

> Ich bin dein Sklav und harre dienstbereit
> Des Tags, der Stunde, welche du bestimmst,
> Und keine Pflicht macht kostbar meine Zeit,
> Bis du in Anspruch meine Dienste nimmst.
> Wie träg der Zeiger die Minuten mißt,
> Bis daß ich kommen darf, ich will nicht klagen,
> Noch denken an die bittre Trennungsfrist,
> Wenn's dir gefiel, mir Lebewohl zu sagen,
> Noch eifersüchtig forschen, wo du weilst
> Und was du treibst. Dein armer Sklave harrt
> Und denkt an Eins nur: wie du Glück vertheilst
> Dort, wo du bist, mit deiner Gegenwart.

Und was soll man vollends dazu sagen, wenn der junge Don
Juan dem Dichter seine Geliebte verführt und dieser darauf
antwortet, daß sie einer solchen Ehre gar nicht würdig sey?

Auch dieses Verhältniß, so sehr es im Ganzen und
Großen beiden Theilen zur Ehre und dem Dichter insbesondere zum Vortheil gereicht, haben unsere Shakespearomanen in ein allzu ideales Licht gerückt, wenn sie nach Tiecks
Vorgang Shakespeare sich in den höchsten Kreisen der Gesellschaft bewegen lassen. Hat doch Vehse sogar vermuthet, jene
Geliebte des Dichters, die der Freund ihm abspenstig macht,
die „schwarze" Freundin, sey dessen nachmalige Gattin, jene
Elisabeth Vernon, die Nichte des Grafen Essex, gewesen! Da
scheint uns Jordans entgegengesetzte Vermuthung, sie sey eine
Mulattin gewesen, eine weit glücklichere.

III.

Die Mängel der Shakespearekritik.

Man wird fragen: wozu das Alles? Mag die englische
Bühne jener Zeit eine höhere oder niedrigere Stellung in der
öffentlichen Sitte und Schätzung eingenommen haben, mag
Shakespeare von seinen Zeitgenossen mehr oder weniger in
seiner ganzen Größe erkannt worden seyn, in vornehmeren
oder geringeren Kreisen der Gesellschaft sich bewegt haben:
seine Dichtungen, wie sie uns nun einmal vorliegen, sind
und bleiben, was sie sind, im einen wie im andern Falle;
ja sein Genie und seine Kunst tritt nur um so riesenmäßiger

vor unsere Augen, aus einem je undankbareren Boden, über eine je niedrigere Umgebung sie herausgewachsen sind.

Und das ist vollkommen wahr. Die Dichtungen sind, was sie sind, so oder so. Es handelt sich aber darum, sie zu verstehen. Daß dieß gerade bei Shakespeare seine besondern Schwierigkeiten haben muß, geht aus den ganz unglaublichen Abweichungen seiner Erklärer hervor. Wenn freilich eine dramatische Dichtung verstehen nichts anderes heißt, als an ihr die Begriffe moderner deutscher Aesthetik zu erproben, für das Hauptthema einen möglichst abstrakten Ausdruck zu suchen und diesen dann als die Idee des Ganzen zu proklamiren, durch sorgfältiges Zusammenlesen und Combiniren der einzelnen Reden und Züge möglichst genaue Signalements der dramatischen Rollen zu entwerfen, aus der unendlichen Anzahl denkbarer Bezüge Nahes und Fernes in einer neuen Combination zu mischen — dann hat man eigentlich mit der Person, Zeit und Lebensstellung des Dichters nichts zu thun und das Verfahren könnte im Wesentlichen das Gleiche bleiben, wenn die Stücke zu ungewisser Zeit vom Himmel gefallen wären. Heißt aber den Dichter verstehen vor Allem den ursprünglichen Eindruck, den sein Werk auf die Masse der für Schönes empfänglichen Leser und Hörer macht — den einzigen, einigermaßen festen Ausgangspunkt ästhetischer Betrachtung in dem Wirrwarr bodenloser Theoreme — durch Wiederholung und Aufmerksamkeit zu einem immer bestimmteren und markirteren zu erheben, die Intention und den Seelenzustand, in welchem der Dichter das Werk

hervorgebracht hat, immer deutlicher nachzuempfinden, sich die
Verhältnisse und Hörerkreise, welche der Dichter zunächst und
unmittelbar vor Augen hatte, immer lebhafter zu vergegen=
wärtigen: dann muß auch jeder wesentliche Irrthum über
die äußeren Grundbedingungen eines dichterischen Wirkens
das volle Verständniß stören und verwirren, jede Berichti=
gung dasselbe erleichtern und fördern. Denn je individueller
und concreter sich uns das Lebensbild des Dichters entwickelt,
desto wirksamer und verständlicher wird uns auch der ideelle
Gehalt und das allgemein Menschliche in seinen Schöpfungen
entgegentreten.

Darin aber eben scheint sich uns der deutsche Shake=
spearecultus noch so vielfach in der Irre und im Nebel herum=
zutreiben. Gerade weil wir von dem Dichter selbst und den
äußeren und inneren Voraussetzungen seiner dramatischen
Thätigkeit so wenig feste historische Kenntniß haben, war der
Phantasie um so freierer Spielraum gegönnt, war es um
so leichter, Alles in's Ideale, Unbegrenzte und Riesenhafte
zu verflüchtigen. Ohne die Schranken zu beachten, welche
das Wirken jedes, auch des genialsten und größten Indivi=
duums bedingen, rückt man Shakespeare gern über alle zeit=
liche und räumliche Begrenzung hinaus und stellt ihn als
den Riesengeist hin, der, wie man zu sagen liebt, an der
Grenze des Mittelalters und der neuen Zeit, seine Nation
und Epoche gleichsam nur mit den Sohlen berührend, über
Jahrhunderte und Völker hin seine Wege ging. Nur wenn
es sich etwa darum handelt, Einzelnes, was uns an dem

Dichter fremd, lästig oder anstößig ist, zu entschuldigen oder zu erläutern, pflegt man beiläufig auf Vorstellungen und Sitten der Zeit hinzuweisen. Innerhalb jener idealen und nebelhaften Umrisse aber, denen fast alle geschichtliche Bestimmtheit und Beschränkung fehlt, ist dann die Kritik um so ungehinderter, ihrer Subjektivität Raum zu lassen, den eigenen Anschauungen die Autorität des Dichters zu leihen, in den vagen Rahmen beliebige Linien einzuzeichnen. Denn bei keinem Dichter stimmen die Urtheile im Ganzen so nahe zusammen und gehen doch im Einzelnen so weit auseinander. Jeder idealisirt den Dichter in seiner Weise; dem einen ist er Classiker, dem andern Romantiker; dem einen der Dichter des immanenten Weltgeistes, dem andern der christliche und zwar protestantische, dem dritten ein katholisirender Dichter, dem vierten confessionsloser Sceptiker und Freigeist; der eine macht ihn zum Whig, der andere zum Tory, und wie unzähligen Kunsttheorien muß er zur Autorität dienen!

Von dieser idealisirenden Richtung hat sich auch das bedeutendste Buch über Shakespeare, das bekannte Gervinussche Werk, nicht freigehalten. Der Verfasser ist, wie in allen seinen Schriften, sachkundig, selbstständig, geistreich auf jedem Blatt; man ist sicher bei ihm nicht auf die dürren Sandwege der ästhetischen Salbaderei, der philosophischen Phrase geführt zu werden, er hat das weitläufige historische Material am vollständigsten zusammengestellt, am umsichtigsten geordnet und verliert die geschichtlichen Voraussetzungen niemals aus dem Auge. Man kann immer bei ihm lernen, auch wo man nicht mit ihm einverstanden ist. Während aber Gervinus in seiner deutschen Literaturgeschichte sein kritisch zersetzendes Naturell niemals verläugnet und in vielen Bänden dieses Werkes kaum jemals sich zu einem enthusiastischen Lob oder auch nur zu einer uneingeschränkten Anerkennung erhebt, während er namentlich aus den Lorbeeren unserer zwei größten Dichter so manches Blättchen ausreißt, schlägt er in seiner Würdigung des englischen Dichters in jener Schlußabhandlung des vierten Bandes die bei ihm so ungewohnten Töne eines Hymnus und Encomions an und versteigt sich sogar bis zu Ausdrücken einer maßlosen Ueberschätzung; denn ein maßloses Wort müssen wir es nennen, wenn er sagt, Shakespeare habe als dramatischer Dichter die Vorzüge von Goethe und Schiller in sich vereinigt, und sich dabei von den Fehlern und Mängeln beider frei gehalten. Man möchte glauben, die kritische Geistesanlage des Autors habe zu ihrer Ergänzung auch einmal den Uebertritt in das andere Extrem gefordert, der Unmuth über den politischen und literarischen Jammer der Gegenwart habe ihn in ferner Zeit bei einem fremden Volke ein ideales Bild suchen und finden lassen, und er habe dabei hier und dort nicht den wirklichen William Shakespeare von Stratford, sondern den Dichter vor Augen gehabt, wie er ihn für das deutsche Volk noch wünscht und fordert; etwa so, wie Tacitus in seiner Monographie nicht die wirklichen Germanen, wie sie in den deutschen Wäldern auf ihren Bärenhäuten lagen, schildert, sondern seinen entarteten Zeitgenossen das Bild eines edeln, unverdorbenen

Naturvolkes gegenüberstellen wollte. Dabei widerfährt es ihm, wie auch sonst oft genug, daß er bei der Würdigung ästhetischer Werke zu wenig von demjenigen ausgeht, was wir, wie oben, als die Grundprobe für den Werth jedes Dichterwerkes bezeichnen möchten, dem Grad der Sicherheit und Unwiderstehlichkeit, mit welcher der Dichter durch die Macht des Wortes thatsächlich die Masse der unbefangenen und gebildeten Hörer und Leser zwingt, ihm nachzuempfinden; er stellt so gerne Stoff und Gehalt über die Vollendung der Form, die sittlich politische Tendenz über den reinen und nicht weiter erklärbaren Reiz des Phantasiespiels.

IV.

Für wen dichtete Shakespeare?

Man sollte denken, die Frage: für wen schrieb Shakespeare seine Dramen? brauche gar nicht aufgeworfen zu werden, denn die Antwort verstehe sich von selbst: für die Bühne. Nun sagt aber eine nicht geringere Autorität als Goethe das Gegentheil. Shakespeare ist kein Theaterdichter, heißt es bei Eckermann, an die Bühne hat er gar nie gedacht; sie war seinem großen Geist viel zu eng. Sollte das nur heißen: er war sich einer über die Abende der Aufführung im Globus und Blackfriars hinausreichenden Bedeutung seiner Schöpfungen wohl bewußt, und während der dichterischen Arbeit war sein Geist so in den Gegenstand selbst versenkt, daß ihm die Wirkung auf der Bühne kaum noch als besonderer Zweck in den Sinn kam, so könnte man leicht beistimmen; nur wäre dann dasselbe von jedem bedeutenden dramatischen Dichter zu sagen, und man könnte auch Calderon und Schiller keine Theaterdichter nennen, vielleicht kaum Iffland. Im übrigen aber ist jene Aeußerung kaum zu begreifen, denn Shakespeare könnte sogar als der Bühnendichter par excellence bezeichnet werden. Schon aus der einfachen Thatsache, daß Shakespeare demselben Theater, bei welchem er als Schauspieler, Unternehmer und Direktionsmitglied betheiligt war, seine Dramen als Bühnenmanuscript verkaufte, auf die Veröffentlichung durch den Druck ganz zu verzichten hatte und sein Lebenlang darauf nicht bedacht war, würde mit größter Wahrscheinlichkeit folgen, daß das Bedürfniß der Bühne für ihn der Antrieb des Dichtens, die Wirkung auf der Bühne sein bewußtes Ziel war, dessen Mißlingen, selbst bei allem sonstigen poetischen Werthe, seinen Ruf und seine Stellung gefährdet haben würde.

Die im Faust'schen Prolog einander gegenübertretenden Interessen des Theaterdirektors und des Dichters fielen für ihn zusammen, und die noch hinzukommenden Forderungen des Schauspielers mußten den Anspruch auf den praktischen Bühnenerfolg noch verstärken. Es wäre geradezu unbegreiflich, wenn er „an die Bühne niemals gedacht" hätte, und das Goethesche Urtheil läßt sich nur aus der Nichtbeachtung des Unterschieds der altenglischen und der modernen Bühne und aus der Erinnerung an die Schwierigkeiten erklären, welche die Aufführung Shakespearescher Stücke auf dem Weimarer Hoftheater machte. Vielmehr ist die Meisterschaft in der Technik des Dramas, die Shakespeare seiner reichen und täglichen Bühnenerfahrung als Schauspieler, Regisseur, Zuschauer und dem beständigen Umgang mit Schauspielern und Literaten verdankte, eine seiner hervortretendsten, in dem Freytagschen Buch (über die Technik des Dramas) treffend nachgewiesenen Eigenschaften. Er wußte vortrefflich, was wirkte und was nicht; in wenigen Scenen weiß er die Handlung rasch und leicht zu exponiren, die Verwicklung und den Umschlag klar und spannend durchzuführen, in der Katastrophe das erschütternde und versöhnende Moment zum vollen Ausdruck zu bringen.

Ja, man könnte mit viel mehr Recht dem Dichter den entgegengesetzten Vorwurf machen. Er wußte zu gut, daß die Bühnenwirkung weit weniger auf der kunstvollen Planmäßigkeit und Zusammenstimmung des Ganzen, als auf dem spannenden Reiz der einzelnen Theile beruht; er dichtete nicht für deutsche Professoren der Aesthetik, die die Auffindung seiner Grundidee für ihr Hauptgeschäft halten, die vor und rückwärts blättern und aus den zerstreuten Reden jeder einzelnen Person ein abgeschlossenes Charakterbild zusammenlesen wollen. Er mußte früh genug auf jene praktische Maxime des Theaterdirektors geführt werden:

Gebt ihr ein Stück, so gebt es gleich in Stücken.
Was hilfts, wenn ihr ein Ganzes dargebracht?
Das Publikum wird es euch doch zerpflücken.

Er wußte wohl, daß der Zusammenhang des Ganzen übersichtlich und verständlich seyn müsse, daß es aber im Einzelnen damit nicht allzuängstlich zu halten sey, daß die Aufmerksamkeit des Zuschauers von der jedesmal gegenwärtigen Scene voll in Anspruch zu nehmen ist und er, wenn ihn diese fesselt, und so lang ihm nur nichts Unverständliches oder dem früheren offen Widersprechendes dargeboten wird, weder Zeit noch Lust noch Anlaß findet, die mancherlei zerstreuten Fäden zusammenzuknüpfen und allen versteckteren Beziehungen nachzugehen. Weil das Interesse des Zuschauers durchaus am Gegenwärtigen haftet, bei jeder Veränderung der Scene mit Spannung neue Eindrücke erwartet und sich dabei gerne auch nur mit einem lockeren Band für die Verknüpfung der Theile begnügt, so wird jeder erfahrene Bühnendichter sich stetig versucht finden, den Theilen eine gewisse Selbstständigkeit zu geben. und im Collisionsfalle der vollen Wirkung des Einzelnen den Einklang des Ganzen zum Opfer zu bringen.

Es liegt hierin eine der hervortretendsten und viel zu wenig beachteten Eigenthümlichkeiten der Shakespeare'schen Dichtungen. Er hat ganz sichtbar scenenweise gearbeitet; die einzelne Situation erweitert sich zum selbstständigen Genrebild; der poetische Gehalt wird möglichst in seiner ganzen Fülle ausgeschöpft; eine Menge Scenen sind ganz für sich oder mit einer nur in wenigen Worten bestehenden Einleitung verständlich und von vollster Wirkung, wofür man z. B. aus Tasso, Iphigenie, der natürlichen Tochter gar kein, aus den Schiller'schen Dramen nur wenige Beispiele wird nennen können. In den englischen Historienstücken geht diese Selbstständigkeit der Theile bis zum Uebermaß; mit Ausnahme von Richard III. haben sie kaum eine weitere Einheit als die in den Titeln der Stücke enthaltene; es sind aneinandergereihte lebende Bilder, für sich wirksam und bedeutend, aber von losem Zusammenhang. Fast überall, wo untergeordnete Personen, Bediente, Soldaten, Matrosen, die Todtengräber, die Schauspieler in Hamlet, einmal zum Wort kommen, geben sie es nicht so schnell wieder ab und reden mehr und Anderes, als der Gang des Stückes erforderte oder zuließe.

Damit hängt nun noch genau ein weiterer thatsächlicher Umstand zusammen. Wenn ein Theaterstück das ausschließliche Eigenthum einer einzigen Bühne war, auf dieser aber einen stehenden Artikel des Repertoires bildete, wenn der Verfasser desselben an der gleichen Bühne als Regisseur und Schauspieler bei jeder neuen Vorstellung mitwirkte, so versteht es sich fast von selbst, daß ein Drama nicht leicht seine erste Gestalt durch alle weiteren Aufführungen fortbehauptete, und je reicher und unerschöpflicher die Phantasie des Dichters war, um so näher lag auch der Anlaß und die Versuchung, der neuen Vorstellung auch wieder einen neuen Reiz zu leihen. Aeußere Gründe der Zweckmäßigkeit mußten es in diesem Fall schon verbieten oder erschweren, das Ganze neu

umzuarbeiten, aber um so leichter war es, im Einzelnen zu
ändern, sey es durch Streichen unwirksamer Stellen oder durch
ornamentale Zuthat in neu eingefügten Bildern, Witzen, Sen=
tenzen, oder durch Einreihung neuer Scenen von episodischem
Charakter. Dieses Verfahren mußte seine Vortheile wie seine
Nachtheile haben und beide scheinen uns in den Shakespeare=
schen Dramen noch wohl erkenntlich. Es fehlt an den lah=
mern und schwunglosern Stellen, die sonst fast in allen größe=
ren Dichtungen ein zeitweises Ausruhen gestatten; der Geist
und das Feuer des Dichters schlägt immer aus allen Poren.
Die poetische Diction wird prägnant und fast überreich an
Gleichniß, Witz und Sinnspruch, an Glanz und Fülle. Aber
es kann bei diesem Verfahren auch nicht fehlen, daß unter
der steigenden Belastung der Theile das feste Gefüge des
Ganzen etwas Noth leidet. Dem Dichter wird es nicht immer
gelingen, bei einer solchen zweiten Bearbeitung sich völlig
in die Stimmung der ersten zurückzudenken; er ist mittler=
weile selbst ein Anderer geworden. Es ist ihm auch nicht
alles Detail der Handlung gleichmäßig präsent; er fügt
irgendwo ein neues, wirksamer scheinendes Motiv ein, aber
übersieht dabei, daß er an einer andern Stelle das alte noch
fortbestehen läßt; eine neu eingeschobene Scene paßt wohl
im Ganzen, aber nicht gerade in allen Einzelheiten in das
Alte herein. Große Widersprüche sind dabei nicht denkbar,
aber die kleinen können leicht unbeachtet bleiben und sie
werden bald die Handlung, bald die Charakteristik, in vielen
Fällen beide zusammen berühren. Dem Publikum, dem das

Stück in der frühern Gestalt bekannt war, ergeht es wie dem Dichter selbst; er nimmt das neu Gebotene willig hin, ohne auf die Congruenz aller Theile so haarscharf zu achten, wie der kritische Leser späterer Jahrhunderte. Für diesen, der den historischen Gang der Sache nicht kennt und bei der Unvollständigkeit des kritischen Materials einen solchen Zusammenhang im Einzelnen nicht erweisen kann, ja kaum als Vermuthung vorzubringen wagen darf, entstehen dann jene Schwierigkeiten der Auslegung, die zu so unglaublichen Subtilitäten und gesuchten Combinationen Anlaß gaben, wie sie in der Shakespeare-Literatur vor Augen liegen. Man vergißt die leichtere und sorglosere Entstehung eines Theaterstücks unter so eigenthümlichen Bühnenverhältnissen; man betont mit schwerfälligem Ernst jedes einzelne geschriebene Wort; man muß Stellen, die nur darum nicht ganz harmoniren, weil sie der Dichter gar nicht in bewußte Beziehung auf einander gestellt hat, durch die künstlichsten Hypothesen in einigen Einklang bringen; man beachtet nicht jene relative Selbstständigkeit der Glieder, auf welche der praktische Bühnendichter um so sicherer hingeführt wird, eine je reichere und fruchtbarere Phantasie ihm zu Gebot steht. Denn zu jener obigen Maxime des Theaterdirektors im Faust'schen Prolog scheint uns die deutsche Shakespeare-Kritik das direkte Gegenstück zu enthalten: Was schadets, wenn Ihr euer Stück nur in Stücken gebt? Die deutschen Professoren machen euch doch ein Ganzes daraus zurecht und bringen eine Grundidee heraus.

Nichts kann einem aber in der That den Genuß des brittischen Dichters so erschweren und verleiden als die Zumuthung, überall nach fernliegenden Mittelgliedern, nach geheimen Fächern und Schlüsseln zu suchen, um ein reiches, aber nicht immer streng homogenes Detail in vollen Einklang zu bringen.

Die Frage: für wen schrieb Shakespeare? läßt aber noch eine genauere Beantwortung zu, als jene allgemeine. Es läßt sich ein ganz bestimmter Zuhörerkreis nachweisen, ~~von der Dichter im Auge hatte~~, dessen Geschmack und Beifall ~~für ihn maßgebend~~ war. Wir haben im Obigen gesehen, wie sich neben den vielen niedrigen Volksbühnen der Hauptstadt, die nur dem Geschmack der untersten Stände zu huldigen hatten, eine kleine Anzahl vornehmerer, durch die Beigabe eines höheren Zuschauerkreises ausgezeichneter hervorhob, wie zwar auch diesen der Kern und die Blüthe des städtischen Bürgerthums, die von den Ideen einer sittlichen, politischen und religiösen Reform aufs Tiefste ergriffenen Mittelklassen fremd und feindselig gegenüberstanden, wie sie sich aber gleichwohl durch die Gunst des Hofes und des Adels gegen die unabläffigen Verfolgungen der bürgerlichen und kirchlichen Gemeinde behaupteten. Wir wissen, wie auch in den höheren Ständen den Frauen, den Familienvätern, den Männern von öffentlicher Stellung der sittliche Anstand verbot, die inneren Räume eines Schauspielhauses zu betreten, wie aber die männliche Jugend, die jeunesse dorée der Hauptstadt, die den kirchlichen und politischen Reformideen

der Mittelklassen fernstand und sich um deren Vorurtheile
nichts zu kümmern hatte, das Interesse für dramatische Dar=
stellungen, den Besuch der Volksbühnen unter die noblen
Passionen eines jungen Gentleman aufgenommen hatte. Wir
erinnern uns, wie gerade dieser Zuhörerkreis jene für unsere
Vorstellungen so auffallenden distinguirten Plätze auf dem
Bühnenraum selbst einnahm, während Parterre und Galerien,
wie in den geringeren Bühnen, den unteren Klassen zufielen.
Es liegt schon zum voraus ganz in der Natur der Sache,
daß eben dieses Element, wie es jene Bühnen von Blackfriars,
des Globus, der Truppe des Admirals allein im Aeußeren
von den andern unterschied, so auch auf deren Kunstleistungen
und innere Entwicklung einen entscheidenden Einfluß aus=
üben mußte. Und wenn wir nun bedenken, daß unser Dichter
gerade in diesen Kreisen seine ersten Gönner und Verehrer,
ja seine nächsten Freunde und Wohlthäter gefunden hatte,
die ihn allein und zuerst aus dem Dunkel eines verachteten
Glaubens zu einem höheren Geistesflug und Selbstgefühl empor=
hoben, denen er und damit die Welt die volle Entfaltung
seines Genius verdanken, daß Shakespeare für den Grafen
Southampton seine übrigen Dichtungen, „Venus und Adonis,"
„Lucretia", die Sonette schrieb, nicht bloß in dem Sinn einer
äußerlichen Dedication, sondern so, daß der junge Freund
der Musagete, der Gegenstand, der Leitstern dieser Gedichte
war, hat es dann nicht die höchste innere Wahrscheinlichkeit,
daß Shakespeare auch in seinen dramatischen Dichtungen eben
diesen Kreis junger und enthusiastischer Freunde seiner Kunst

als das Publikum ansehen mußte, auf das er zu wirken, dessen Vorstellungskreise er zu beachten hatte, dessen Beifall für den äußeren Erfolg und die innere Befriedigung, die ihm sein Beruf zu geben hatte, entscheidend war? Es war somit nach unserer Meinung nicht das Theaterpublikum im Allgemeinen, es war speciell die männliche Jugend des englischen Adels, für die Shakespeare seine Dramen dichtete. — Nichts aber könnte verkehrter seyn, als in der Hervorhebung einer so concreten und beschränkten Beziehung ein Verkennen der freien Selbstentfaltung des Genius nach seinen eigenen Gesetzen oder in einer gewissen Abhängigkeit von der Geschmacksrichtung junger Cavaliere eine Herabsetzung Shakespeares zu einem bloßen Jugend= und Junkerdichter sehen zu wollen. Der Dichter gab natürlich in diesem Verhältniß weit mehr Impulse, als er empfing, und in gar vielen und wichtigen Beziehungen kann sich ein dramatischer Dichter gar kein günstigeres Forum denken, als einen Kreis von jungen Männern der höheren Gesellschaft. Die Empfänglichkeit für das Schöne, insbesondere für die Dichtkunst, ist im jugendlichen Alter die größte, und während der Sinn für Musik und für die bildenden Künste uns durchs ganze Leben zu begleiten pflegt, geht das Interesse für die Kunst des geflügelten Worts, die den Sinnen weniger bietet und mehr von der Phantasie fordert, den Meisten schon in den mittleren Jahren verloren. Wohl mögen unter jenen jungen Bühnenfreunden viele eitle Stutzer und oberflächliche Müßiggänger gewesen seyn, doch fehlte es auch nicht an solchen, die durch Geburt und Bildung zu hervortretenden Stellungen im Staat und in der Gesellschaft berufen waren, und gerade unter denen, die unserem Dichter am nächsten standen, finden wir Namen, die uns wenige Jahre später in der Geschichte ihrer Zeit begegnen.

Fassen wir nun aber unter diesem Gesichtspunkte, daß Shakespeare für ein jugendliches, männliches, aristokratisches Publikum dichtete, seine dramatischen Werke näher ins Auge, so zeigt sich derselbe fruchtbarer und belangreicher, als er dem ersten Anblick erscheinen mag, und eine Menge charakteristischer Züge des Dichters, die uns eine nur von ästhetischen Momenten ausgehende Betrachtung so leicht nur in einen Nebel allgemeiner Redensarten verflüchtigt, treten in eine neue und wirksame Beleuchtung.

Vor Allem wird uns der Reiz einer ewigen Jugend, eines durchaus frischen und kräftigen Pinselstrichs, einer schwungvollen, energischen, thatenlustigen Männlichkeit, verständlicher, die Abwesenheit alles Trüben und Grämlichen, aller unklaren Empfindelei, aller weitschweifigen Reflexion, aller abgeschwächten und ängstlich abgewogenen Gedanken. Der Dichter hatte mit Phantasieanlagen zu thun, denen sich in Handlung und Rede etwas zumuthen ließ, die dem kühnsten Bilde am liebsten folgten, die den kräftigeren und derberen Ausdruck dem feineren und unwirksameren, wenn auch vielleicht wahreren vorzogen, die sich in der Handlung auch unvermittelte Uebergänge gefallen ließen und die fehlenden Zwischenglieder willig ergänzten, die an grassen und wilden

Charakterbildern gerade ein Behagen fanden, an einem schroffen und momentanen Umschlag, an ungleichartigen oder gar widersprechenden Zügen wenig Anstoß nahmen.

Man sagt wohl: Alles das lag in dem Dichter selbst und kam nicht von außen in ihn herein. Es lag freilich in ihm, aber es lag auch noch vieles Andere in ihm, was unter entsprechenden äußeren Impulsen ebenso gut hätte zur Entfaltung kommen können. So wird Jeder, der die Shakespeare'schen Sonette erstmals kennen lernt, von der Verschiedenheit in der ganzen Grundstimmung und individuellen Färbung gegenüber von dem Eindruck der Dramen überrascht seyn. Hier tritt uns ein träumerischer, zu selbstquälerischen Betrachtungen geneigter, in seiner Dialektik mit seinen Empfindungen spielender Dichter, eine oft bis zur Verschwommenheit zarte Zeichnung, eine nicht selten gesuchte Ausdrucksweise entgegen. Man möchte glauben, der Dichter dieser Sonette hätte auch den Stoff für eine dem Goethe'schen Tasso ähnliche Dichtung, wiewohl dieser den polaren Gegensatz zu den Shakespeare'schen Bühnenstücken bildet, in sich gefunden. Aber dieses Element auch dramatisch zu verwerthen, fehlte ihm gegenüber von einer auf That und Genuß gerichteten Jugend der äußere Antrieb, und nur vereinzelt, am meisten im Hamlet, hat er diesen Ton angeschlagen; erst in einigen Werken der spätesten Zeit, wo seine Stellung und Lebensanschauung eine befestigtere war, wo jener Wechselverkehr mit den Freunden der früheren Zeit von selbst wegfiel, wo er sich um die Geschmacksrichtungen seines Publikums weniger zu kümmern hatte, treten die ernsten und düsteren Accorde seiner Seelenstimmung offener und schroffer hervor.

Auch auf die Wahl der Stoffe übte die Rücksicht auf jenes Publikum einen sichtbaren Einfluß aus. Sie fiel natürlich auf Begebenheiten, die viele, ungewöhnliche und wechselnde Handlung enthielten. Das unerschöpfliche Grundthema, das in allen möglichen Variationen immer wiederkehrt, sind Liebe und Ehrgeiz, die zwei gewaltigsten Triebkräfte einer edlen männlichen Jugend. Der gesellschaftliche Boden, auf dem sich die Handlung bewegt, ist ein durchaus aristokratischer. Die Helden sind nur Fürsten und Cavaliere. Entsprechend dem Publikum jener Volksbühnen selbst, in welchen die Mittelklassen fehlten, aber Adel und die untersten Klassen vertreten waren, finden wir das Element des städtischen Bürgerthums, Bürgermeister, Friedensrichter, Gelehrte, Geistliche, Aerzte, meist nur in komischer Verwerthung. Das bürgerliche Schauspiel und Trauerspiel, obgleich sonst unter den Theaterstücken jener Zeit stark vertreten, fehlt unter den Shakespeare'schen Dramen. Das einzige Stück, in welchem der Dichter diesen Boden betritt, die lustigen Weiber von Windsor, vielleicht das schwächste aller seiner Werke, der Tradition nach „auf Bestellung" gearbeitet und innerhalb vierzehn Tagen geliefert, gehört zu den die Regel bestätigenden Ausnahmen.

Allein Shakespeare, der Dichter, erhielt von Shakespeare, dem Theateractionär, noch weitere Weisungen. Auf jene Herren des ersten Platzes durfte man doch nicht so ausschließlich Rücksicht nehmen. Das Publikum des Parterre und der

Galerien wollte für sein Geld auch etwas haben. Die Fürsten und Cavaliere mit ihren stolzen und feinen Reden mußten der Masse des Publikums zu ernst und ermüdend werden; man wollte mitunter auch „Etwas zu lachen für's Volk." Hiezu werden nun auch in die ernsten Stücke Scenen der niedrigen Komik eingeschaltet, die Späße des Narren, die Unterhaltungen der Bedienten, Matrosen, der Handwerks= gesellen u. s. w. Die romantische Schule hat in dieser Mischung des Tragischen und Komischen gerade den Gipfel der Kunst gefunden; ihre Dichter haben sie vielfach nach= geahmt, und die neuere Aesthetik hat es an philosophischer Begründung der Sache nicht fehlen lassen. Daß Schiller gewagt hat, in seiner Uebertragung des Macbeth die Scene mit dem betrunkenen Pförtner wegzulassen und den Hexen ein etwas gebildeteres Colorit zu geben, daß Goethe in seiner Bearbeitung von Romeo und Julie die Amme mit ihren Zoten und Mercutio mit seinen Späßen als störende Inter= mezzisten betrachtete, wurde ihnen als ein Sacrilegium, als ein Verkennen der ächten Schönheit des brittischen Dichters angerechnet, und sie müssen sich noch heute dafür, daß sie auf Reinheit der Kunstgattungen drangen, wie Knaben schul= meistern lassen. Wie Shakespeare selbst von der Sache ge= dacht haben mag, läßt sich mit ziemlicher Sicherheit daraus schließen, daß er in den Dichtungen seiner späteren Zeit, in denen er auf die Forderungen des Publikums weniger Rück= sichten nahm, immer mehr davon ablam. In den Römer= dramen, Cymbeline, König Johann, Heinrich VIII., Macbeth werden die komischen Zwischenscenen immer seltener, im Othello fehlen sie fast ganz.

Auch dieser Punkt gehört zu denjenigen, in welchen uns die moderne deutsche Kunstkritik den Genuß des Dichters verdirbt. Der Leser von natürlichem Gefühl wird sich von der Zumuthung eines augenblicklichen und schroffen Wechsels der ganzen Gemüthsstimmung immer unangenehm berührt finden; er wird sich aber die Sache gefallen lassen, wenn er sie als eine durch die Bühnenverhältnisse jener Zeit, durch die Art des Dichters, scenenweise nach wechselnden Stimmungen zu arbeiten, entschuldbare Eigenthümlichkeit betrachten darf. Wenn man ihm aber das Ansinnen stellt, in eben diesem gewaltsamen Herumwerfen der Stimmung erst das Geheimniß der wahren tragischen Kunst zu finden, so muß er sich verdrießlich von der ganzen Sache abkehren und an dem einzigen Prüfstein des Schönen, der unmittelbaren psychischen Wirkung, irre werden.

Endlich glauben wir auch noch in der specifischen Art des Shakespeare'schen Witzes, der uns vielfach so fremdartig anmuthet, einen Einfluß jenes Bühnenpublikums finden zu sollen. Der Jüngling, wie der Ungebildete oder Halbgebildete, spielt gern mit dem Wort; er hat sich die Sprache noch nicht so völlig assimilirt, wie der Mann von reifer Bildung; gerade weil er noch ein fremderes Verhältniß zu dem Wort hat, ist er aufmerksamer darauf und liebt es willkürlicher mit ihm zu gebaren, die Grundbedeutungen, denen mit leichter Abstraktion die Ausdehnung auf entlegene Dinge gegeben

werden kann, spielend zu erweitern. Ein naheliegendes Bei=
spiel, wie gerade die gebildete Jugend sich darin gefällt,
ihren Geist und Witz an den Formen und Ausdrücken der
Sprache auszulassen, bildet die Sprechweise des deutschen
Studenten. Eine Phrase zu Tod zu hetzen, der Rede des
andern durch buchstäbliche oder mißverständliche Deutung
einen albernen, beleidigenden, zweideutigen Sinn zu geben, ist
eine Sorte von Witz, mit der auch Shakespeare sein Publikum
reichlich zu regaliren hatte. Es liegt hierin bekanntlich auch
eine Hauptschwierigkeit für den Uebersetzer Shakespeares, da
der Wortwitz sich am wenigsten in andere Sprachen über=
tragen läßt.

Eine andere Gattung von sehr populärem Witz ist die
Ausdrucksweise in kolossalen Hyperbeln. Es gibt kein Volk,
das in seiner Redeweise eine solche Neigung zum Superlativ
hat, diesen in so unzähligen Variationen anwendet, als das
englische. Auch die englischen Romane und Zeitungen sind
angefüllt mit Superlativen jeder Art. Diese Neigung erklärt
sich in ihrem tieferen Grund aus einem gewissen Mangel an
plastischer Phantasie, da eine solche lieber an ihrem Gegen=
stand haften und nicht sofort darüber weg zur Vergleichung
mit andern ähnlichen Eindrücken drängen würde. Auch das
Gefallen an dieser Art von Witz ist dem Geschmack eines
jugendlichen Publikums besonders entsprechend. Shakespeare
ist gerade in solchen Superlativen und Hyperbeln ein un=
erreichter Meister. Wenn er von einem Feigen sagt: „Er hat
nicht so viel Mannesblut in seinen Adern, als ein Floh zu

seinem Vesperbrod verzehrt," oder von einer feiten Frau:
„Wenn der jüngste Tag einbricht, so lange sie noch lebt,
so brennt sie noch acht Tage länger fort als die gesammte
Welt," so läßt sich denken, welchen Effekt diese Art von
Witz gerade auf des Dichters Publikum machen mußte.

Wenn sich endlich der Shakespeare'sche Witz in Beziehung
auf Zweideutigkeiten nicht sehr enthaltsam und wählerisch
erweist, so ist auch dieses aus der Zusammensetzung seines
Publikums leichter verständlich. Man ist zwar in Beziehung
auf diesen Punkt gleich mit der Erklärung bei der Hand,
die Begriffe von Anstand seyen in verschiedenen Zeiten ver=
schieden, und in jener alten guten Zeit habe man an vielem
keinen Anstoß gefunden, was der jetzigen Sitte zuwiderlaufe.
Man thut aber hiemit jener guten alten Zeit bitteres Un=
recht und vergißt, daß gerade damals die öffentliche Sitte
allem Besuch der Theater entgegen war, daß unter den
Gründen dafür die Leichtfertigkeit, mit welcher die sexuellen
Verhältnisse auf den Volksbühnen behandelt wurden, stets
besonders hervorgehoben wurde, daß ehrbare Frauen und
Jungfrauen sich gar nicht in ihren Räumen zeigen konnten.
Allerdings gibt es einen gewissen Spielraum für das, was
im Einzelnen bei verschiedenen Völkern und in verschiedenen
Zeitaltern als schicklich und unschicklich gilt, aber neben diesem
Spielraum gibt es auch durch die Natur der Sache selbst
fest gezogene und unüberschreitbare Grenzen. Das Stärkste,
was sich von dieser Art bei Shakespeare findet, ist in vielen
englischen Ausgaben, so wie in den deutschen Uebersetzungen

weggelassen oder gemildert, aber auch das Stehengebliebene läßt sich nicht nur so der damaligen Zeitsitte in die Schuhe schieben. Wenn in „Viel Lärmen um Nichts" der Fürst über das Witzgefecht zwischen Bertrand und Beatrice zu der letzteren sagt, sie sey ihrem Gegner unterlegen, und sie erwiedert: „da müßte sie ja Affen zur Welt bringen," so erscheint es uns als ein Frevel gegen das puritanische Zeitalter der jungfräulichen Königin, zu glauben, man habe solche Reden im Munde einer gebildeten Frau für zulässig angesehen; wenn wir uns aber erinnern, daß auf der Bühne jener Zeit die Frauenrollen von Jünglingen gespielt wurden, daß das tonangebende Publikum aus vornehmen Garçons bestand, daß von den Frauen, die sich überhaupt ins Theater wagten, nur die käuflichen Schönheiten ohne Maske erschienen, so ist das Räthsel leicht gelöst, und eine billige Schätzung dieser Verhältnisse wird vielmehr dem Dichter die Anerkennung zollen müssen, daß er einer naheliegenden Versuchung zum Mißbrauch seiner Gaben noch mit rühmlicher Mäßigung widerstand.

V.

Shakespeares Eigenthümlichkeiten in der Charakteristik der Personen und in der Motivirung der dramatischen Handlung.

Mit großer Uebereinstimmung rühmt die deutsche Kunstkritik an Shakespeare vor allem andern seine Meisterschaft in der psychologischen Charakteristik und dramatischen Motivirung, sowie den Universalismus seiner Weltkenntniß. Mit besonderer Vorliebe hebt man dabei hervor, daß die dramatischen Charaktere unseres Dichters nicht bloß Repräsentanten von Gattungen, nicht abstrakte Schemen seyen, sondern Leben und Wahrheit, Fleisch und Blut, individuelle Färbung und dabei doch den Reiz des Ideellen und Typischen haben. Die Handlung werde durchaus aus den Charakteren abgeleitet, so daß selbst das Zufällige den Charakter des Willkürlichen und Fremdartigen verliere. Dabei sey für den Dichter kein Unterschied von Geschlecht, Alter, Stand und Beruf, Volk und Zeitalter eine Schranke; mit so sicherer Hand zeichne er das Menschliche in allen seinen Gestalten.

Wir wagen es, dieses Lob in seiner allgemeinen und unbedingten Fassung einzuschränken und auf das Bedürfniß seinerer Unterscheidung hinzuweisen.

Es unterliegt nicht dem mindesten Zweifel, daß Shakespeare das erste und entscheidende Erforderniß des dramatischen Dichters im eminentesten Grad besitzt. Es ist dieß die Gabe, das eigene Selbstbewußtseyn zu vervielfältigen, in seinem Innern gleichsam die Verwandlungskünste des Proteus nachzuahmen. Es hängt dieß wohl näher damit zusammen, daß er ein voller ächter Mensch war, in dem alle Triebe und Regungen der Gattung mit energischem Pulsschlag circulirten, daß jedoch diese Triebe, so mächtig sie sich geltend machten, schließlich dem eigenthümlichen Drang und Talent, in den Spielen der Einbildungskraft ein zweites inneres Leben neben dem äußerlichen fortzuspinnen, dienen mußten, daß sodann die hinzutretende Gabe einer lebhaften, sinnlichen Beobachtung den Stoff jener Traumwelt immer vermehrte, und indem nun der Dichter die einzelnen Empfindungen und Gestalten dieser innern Welt theils fixirte, theils auf mannigfache Weise unter sich combinirte, gewann er den Ausgangspunkt und die specifische Färbung für die Darstellung der verschiedenartigsten Formen menschlicher Individualitäten und Zustände.

Wenn wir unter einem wahren dramatischen Charakter nur einen solchen verstehen, dessen Züge nichts den allgemeinen Merkmalen der menschlichen Gattung Widersprechendes enthalten, und dessen Träger wir uns leicht als unter den wirklichen Menschen unseres Erfahrungskreises herumwandelnd denken können, so ist damit nicht viel gesagt, denn dann müßten gerade die unbedeutendsten und trivialsten Charaktere die wahrsten seyn.. Den wirklichen Eindruck innerer Wahrheit wird uns nur derjenige Charakter machen, zu dessen Selbstbewußtseyn wir unter der leitenden Vorempfindung des Dichters das unsrige zu verengern oder zu erweitern vermögen, so daß wir gleichsam aus ihm heraus empfinden. Die Leichtigkeit und Vollständigkeit, mit welcher der Dichter diese innere Operation in uns zu Stande bringt, die Lichtstärke, zu welcher er dabei unser gewohntes Selbstbewußtseyn in uns aufhellt, die Ausdehnung oder Vertiefung, die er demselben hiebei zu verleihen weiß, bedingen den Grad unserer Befriedigung und der ästhetischen Wirkung. Ein dramatisches Charakterbild, in welchem der Dichter jenes Ziel bei uns nicht

erreicht, kann immer noch, für uns intereſſant und bedeutend
ſeyn; es bleibt uns aber immer fremd, und der Dichter
erzielt bei uns nicht ſeinen vollen Zweck, mag nun die
Schuld daran an ihm liegen oder an uns.

Unter den Shakeſpeareſchen Charakteren fehlt es nun
zwar nicht an ſolchen, bei welchen es uns ſehr ſchwer, wo
nicht unmöglich wird, jene innere Operation ohne Anſtoß
in uns zu vollziehen; im Ganzen aber iſt Shakeſpeare un=
zweifelhaft in dieſer Gabe, eine bunte Reihe der eigenthüm=
lichſten Geſtalten lebensvoll vor uns hinzuſtellen und uns
durch die Macht des beflügelten Wortes zur innern Nachbil=
dung ſeiner Viſionen zu nöthigen, vielleicht der erſte aller
Dichter. Wir wüßten ihm wenigſtens nur Goethe zur Seite
zu ſtellen, der zwar keine ſo mannigfaltigen und ſo weit
auseinanderliegenden Lebensbilder zeichnet, dafür aber auch
die Fäden, durch welche die Geſtalten des Dichters immer
noch mit unſerem eigenen Selbſtbewußtſeyn zuſammenhängen
müſſen, weit ſeltener abreißen läßt.

Allein die bloße Menſchenkenntniß und innere Erfahrung
reicht für den dramatiſchen Dichter bei weitem nicht aus.
Die menſchliche Handlung, die er darzuſtellen hat, iſt nicht
bloß durch den Charakter und die Intentionen des Handeln=
den, ſondern eben ſo durch den Geſammteffekt zahlreicher
Gegenwirkungen, durch die Geſellſchaft und mannigfaltige
äußere Umſtände und Verhältniſſe beſtimmt und erleidet durch
dieſen zweiten Faktor die verſchiedenartigſte Abſchwächung
und Modifikation. Um ſich in dieſem zweiten Element mit

Sicherheit zu bewegen, bedarf der Dichter außer jener innern Erfahrung, die ihm zur Menschenkenntniß hilft, auch die Kenntniß des Weltlaufs, einen Reichthum äußerer Lebenserfahrung, den er selbst nur in praktischer Thätigkeit und durch positive Kenntnisse der verschiedensten Art gewinnen kann. Ohne diesen Weltverstand wird der Dichter keine wohlgefügte Handlung und ohne diese keine wahre dramatische Wirkung fertig bringen, wie schon bekanntlich Aristoteles sagt: das Erste und Wichtigste im Drama ist die Handlung, die Charaktere sind erst das Zweite. Denn widersprechende, unwahrscheinliche, zweckwidrige Theile der Handlung werden viel leichter bemerkt und als Störung empfunden, während Unklarheiten und Widersprüche der Charakteristik uns leicht entgehen und nicht so greifbar und beweisbar sind.

Von dieser Art von Weltverstand, wie sie dazu nöthig ist, um eine durch innere und äußere Wahrscheinlichkeit und durch den Schein von Nothwendigkeit uns befriedigende dramatische Handlung zu erfinden und durchzuführen, behaupten wir nun, daß Shakespeare sie nicht in hervorragendem Grade besaß, ja nach seinem ganzen Bildungs- und Lebensgang, nach seiner Stellung zur Gesellschaft gar nicht einmal haben konnte. Von dem strengen Causalnexus, der den Gang der menschlichen Dinge bis in's Einzelnste bestimmt, von dem tiefgreifenden Einfluß, den die bürgerliche Gesellschaft auf ihre einzelnen Glieder ausübt, konnte derjenige keine klare und genaue Vorstellung gewinnen, der selbst wie in einer

Ausnahmstellung dieser bürgerlichen Gesellschaft fern gerückt war, dessen praktische Lebenserfahrungen sich im Wesentlichen auf das Theaterwesen beschränken mußten, dessen Beruf und Erwerb als unehrenhaft galt, der zu Staat, Kirche und Gemeinde kein geordnetes Verhältniß hatte, dessen eigenes Familienleben schon ein durchaus regelloses war. Ein Publikum, wie wir es oben kennen gelernt, machte in diesem Punkt keine Ansprüche, denn es besaß jene Welterfahrung selbst noch nicht; ihm war im Gegentheil die unwahrscheinliche und abenteuerliche Handlung willkommener als die begreifliche und wohlgefügte.

Es liegt hier eine dichterische Eigenthümlichkeit Shakespeares, die mit seinen Vorzügen, mit der Macht seiner dramatischen Wirkung auf's Engste zusammenhängt. Er leitet die Handlung in weit stärkerem Grade aus den Charakteren ab, als die Erfahrung uns zeigt; er ignorirt das abschwächende und modificirende Gegengewicht, das in der Gesellschaft und in der Verkettung der Umstände liegt. Er leiht dem Menschen ein unbedingteres, maßloseres Handeln, als der Realist zugeben kann; seine Gestalten treten viel freier und selbstständiger aus dem gesellschaftlichen und geschichtlichen Hintergrund, in dem sie stehen, heraus, als dem Historiker denkbar ist. Liebe, Haß, Neid, Ehrgeiz greifen rücksichtslos zu den letzten Mitteln und der Intellekt dient mehr dazu, die Leidenschaften zu schüren, als zu leiten und ihren Erfolg zu sichern. Am deutlichsten tritt diese Eigenheit Shakespeares in einer Vergleichung mit Goethe heraus, bei dem jener Weltverstand, die Einsicht in die Abhängigkeit des handelnden Individuums von den Gegenwirkungen der Welt in der höchsten Vollendung erscheint. Tasso und Antonio, Orest und Thoas, Egmont, Oranien und Alba, Carlos, Clavigo und Beaumarchais sind in der tiefsten Anlage verschiedene, von heftigen Leidenschaften oder festen Zielen bewegte Charaktere; aber ihr Handeln erscheint uns, verglichen mit dem eines Coriolan, Macbeth, Richard, Hamlet, als ein maßvolles, durch die gegebenen Umstände und die Rücksicht auf die voraussichtlichen Gegenwirkungen motivirtes, auf dem Boden ihrer Zeit und Sitte für uns vollkommen begreifliches.

Shakespeare verdankt dieser Eigenheit den großen Vortheil, daß seine Gestalten großartiger und eindrucksvoller vor uns stehen und auch der Masse verständlich bleiben, während die feineren Linien der Goethe'schen Charakterbilder dem ungeübteren Auge blaß und abgeschwächt erscheinen können.

Wie der Physiker uns den Luftdruck, die Schwere, die Elektricität u. s. w. am frappantesten vor Augen stellt, wenn er die Erscheinungen durch möglichste Fernhaltung der mannigfaltigen Coefficienten, die in der Wirklichkeit ihre Begleitung bilden, im Experiment auf ihre einfachste oder concentrirteste Gestalt zurückführt, so weiß uns der Dichter mit den mancherlei Grundkräften des Seelenlebens am wirksamsten vertraut zu machen, indem er die Herrschsucht, die Macht der Liebe, die Gattentreue, die Eifersucht, die Qual eines geängsteten Gewissens, das stolze Selbstgefühl, den Parteigeist, die weltverachtende Bitterkeit u. s. w. gleichsam in vereinzelten Prachtexemplaren, wie auf einem Isolirschemel, vor uns hinstellt. Solche Bilder machen dann den Eindruck der höchsten Naturwahrheit, obwohl sie eigentlich auf einer Art von Fiktion beruhen. Wenn nun aber eben jener Physiker dazu fortschreitet, dieselben Kräfte und Erscheinungen, die er uns in einem künstlichen Experiment in ihrer elementaren Form gezeigt hat, nun auch in den verwickelteren Gestalten der realen Welt, zwar durch andere Faktoren modificirt und abgeschwächt, aber doch ganz dem Gesetz ihres Grundphänomens gemäß wirkend nachzuweisen, so wird es den meisten schwieriger werden, ihm zu folgen; der Reiz, den die einfache und augenfällige Erscheinung bot, wird verschwinden, und nur für den Eingeweihteren wird sich das Interesse steigern, da hier erst das volle Verständniß der wirklichen Natur eröffnet wird.

Auf etwas Aehnlichem scheint es uns zu beruhen, wenn viele die Goethesche Charakterzeichnung neben der Shakespeareschen matt und abgeblaßt finden, und der letzteren eine größere Naturwahrheit und Genialität zuschreiben wollen. Goethe, der stets mitten in der Gesellschaft und in mannigfacher praktischer Thätigkeit lebte und bei seinen Dichtungen kein begrenztes Publikum vor Augen hatte, stellt uns immer den ganzen, durch eine Masse von äußeren Bedingungen mitbestimmten Menschen dar; Shakespeare, der außerhalb der bürgerlichen Gesellschaft und ohne die Erfahrung eines praktischen Berufs lebte und den Erwartungen eines bestimmten Zuhörerkreises genügen mußte, spaltet den Menschen aus dem Schatz seiner innern Erfahrungen heraus und stellt, ohne die abschrockende und beengende Macht des Weltganzen näher zu beachten und zu kennen, die verschiedenen Grundrichtungen der menschlichen Natur in einzelnen leuchtenden Gestalten hin. Es ist klar, daß hiemit zwar eine Grenze und ein Mangel angedeutet, aber doch immer noch etwas unendlich Großes dem Dichter beigelegt wird, daß wir beide Gattungen sich ergänzend neben einander stellen und uns an der einen wie an der andern erfreuen können. Shakespeare zeichnet die psychologischen Urphänomene, die in der Wirklichkeit in solcher Reinheit und Stärke nicht vorkommen, Goethe die complicirteren Gebilde des realen gesellschaftlichen Lebens. Jene sind allgemeiner verständlich und effektvoller, diese haben ihren vollen Reiz nur für engere Bildungskreise. Aus ähnlichen Gründen beruht es auf Täuschung oder Ungenauigkeit des Ausdruckes, wenn man an Shakespeares dramatischen Personen besonders die individuelle Haltung rühmt. Das Individualisiren ist wohl überhaupt nicht Sache des tragischen Dichters; es erfordert eine Ausführlichkeit der Zeichnung, eine Kleinmalerei, die der ganzen Gattung fremd ist, von der jedenfalls Niemand weiter entfernt war, als Shakespeare. Den Zweck, scharf unter sich abgegrenzte Gestalten vor uns hinzustellen, erreicht er durch das einfache Mittel, daß er seinen Figuren ganz wenige Züge, diese aber in ungewöhnlicher Stärke leiht. Durch die zwei Merkmale der körperlichen Mißgestalt und der rücksichtslosesten, vor keinem Mittel der List und Gewalt zurückscheuenden Herrschsucht tritt uns

Richard III. wie eine in Stahl gemeißelte Figur entgegen, von der wir gerne glauben, daß ihr kein zweites Exemplar entsprechen kann, da wir schon Mühe hatten, sie nur als ein Unicum zu begreifen. Goethe taucht seine Gestalten in das nivellirende Element gesellschaftlicher Sitte und Bildung, und die unterscheidenden Züge heben sich erst aus dem Hintergrund der gemeinsamen Merkmale in feinen Linien heraus.

Die Blinden unter den Verehrern, die mit ihrem Shakespeare ungefähr verfahren wie die Theologen mit der Bibel, die alle denkbaren Qualitäten auf seinen Ehrenscheitel zu häufen bemüht und besonders darauf erpicht sind, gerade die augenfälligsten Mängel und Schwächen in Vorzüge, die dann freilich erst der Eingeweihte ganz verstehe, zu verkehren, preisen ausdrücklich auch die reiche und umfassende Weltkenntniß des Dichters, sein großes und vielseitiges Wissen. Würden sie nur sagen, es sey zu bewundern, wie Shakespeare trotzdem, daß er sein Lebenlang der bürgerlichen Gesellschaft und der praktischen Thätigkeit fern stand und von der gelehrten Bildung seiner Zeit bei den ungünstigen äußeren Verhältnissen seines jugendlichen Alters sich nur Weniges aneignen konnte, dennoch aus Wenigem Viel zu machen und mit genialem Takte vielfach das Fehlende zu ergänzen und grobe Fehlgriffe zu vermeiden gewußt habe, so wäre das der Wahrheit gemäß. Jene weitergehenden Behauptungen aber stellen die Sache auf den Kopf, und wir müssen ihnen gegenüber die Ansicht vertreten, daß Shakespeare von der strengen causalen Verkettung des Weltlaufs, von der realen Bedingtheit alles menschlichen Handelns sehr mangelhafte Vorstellungen hatte, daß in Folge davon die dramatische Handlung in fast allen seinen Werken an großen Unwahrscheinlichkeiten, ja Undenkbarkeiten leidet, daß bei dem innigen Zusammenhang zwischen der Handlung und den Charakteren hierdurch auch die psychologische Zeichnung nicht selten eine verfehlte wird, und daß aus dieser einen, aber wichtigen Schranke seiner Begabung oder künstlerischen Ausbildung, aus diesen vielfachen Anstößen, die ein berechtigter Realismus beim Genuß seiner Werke nehmen muß, allein erklärbar wird, wie ein solcher Dichter gleich nach seinem Tode fast zwei Jahrhunderte lang von seinem eigenen Volk verkannt und vergessen werden konnte, wie die ganze romanische Race, welcher doch nur eine dunkelhafte Einseitigkeit auf unserer Seite einen feinen Sinn für das Schöne absprechen kann, den britischen Dichter heute noch fast ungenießbar findet, wie endlich auch der unbefangene Leser von germanischem Vollblut oft genug über widrige Eindrücke Herr werden muß, um für die übrigen Schönheiten des Dichters noch empfänglich zu bleiben.

Wenn wir behaupten, daß unter Shakespeares Dramen sich kaum ein einziges finde, das eine wohlgefügte, pragmatisch denkbare Handlung enthalte, und hierdurch vielfach auch die Charakteristik beeinträchtigt werde, so erfordert dieß nun einen näheren Beweis und ein Eingehen auf ein Detail, das freilich dem Kenner der deutschen Shakespeareliteratur zum Theil nur schon bekanntes darbieten kann.

VI.

Die Motivirung der Handlung in Lear, Maß für Maß, Cymbeline, Romeo, Macbeth, Othello, Hamlet.

Wohl die größten Ausstellungen vom pragmatischen Gesichtspunkt aus treffen ein an Detailschönheiten überreiches Werk, den König Lear. Schon Goethe hat nicht mit Unrecht gleich die Eingangsscene geradezu absurd genannt. Wenn Jemand einen Apfel oder ein Stück Kuchen unter einige Kinder so vertheilt, daß er demjenigen das größte Stück verspricht, das am artigsten darum bittet, so können wir's uns gefallen lassen, wiewohl einem verständigen Vater selbst das kaum in den Sinn kommen wird. Wenn aber ein ruhmvoller, lebensmüder Fürst unter erwachsene Kinder, deren Charakter und Liebe zu ihm er längst kennen muß, nach diesem Maßstab ein Königreich austheilt, wenn er dabei derjenigen Tochter, die ihm schon vorher die liebste unter allen war, nur darum, weil sie gegenüber von den vorausgegangenen Hyperbeln der Schwestern ihr Gefühl in einfache und etwas dürftige Worte kleidet, ihr Erbtheil ganz entzieht, wenn er ferner, statt sich für den eigenen Bedarf bestimmte Schlösser und Einkünfte vorzubehalten, für sich und hundert Ritter ein nach Monaten alternirendes Gastrecht an dem jedesmaligen Aufenthalt der Töchter ausbedingt, so ist das die Einleitung für ein Kindermährchen, aber nicht für eine erschütternde Tragödie. Ein König, der so handelt, hat wenig Verstand mehr zu verlieren, es wundert uns kaum noch, wenn er gleich darauf zum völligen Narren wird, und wir können es eigentlich nur durch den Gedanken, daß er schon von vorne herein nicht mehr recht zurechnungsfähig war, noch zum vollen Gefühl des Mitleids bringen.

Das Benehmen des alten Gloster ist um nichts verständiger. Daß der ächte, unter den Augen des Vaters herangewachsene, von ihm stets als edel, treu und liebevoll erprobte Sohn auf einmal sich mit dem hergelaufenen Bastardbruder in eine Verschwörung gegen das Leben des Vaters einlassen, diese Absicht sogar dem Papier anvertrauen und den Brief auf's Gerathewohl dem Bruder in's Fenster werfen werde, mußte dem Alten ja ganz unglaublich vorkommen; daß er aber diesen Sohn, ohne ihn auch nur noch zu sehen und zu hören, verbannt, daß Edgar sich auf den albernen Hocuspocus mit dem Schwertziehen einläßt und flieht, ohne nur mit einem Wort gegen den Vater das plumpe Possenspiel aufzuklären, das sind ganz unglaubliche, fast mährchenhafte Vorgänge. Da Alles so rasch geht, und Edgar, man begreift kaum wie, auf einmal aus seines Vaters Haus hinausgelogen ist, so ist die Sache auch auf der Bühne kaum recht verständlich. Daß Edgar sodann als wahnsinniger Bettler auftritt, ist zwar nicht näher motivirt, doch lassen sich immerhin Gründe dazu denken; daß er aber in diesem verstellten Wahnsinn ohne alle Noth so viel unnützes Zeug redet, wird überaus lästig, wie überhaupt die vielbewunderte Hüttenscene durch ihre lange Dauer und den unerschöpflichen Strom irrsinniger Reden nach unserem Gefühl ermüdend wirkt. Man könnte sogar vermuthen, Shakespeare habe hier eine Art von dramatischem Bravourstück liefern wollen, indem er dreierlei Narren, einen wirklich irrsinnigen, einen simulirten und einen Berufsnarren nebeneinander auftreten läßt und alle drei auf's Feinste zu nüanciren weiß.

Kent benimmt sich gegen den Hofmeister so roh und ungeberdig, daß die ihm gewordene Züchtigung gar nicht den Eindruck eines Unrechts, einer Kränkung des Königs macht, was sie doch soll. Daß dieser Oswald später, auf den Tod getroffen, im letzten Moment seines Lebens an nichts denkt, als wie ein Auftrag seines Gebieters noch vollzogen werde, ist ein Zug rührender Dienstreue, der zu der sonstigen Verworfenheit dieses Charakters nicht paßt. Daß Jemand bei einem Sprung auf ebener Erde glauben gemacht wird, er sey tausend Klafter tief hinabgesprungen und unversehrt unten angekommen, wurde von jeher als gegen alle sinnliche Wahrscheinlichkeit streitend angesehen.

Endlich die wilde Grausamkeit, daß dem niedergeworfenen Gloster auf der Bühne mit einem Stuhlfuß beide Augen ausgedrückt werden! Von den eilf Hauptpersonen des Stücks bleiben nur drei am Leben! Die ganze Handlung im König Lear hat den Charakter eines Kindermährchens von der schauerlichen Sorte, nur daß das eigentlich Wunderbare fehlt.

Mährchenhafte Stoffe passen aber nicht für die Tragödie. Die Wirkung des ernsten Dramas beruht auf der Voraussetzung, daß wir selbst von gleichem Stoff, denselben Gefühlen,

Leidenschaften und Motiven zugänglich sind, wie die Personen, die der Dichter uns vorführt, daß die gleichen Lebensmächte über uns walten, daß somit der uns vor Augen gestellte Fall zugleich ein allgemeiner, uns selbst, den Menschen überhaupt mitbetreffender ist. Diese Illusion darf der Dichter um keinen Preis zunichte machen. Er zerstört sie noch nicht oder stört sie kaum, wenn er auch ein übernatürliches Element hereinwirken läßt, sobald dasselbe dem Vorstellungskreise des geschichtlichen Bodens, auf dem das Stück steht, verwandt oder natürlich ist. Götter, Geister, Orakelsprüche ꝛc. treten in diesem Fall nur an die Stelle von Schicksal und Zufall, die ja auch für uns noch immer einen irrationalen Rest behalten. Aber Eines muß unter allen Umständen intact bleiben; das sind die psychologischen Fundamente alles menschlichen Handelns. Wir müssen in den dramatischen Vorgängen immer unser eigenes Triebleben wieder abgespiegelt, unsere Logik als eine allgemein gültige erkennen. Der Dichter darf seinen Personen nicht einen höhern Grad von Verblendung, von Verkehrtheit und Kurzsichtigkeit leihen, als dessen wir uns selbst und die Mehrzahl der Menschen für fähig halten. Wenn ich gegenüber von den Helden, für die er meine Furcht und mein Mitleid in Anspruch nimmt, sagen muß: weder ich noch sonst ein Mensch von gesunden Sinnen würde im gegebenen Fall auf den Gedanken kommen, also zu handeln, so ist die Illusion auf eine unheilbare Weise zerstört. Gerade dieß unterscheidet aber das Mährchen von Sage, Mythus und Fabel, daß darin auch die

Handlungen der Personen von Motiven bestimmt werden, wie sie sonst nur im Traumleben oder in der Kinderwelt Geltung haben. Der mährchenhafte Stoff läßt sich daher zwar episch und lyrisch behandeln, oder auch im phantastischen Lust- oder Singspiel verwerthen, wie Shakespeare in glänzendster Weise gethan, aber dem ernsten Cothurn widerstrebt er seiner innersten Natur nach. Der König Lear gehört unter diesem Gesichtspunkt einem ganz falschen Genre an, und Tieck's Versuche, dasselbe auch für die deutsche Bühne wiederzubeleben, mußten nothwendig ohne Wirkung und Nachfolge bleiben.

In „Maß für Maß" hat die ganze Handlung zu ihrer Grundlage die Voraussetzung, daß in einem christlich europäischen Lande (und vollends in Wien!) ein Gesetz besteht, welches jeden außerehelichen Liebesgenuß mit der Todesstrafe bedroht. Das Gesetz war zwar längst außer Uebung gekommen, es wird aber während einer Abwesenheit des Herzogs von seinem Statthalter wieder erneuert und sogleich rückwärts auf ein verlobtes Paar, das ganz unverschuldet und nur durch äußere Umstände an der Heirath gehindert worden war, aber indessen die Rechte des Ehestandes anticipirt hatte, angewendet. Alles das findet im Stücke Niemand unsinnig und undenkbar, sondern nur hart und streng.

Im Cymbeline geht Posthumus, im Uebrigen unter Shakespeares männlichen Charakteren wohl die edelste und am idealsten gehaltene Gestalt, mit einem fremden Abenteurer in Italien die Wette ein, daß es diesem nicht gelingen werde,

seine Gattin, Imogen, zu verführen; er schenkt der sophisti=
schen und lügenhaften Erzählung des Zurückgekehrten, die,
wenn auch Verdacht erregend, doch für keinen Verständigen
schon beweisend seyn konnte, sofort unbedingten Glauben und
sendet seinem Diener den Befehl, die Gattin zu ermorden.
Cymbeline hat überhaupt unter allen ernsten Stücken des
Dichters die romanhafteste und abenteuerlichste Handlung; die
Erscheinung Jupiters, um an die Seite des schlafenden Post=
humus ein Täfelchen mit einem ziemlich absurden Orakelspruch
zu legen, darf vielleicht das befremdlichste Phantasma ge=
nannt werden, das sich überhaupt in des Dichters Werken
findet. Man könnte fast vermuthen, der Dichter habe gegen=
über von der herrschenden und ihm ungünstigen Hochschätzung
classischer Gelehrsamkeit einmal zeigen wollen, daß er auch
etwas Latein und Mythologie verstehe. In diesem Fall wäre
der Versuch freilich besser unterblieben. Das Günstigste für
den Dichter wäre, wenn man den ganzen Passus als eine
Parodie auf seine gelehrten Collegen fassen dürfte. Aber
leider verbieten das die Grundgesetze der Interpretation.

In Romeo und Julie ist im Ganzen die Exposition
und Führung der Handlung vortrefflich; das Mittel aber,
das der Pater Lorenzo vorschlägt, um die Trauung mit dem
Grafen Paris zu verhindern, und das die Katastrophe allein
herbeiführt, ist unter allen, welche die kühnste Phantasie
ausfindig machen könnte, das seltsamste, unnatürlichste, ge=
fahrvollste, ja undenkbarste, während die mancherlei nahe
liegenden und leichten Mittel gar nicht in Frage kommen.

Man fragt vergeblich: warum gesteht nicht Julie einfach, daß sie schon vermählt sey, und stellt den weiteren Folgen den Heroismus ihrer Liebe entgegen? Warum flieht sie nicht, da sie doch ungehindert aus und eingeht, und auch das Mittel Lorenzos doch nicht mehr erzielt, als daß sie, statt vom elterlichen Hause, von dem nahen Kirchhof aus den Weg nach Mantua zu machen hat? warum stellt sie sich nicht krank? warum bewegt man nicht den Bräutigam durch die Mittheilung, daß die Braut schon mit einem andern vermählt sey, zum Rücktritt? warum verfällt der fromme Pater nicht auf die dem christlichen Priester nächstliegende Einrede, daß er bei Lebzeiten des ersten Gatten Niemand zum zweitenmal trauen dürfe? So führt denn der bloße Zufall in der Form des aberwitzigsten und noch in seiner Ausführung übereiltesten aller Rathschläge den tragischen Ausgang allein herbei.

Wenn im Othello die Intrigue fein und scharfsinnig durchgeführt ist und der Pragmatismus auf wenige Anstöße trifft, so verdankt der Dichter dieß seiner Quelle, der er hier sehr genau folgt, und die auf einer aktenmäßigen Criminalgeschichte beruhte. Wo er den Faden selber weiterspinnt, wie gegen das Ende des Stücks, treten auch gleich nicht wenige Mängel der Motivirung ein. Daß Othello seines Amtes entsetzt und Cassio zu seinem Nachfolger bestellt wird, ist in keiner Weise begründet; daß aber Desdemona in Gegenwart des von dieser Kränkung tief ergriffenen Gatten darüber sagt: „Das freut mich," ist unbegreiflich. Das durfte und konnte sie nicht sagen. Wie auch sonst oft genug, übersieht hier der Dichter, dem es nur darum zu thun ist, die Steigerung Othellos in seinem Zorn und in seiner Ueberzeugung von der Schuld der Gattin zu motiviren, daß er sich hiezu eines nach anderer Richtung hin undenkbaren Mittels bedient.

Ferner ist in dem Stück Jagos Rolle nicht bis zum Schlusse consequent durchgeführt; seine Kaltblütigkeit und seine Schlauheit lassen ihn auf einmal im Stich; er mußte sich überhaupt von da an, wo es zur Katastrophe kam, im Hintergrund halten, wie jeder, der eine Mine gelegt und angezündet hat. Daß er aber seine Frau in Gegenwart vieler Zeugen ermordet, damit sie nichts weiteres gegen ihn aussagen kann, wiewohl sie alles, was sie überhaupt wußte, bereits gesagt hat, ist eine von seinem Standpunkt und für seinen Charakter unbegreifliche Handlung. Es konnte ja nichts gegen ihn aufgebracht werden, als daß er Othellos Eifersucht rege gemacht habe, worauf noch lange nicht Galgen und Rad stehen konnte, wie jetzt auf der Ermordung seines Weibes. Wohin ist auf einmal die Geistesgegenwart, wohin sind die Lügen und Kniffe des abgefeimten, kaltblütigen, erfinderischen Bösewichts gekommen? Desdemona war todt. Was ließ sich nicht Alles auf ihre Unkosten lügen, wie leicht war es auf ihrer Schuld noch trotz seines Weibes Einsprache zu beharren, wie mancherlei sonstige Chancen standen noch offen! Statt dessen versichern uns nun die allezeit fertigen Apologeten unseres Dichters, darin eben offenbare sich sein tiefer Blick, seine Menschenkenntniß und sittliche Weltanschauung, daß er zeige, wie List und Bosheit schließlich doch sich selbst in die Grube bringe und zur plumpen Kurzsichtigkeit werde. Das sind aber, mit Verlaub zu reden, nichts als hohle Phrasen, mit denen man auf ein psychologisches Verständniß geradezu verzichtet.

Ob der Dichter aus Irrthum oder mit Absicht den „Mauren," d. h. den Venetianer von maurischer Abkunft, in einen „Neger" verwandelt hat, wissen wir nicht. Störend ist es jedenfalls, wie er den Racenunterschied premirt und den Helden zum schwarzen Scheusal macht. Nicht nur begreift man nicht, wie der Senat von Venedig einen Neger zum Feldherrn macht, sondern man wird auch an Desdemona irre, wenn ihre Neigung selbst über die kaukasische Race hinausirrt und für das Wollhaar und die dicken Wulstlippen schwärmt. Es war nicht nöthig, die Sache so zu übertreiben; es wäre an dem Heidensohn, dem braunen Mauritaner des Anstoßes genug gewesen für eine Senatorentochter von Venedig.

An die dramatische Handlung im Macbeth hat der realistische Gesichtspunkt nur ein beschränkteres Anrecht, da sich dieses Stück gleich von vornherein auf den mythologischen Boden einer grauen Vorzeit stellt, und übernatürliche Kräfte ins Spiel treten, denen gegenüber es keine pragmatische Kritik gibt. Der Dichter hatte hiezu natürlich das gleiche Recht, mit welchem uns die alten Tragiker oder Goethe in der Iphigenie auf den Boden der alten Götter- und Heroensage stellen. Wären freilich die Hexenerscheinungen nicht als etwas Reales zu denken, wie uns die meisten Shakespearekritiker glauben machen wollen, sondern nur Visionen des

Helden, ähnlich den Geistern der Ermordeten in Richard III., nach Außen projicirte Versinnlichungen von inneren Vorgängen, Begierden und Beängstigungen, so würde der realistische Standpunkt mit verstärkter Gewalt sich gellend zu machen haben und die Handlung des Stücks würde geradezu unbegreiflich. Allein jene Auffassung ruht auf den schwächsten Argumenten und widerstreitet aller natürlichen Auslegung.

Das Wesentliche ist doch offenbar, daß die Hexen die Zukunft voraus sagen, und zwar in einer bis ins Kleinste zutreffenden Richtigkeit. Von allen ihren Orakeln hat nur das Eine, daß Macbeth König seyn werde, einen Anhaltspunkt in seinem eigenen Innern; daß Banquos Nachkommen die Krone tragen werden, und zwar die letzten derselben zwei Reichsäpfel und drei Kronen, daß Macduff den Macbeth tödten, daß der Birnamswald auf Dunsinan heranrücken werde, was doch Alles zutraf, ist aus jener Auslegung nicht im mindesten zu begreifen. Freilich hatten diese Schicksalsschwestern keine zwingende Macht über Macbeth; ihre Weissagungen heben seine Willensfreiheit ebenso wenig auf, als die Sprüche des delphischen Gottes den Oedipus zu einem Unfreien machten. Daß Banquo sich zu diesen Sprüchen anders verhielt, als Macbeth, worauf jene Auslegung so viel Werth legt, ändert nicht das Mindeste an dem Sachverhalte. Ueberdieß war der ihn betreffende Spruch seinem Inhalt nach von der Art, daß er zu keiner Thätigkeit dadurch angeregt werden mußte. Da er selbst zum Königshaus gehörte, war es wohl denkbar, daß seine Nachkommen die Krone tragen werden; er konnte aber seinerseits nichts dazu und nichts davon thun. Auch stellt uns der Dichter ja deutlich genug seine Hexen nicht als göttliche schaffende Wesen, die über den Menschen eine Gewalt hätten, sondern als teuflische dar, die ihn in Versuchung führen und am Bösen ihre Freude haben. Daß er sie aber als reale und übernatürliche, das Zukünftige voraus wissende Gestalten gedacht haben will, daran wird kein unbefangener Leser den mindesten Zweifel haben.

Es liegt jener Auslegung die seltsame Tendenz zu Grunde, den Dichter gegen den Vorwurf abergläubischer Vorstellungen, einer finstern mittelalterlichen Romantik in Schutz zu nehmen. Diese Consequenz wäre gerade so verkehrt, wie wenn man Goethe vorwerfen wollte, daß er an einen Teufel Mephistopheles, oder an die Göttin Artemis, an die Eumeniden und den Mythus von Tantalus geglaubt hätte. Der Dichter hat das unbestrittene Recht, den Boden für seine dramatische Handlung zu wählen. Versetzt er uns ganz oder theilweise in eine Phantasiewelt, so haben wir ihm dahin zu folgen und die Voraussetzungen gelten zu lassen, die er uns ansinnt; versetzt er uns aber auf den realen und geschichtlichen Boden, so hat er auch seinerseits die Gesetze zu beachten, die in diesem Element herrschen, und muß sich die Kritik gefallen lassen, die von ihnen ausgeht. Nur so wird uns auch Shakespeares Macbeth in seiner großartigen Schönheit verständlich werden, nicht aber wenn wir die Gestalten, denen seine Phantasie nun einmal innerhalb des Gedichtes eine reale Existenz verleiht, in unklare Zwitterdinge von Vision und Accommodation auflösen.

Unter diesen Voraussetzungen ist dann gegen die Handlung im Macbeth wenig zu sagen. Nur in unwesentlichen Dingen sind vielleicht Lücken der Motivirung, wie z. B. die sofortige Flucht der beiden Prinzen ins Ausland nach des Vaters Tod auffallend und nicht genügend begründet ist. Auch die Motivirung für die Ermordung Banquos ist nicht ganz befriedigend. Da Macbeth keine Kinder hat, und Banquo mit ihm dem Königshaus angehört, so konnte der Gedanke, daß Banquos Nachkommen die Krone tragen werden, für Macbeth nichts Auffallendes und Unerträgliches haben; er mußte die Orakelsprüche der Hexen überhaupt als ein Ganzes betrachten, woraus er nicht einen beliebigen Theil zu nichte machen kann. Man muß schon zu der Ausflucht greifen, daß Macbeth in jenen Monologen, wo er diesen Entschluß begründet, an die Möglichkeit, noch selbst Söhne zu bekommen, denkt, oder, was wahrscheinlicher ist, daß der Dichter, der auch hier scenenweise gearbeitet haben mag, an dieser Stelle vergaß, daß er an andern Orten Macbeth ausdrücklich zum kinderlosen Vater macht.

Größere Schwierigkeiten bietet in Macbeth die Charakteristik, namentlich der Lady. Ihr Verhalten vor der That und nach derselben scheint dem psychologischen Gesetz der Stetigkeit und Unveränderlichkeit des wesentlichen Charakters, das auch Shakespeare im Allgemeinen, wiewohl mit mehreren Ausnahmen, festhält, zu widersprechen. Es wird hier dem Gewissen eine magische und dämonische, nicht eine psychologisch begreifbare Wirkung beigelegt. Ob wir uns unter demselben einen eingewurzelten oder eingeprägten Glauben an die absolute Verbindlichkeit gewisser Normen für das menschliche Handeln denken, immer bleibt es doch etwas an dem Bewußtseyn Haftendes, eine Eigenschaft oder Kraft, die nach dem Gesetz aller Kräfte nur stetig wirken kann. In wem sich nun an die Erinnerung einer verbrecherischen That, wiewohl sie gelungen ist und der Genuß ihrer Früchte fortwirkt, eine so nagende Reue, ein solcher sittlicher Abscheu knüpft, daß die Gedanken keinen Augenblick mehr davon loskommen und der Ekel an sich selbst bis zum Wahnsinn und Selbstmord führt, in dem haben wir überhaupt eine Empfänglichkeit für sittliche Regungen von nicht gemeiner Stärke vorauszusetzen. Neben einer solchen Empfänglichkeit bleibt nun wohl das Vorausgehen auch des schwärzesten Verbrechens denkbar; denn es können in derselben Seele noch weit heftigere Triebe und Begierden anderer Art ihren Platz haben; aber das scheint uns daraus zu folgen, daß dann im Augenblicke einer wilden That die Stimme des Gewissens nur als übertäubt, in den Winkel des Herzens gedrängt, vom Sturm einer rasenden Leidenschaft überwältigt erscheinen darf. Aber jene eisige Kälte der Reflexion, mit der die Lady den Gatten zu der entsetzlichsten aller Thaten anfeuert und die Regungen seines Gewissens wie eine verächtliche weibische Schwachheit verhöhnt, die entmenschte Rohheit, mit der sie davon spricht, dem eigenen Kind, das ihr entgegenlächelt, die Brust aus den weichen Kiefern zu reißen und den Kopf an die Wand zu schmettern, die wilde Stärke, mit der sie auch nach der

That Macbeth noch aufrichtet und weiter drängt, scheint uns damit nicht mehr vereinbar. Die Eumeniden ziehen erst spät und wie von Außen gekommene Dämonen in ihr ein, während der Dichter uns zeigen müßte, wie sie schon längst im tiefen Grund der Seele lauernd harrten und wie die Heftigkeit ihrer Angriffe eben aus dem langen und gewaltsamen Drucke, dem die edleren Regungen erlegen waren, verständlich wird.

Auch in dem Charakter von Macbeth selbst vermissen wir noch Etwas, so wunderbar und erschütternd er gezeichnet ist. Er wird, bevor die Versuchung an ihn herantritt, vom Dichter als eine edlere Natur dargestellt, was noch mehr als in seinem eigenen Verhalten in dem Urtheil des Königs und der Andern über ihn erkennbar ist. Diese bessere Natur, sollte man erwarten, müsse noch einmal zum Vorschein kommen; nachdem sein glühender Ehrgeiz sein Ziel erreicht hat, müßte er wenigstens einen Versuch machen oder das Verlangen zeigen, die übel erworbene Krone ruhmvoll zu führen, das Verbrechen durch Herrschertugend zu sühnen oder zu mildern. Es müßte sich dann zeigen, daß das nicht mehr geht, daß das Böse fortzeugend Böses muß gebären und er im Blute fortwaten muß, um nicht zu fallen. So aber erscheint er von dem Zusammentreffen mit den Hexen an wie ein von allen höllischen Dämonen Besessener, der gleich einem Wahnsinnigen von einer Unthat zur andern schreitet, ohne daß die besseren Regungen einer früheren Zeit auch nur auf einen Moment wieder zur Herrschaft kämen. Auch hier, wie noch oft, überspannt Shakespeare den Contrast und den Effekt auf Kosten der psychologischen Wahrheit; denn ein völliges Umschlagen des Grundcharakters gehört gewiß immer und überall zu den Täuschungen. Ohne die Idee der Stetigkeit wird uns überhaupt keine Entwicklung weder in der Natur noch im Menschen begreiflich.

Und doch können uns alle solche Ausstellungen nicht hindern, Shakespeares Macbeth die mächtigste und gewaltigste aller Tragödien zu nennen.

Mit der Erklärung des Hamlet wird man schwerlich je zurecht kommen, wenn man nicht schon den ganzen Dichter, die äußeren Bedingungen, die inneren Eigenthümlichkeiten seiner dramatischen Dichtungsweise kennt, wenn man nicht weiß, welchen Hörerkreis er dabei im Auge hatte, um welche Wirkungen es ihm zu thun ist, welchen Werth er überhaupt auf die pragmatische Seite der tragischen Handlung legt, und welche Befähigung er für diesen Theil der dramatischen Technik hat, wie ihm überall der Effekt der einzelnen Theile wichtiger ist als der kunstvolle Faden des Ganzen, wie er niemals an den gelehrten Leser künftiger Zeiten, sondern überall an den empfänglichen Hörer und Zuschauer der Gegenwart denkt. Wer mit richtigen Vorstellungen hierüber an das Drama herantritt, der wird zum voraus vor vielen Irrwegen bewahrt bleiben, in welche sich die meisten deutschen Ausleger desselben verloren haben. Wir nehmen hievon selbst Goethe nicht aus; denn wenn in der bekannten Stelle des Wilhelm Meister gesagt wird, Shakespeare habe in Hamlet schildern wollen: „eine große That auf eine Seele gelegt, die der That nicht gewachsen ist, eine edle und reine Natur ohne die sinnliche Stärke, die den Helden macht," so liegt darin nicht ein Schlüssel für das Verständniß des Stücks, sondern bereits ein kritisches, und zwar tadelndes Urtheil über die dramatische Handlung desselben. Die Sache mag wohl schließlich ungefähr so herauskommen, wie Goethe sagt, aber gewiß ist dieß nicht die Absicht des Dichters gewesen.

Die Goethesche Auffassung wird aber bis an die Grenze der Unbegreiflichkeit übertrieben, wenn man Hamlet zu einem völlig unentschlossenen, und sogar feigen Charakter machen will. Kein unbefangener Leser wird in einem Mann, der im Verlauf des Dramas, ehe er seinem Hauptgegner den Todesstoß versetzt, noch gleichsam en passant vier weitere Personen tödtet, der einem Gespenst, vor dem die Kriegsleute ängstlich zurückbeben, kühn entgegentritt und in die Einsamkeit nachfolgt, der auf ein enterndes Raubschiff allein vor der Zeit hinüberspringt, dem es keine Ruhe läßt, daß ein Anderer für einen tüchtigeren Fechter gehalten werden soll, der in jedem Wort, das er spricht, von Geist und Feuer sprüht, einen Hans den Träumer, einen aus Reflexion und Unentschlossenheit zum praktischen Handeln unfähigen Charakter erkennen.

Das Wahre an der Sache ist: Hamlets Handlungen sind confus und unzweckmäßig; er wählt seltsame und unverständliche Mittel für seinen Zweck. Der Grund hievon ist aber nicht, daß der Dichter ihn so darstellen wollte; denn zweckwidriges Handeln hat nur im Lustspiel, nicht in der Tragödie Raum; von einem Helden eines Dramas erwarten wir, wenn wir uns für ihn interessiren sollen, so viel praktische Intelligenz, daß er für seine Zwecke nicht Mittel wählt, die überhaupt gar nicht zum Ziel führen können. Die unverkennbare Unzulänglichkeit in Hamlets praktischem Thun ist nicht sowohl für Hamlet als für Shakespeare charakterisirend. Unmöglich kann ja das die Intention des Dichters gewesen seyn, eine bloße Unfähigkeit zu schildern, das recht und verständig auszuführen, was man eigentlich will. Schon Aristoteles nennt unter allen Fällen einer dramatischen Handlung denjenigen den unbrauchbarsten für den Dichter, in welchem die tragische Person einen Vorsatz hat, etwas zu thun, ihn aber nicht zur Ausführung bringt.

Hätte aber Shakespeare gleichwohl je sich an dieses Problem gewagt, so hätte die Ausführung eine ganz andere werden müssen. Shakespeare gehört ja nirgends zu den Dichtern, die in allzufeinen und zweifelhaften Linien zeichnen; seine Fehler liegen immer eher auf der Seite der Uebertreibung als der Unkenntlichkeit. Worin sollen denn aber die deutlichen Beweise für Hamlets Unentschlossenheit liegen? Die retardirenden Momente sind ja für eine Tragödie so unerläßlich, als die Hemmung für eine gute Uhr. Wenn Hamlet gleich nach Erscheinung des Geistes den Akt der Rache vollzöge, so wäre das Stück in der zweiten Scene zu Ende. In der That aber handelt Hamlet ununterbrochen im Stück; sich wahnsinnig stellen, ist auch ein Handeln, und zwar ein sehr intensives und anstrengendes. Daß er sich selbst wiederholt anklagt, sich den Schauspieler, der um Hecuba weint, den jungen Fortinbras, der für ein Phantom einen weiten Kriegszug unternimmt, zum vorwurfsvollen Vorbild macht, zeigt nur, wie ganz ihn der Gedanke an seine Aufgabe erfüllt und auch bei entfernten Anlässen begleitet. Daraus auf seine Feigheit zu schließen, ist gerade so, wie wenn man den Melchthal im Tell der Muthlosigkeit zeihen wollte, weil er einmal sagt: was für ein Feiger, Elender bin ich, daß ich an meine Sicherheit nur dachte, oder Thekla im Wallenstein, weil sie sich „einer unedeln Säumniß" anklagt. Mit wie viel deutlicheren Farben würde Shakespeare malen, wenn er die reflexionskranke Unfähigkeit zu einem entschlossenen Handeln zeichnen wollte!

Möge es erlaubt seyn, in der Kürze zu den vielen Auslegungen des Hamlet eine weitere Auffassung beizufügen, die uns Vieles, wenn auch nicht Alles, klar zu stellen scheint, aber freilich den ästhetischen Ideologen nicht gefallen kann.

An der alten Hamletsage, die unverkennbar an die Erzählung des Livius vom älteren Brutus erinnert, tritt Ein Zug als der wesentliche und specifische hervor. Hamlet stellt sich, um den Usurpator und Mörder seines Vaters in Sicherheit zu wiegen und selbst keinen Verdacht zu erregen, irrsinnig, gibt aber in diesem verstellten Wahnsinn Beweise einer großen Intelligenz, die sich nach dem Charakter nordischer Sage in einer ungewöhnlichen Schärfe und Feinheit der Sinne, in einer instinktartigen Ahnung versteckter

Zusammenhänge äußert. In die Form scheinbar irrsinniger
Reden und Handlungen tiefen Sinn und verborgene Weisheit
zu legen, war somit für den, der diesen Stoff dramatisch behandeln wollte, die ganz specielle Aufgabe, und sie war schon
ihrer Natur nach schwer genug, um jedes mittelmäßige Talent
zum voraus abzuschrecken, aber den geistvollen und hochbegabten Dichter zu reizen. Eben dieser Punkt war gleichsam das
Kunststück, dessen Lösung von jedem Bearbeiter der Hamletsage erwartet wurde; in dem übrigen Theil der Sage lag
nur wenig Charakteristisches.

Für Shakespeare hatte aber diese Aufgabe nicht bloß
den Reiz, sein Licht leuchten, seinen Geist und Witz in
neuen Formen spielen zu lassen. Er selbst war indessen vom
Jüngling zum Mann geworden, und hatte durch mancherlei
Irrungen und innere und äußere Kämpfe einen Schatz von
ernster Lebensweisheit gesammelt, den es ihn drängen konnte,
auch einmal zum dichterischen Ausdruck zu bringen. Er kam
auf den Gedanken, die Hamletsage zum Gefäß hievon zu
machen, die hinter irrsinnigen Reden versteckte Weisheit der
eigenen Lebenserfahrung zu entnehmen, dem Publikum in
fremder und ungeahnter Gestalt eigene Stimmungen und Gedanken vorzuführen. Die Idee, dieß gerade an den Stoff
des Hamlet anzuknüpfen, lag einem Dichter von so frucht-
barem Vergleichungsvermögen nicht so fern, als es dem
ersten Anblick scheinen mag.

Wie der junge Prinz von Dänemark, arglos von der
deutschen Hochschule in die Heimath zurückkehrend, das

Entsetzliche vernimmt, daß sein edler Vater elend umgekommen, er um sein Anrecht auf die Krone betrogen ist, die Mutter dem Brudermörder die Hand gereicht hat, und Hof und Volk sich willig in diese neue Ordnung fügt, wie er selbst nun in dieser argen Welt leben, wirken, rächen soll, und wie all dieß in seinem Gemüth eine bis an die Grenze des Wahnsinns reichende plötzliche Verwandlung seiner ganzen Lebensanschauung bewirkt, so war auch der Dichter vielleicht selbst aus einer schönen Traumwelt heraus arglos und mit idealem Ansprache in das Weltleben hineingetreten, und es hatte sich vor ihm ein Abgrund von Verkehrtheit, Schwäche und Schlechtigkeit aufgethan, von dem er sich doch gleichwohl nicht abschließen konnte, in dem er zu leben und zu wirken, mit Neidern und erbitterten Gegnern zu kämpfen berufen war. Auch ihm versagte eine bornirte und vorurtheilsvolle Gegenwart die Dichterkrone, als deren berechtigter Erbe er geboren war. Auch seiner Seele hatte sich über diesen Erfahrungen eine Schwermuth, eine weltverachtende Schärfe und Bitterkeit, ein Humor der Verzweiflung bemächtigt, der sich in Reden, die der Menge unverständlich sind und als die Worte eines Irrsinnigen erscheinen können, Luft zu machen suchte.

Andere Charaktere und Situationen hatte er als flüchtige Erscheinungen aus seiner reichen Traumwelt entlassen; diese Gestalt vermochte er mit seinem innersten Herzblut zu nähren, ihr den wärmsten Pulsschlag des eigenen Busens zu leihen. Oder hören wir nicht deutlich genug ihn selbst, den melancholischen Dichter der Sonette, wenn Hamlet sagt: „Ich habe seit kurzem — ich weiß nicht, wodurch — alle meine Munterkeit eingebüßt, meine gewohnten Uebungen aufgegeben, und es steht in der That so übel um meine Gemüthslage, daß die Erde, dieser treffliche Bau, mir nur ein kahles Vorgebirge scheint. Seht ihr, dieser herrliche Baldachin, die Luft, dieses wackere, umwölbende Firmament, dieses majestätische Dach, mit goldenem Feuer ausgelegt: kommt es mir doch nicht anders vor, als ein fauler, verpesteter Haufe von Dünsten. Welch ein Meisterwerk ist der Mensch! wie edel durch Vernunft! wie unbegrenzt an Fähigkeiten! in Gestalt und Bewegung wie bedeutend und wunderwürdig! im Handeln wie ähnlich einem Engel! im Begreifen wie ähnlich einem Gott! die Zierde der Welt, das Vorbild der Lebendigen! Und doch, was ist mir diese Quintessenz von Staube? Ich habe keine Lust am Manne, und am Weibe auch nicht."

Wie deutlich sind andererseits die Anklänge jenes sechsundsechzigsten Sonetts an den bekannten Monologen Hamlets.

<blockquote>
Nach Grabesruhe sehn' ich mich ermattet;
Denn das Verdienst erblick' ich bettelarm,
Das leere Nichts mit Reichthum ausgestattet,
Die reinste Treue in des Meineids Arm;

Als Beute der Gewalt die Huld des Weibes,
Der Schande Kleid mit Ehrengold verbrämt,
Des Geistes Würde, wie die Kraft des Leibes
Durch Tyrannei verkrüppelt und gelähmt,
</blockquote>

Die Kunst im Zungenzaume der Beamten,
Die Weisheit in der Thoren Vormundschaft,
Die Wahrheit stets als Unverstand verdammten,
Und alles Gute in des Bösen Haft.

Deß bin ich satt und stürbe gern. Ach, bliebe
Da nur nicht völlig einsam meine Liebe!

Die Gestalt Hamlets hebt sich so sichtbar von allen andern dramatischen Charakteren des Dichters ab; sie erinnert so deutlich an das zartbesaitete und von Stimmungen einer lebenssatten Bitterkeit heimgesuchte Gemüth des Sonettendichters, daß wohl kein aufmerksamer Leser über eine nähere Beziehung dieses Charakterbildes zu seinem Schöpfer im Zweifel bleiben kann. Hamlet ist entschieden der geistvollste und sensitivste Mensch, den uns Shakespeare zeichnet. Ja der Dichter zeigt sich nicht einmal bemüht, das Incognito ängstlich zu verstecken. Es ist das einzige Stück, in welchem Shakespeare lokale Verhältnisse, in die er persönlich verflochten war, offen zur Sprache bringt, das Londoner Theaterwesen, die Stellung des Globus zu den Kindern der Königin, seine Fehden wie seine Freundschaften mit bestimmten Persönlichkeiten, und wo er das was er längst über die Schauspielkunst auf dem Herzen hatte, in jene bekannten goldenen Sprüche faßt.

Allein wenn wir es nun auch wohl begreiflich finden, daß bei einer dramatischen Behandlung der Hamletsage als die Hauptaufgabe erschien, unter der Decke verstellten Irrsinns Sprüche tiefsinniger Weisheit zu verbergen, daß der

Dichter diesen Anlaß benützte, unter fremder Gestalt seinen
damaligen Gemüthszustand, seine eigene Lebensanschauung
zum dichterischen Ausdruck zu bringen, wenn wir unbedingt
zugeben, daß diese eigenste Zuthat des Dichters seinen Hamlet
zu dem interessantesten, geistvollsten, tiefsinnigsten seiner dra=
matischen Werke erhebt, so dürfen wir doch ebenso wenig
verkennen, daß eben diese Zuthat in den dramatischen Stoff
und in den Gang der Handlung als etwas Fremdartiges
und vielfach Störendes eingreift, daß die Hamletsage, deren
wesentlichste Grundzüge das Stück doch im Uebrigen bei=
behält, an sich wenig geeignet zur Einschaltung eines so
subjektiven und modernen Elementes war, daß es dem Dichter
nicht einmal besonders am Herzen lag, jedenfalls aber nicht
gelungen ist, die Inconvenienzen, die sich aus jener eigen=
thümlichen Beigabe mit Nothwendigkeit entwickelten, ganz zu
beseitigen, daß das Stück deßhalb hinsichtlich der Ueberein=
stimmung der Charaktere und nach der pragmatischen Seite
in Gang und Fügung der Handlung die größten Anstöße
gibt, ja daß es unter diesem Gesichtspunkt geradezu den
unvollkommensten Werken des Dichters beizuzählen ist.

Derselbe Hamlet, dem Shakespeare die zarten Fühl=
hörner, die Melancholie, den vibrirenden Geist und Witz der
eigenen Dichterseele geliehen hatte, paßte nun einmal nicht
mehr zum nordischen Helden, zum blutigen Rächer einer
blutigen That, zum fünffachen Mörder. Wollte der Dichter
in die alte Sage die Elemente einer modernen Bildung und
Gefühlswelt legen, so mußte er, wie Goethe in der Iphigenie

that, den Stoff selbst ins Humane und Symbolische umbilden. Wenn Shakespeare aus der alten Sage die Tödtung des hinter der Tapete horchenden Hofmanns, den listigen Verrath an den Begleitern auf dem Zug nach England herübernimmt, wenn somit dieselbe zartfühlende Natur, die für die sittlichen Schwächen Anderer und für die Verderbtheit der Welt so höchst empfindlich ist, drei Unschuldige nur so nebenher ums Leben bringt und dabei noch thut, wie wenn nichts geschehen wäre, so macht uns dieß ungefähr den Eindruck, wie wenn Iphigenie bei Goethe einmal in einem Zwischenakt als Priesterin ein paar Gefangene auf dem Altar der Diana zu schlachten hätte.

Das auffallendste Beispiel davon ist die Scene mit der Königin. Mit welch sittlichem Adel und Feuer, in wie zündenden und dolchartigen Worten weiß Hamlet der Mutter das Gewissen zu schärfen, und doch raucht die Degenklinge des weisen Bußpredigers noch von dem frisch vergossenen Blut eines alten Mannes, der ihm nichts zu leid gethan, des Vaters seiner Geliebten. Er entschuldigt sich darüber etwa wie wenn man jemand auf den Fuß getreten hat; ja seine Worte erinnern fast an Mephisto's: „Nun ist der Lümmel zahm." Zum Schluß des Ganzen muß er dann noch nach dem sonderlichen Brauch der englischen Bühne die Leiche des Ermordeten aus dem Zimmer schleppen. Wo ist jemals die edelste Sprache sittlicher Entrüstung in eine ungeeignetere Situation und einem unberufeneren Beichtvater in den Mund gelegt worden! Dieselbe Scene mit der Königin, die der

Dichter mit so sichtbarer Kunst und Sorgfalt ausgemalt und
zur höchsten Wirkung gebracht hat, ist zugleich ein Beleg,
wie leicht es ihm widerfuhr, indem er den poetischen Gehalt
der einzelnen Situation bis auf den Grund auszuschöpfen
suchte, etwas über das Ziel hinauszugreifen. Die Vor=
würfe Hamlets gegen die Mutter beweisen eigentlich zu viel;
sie zeigen nicht nur, daß ihr Vergehen unverantwortlich,
sondern daß es undenkbar war. Wenn der Abstand zwischen
Hamlets Vater und Claudius nach Schönheit, Geist und
Charakter ein so unendlicher war, daß nur der offenbare
Wahnwitz diesem in irgend einem Punkte den Vorzug geben
konnte, wenn die sinnlichen Motive schon durch das Alter
der Königin, der Mutter eines dreißigjährigen Sohnes, weg=
fielen, wenn der erste Gatte sie so liebte, daß er des Himmels
Winde nicht zu rauh ihr Antlitz berühren ließ, was war es
dann noch, das sie gleichwohl zum Ehebruch und zur blut=
schänderischen Heirath trieb? Eine Handlung, der wir jedes
denkbare Motiv entzogen sehen, verfliegt uns am Ende selbst
zwischen den Händen. Nur die Rede des Geists im ersten
Akt gibt uns noch einige Anhaltspunkte zum Verständniß der
Sache, von denen aber Hamlet keinen Gebrauch macht.

Die realistischen Mängel des Stücks treten schon bei einer
Vergleichung mit dem Hamlet der Sage in ein helles Licht.

In der alten Sage hängt Alles wohl zusammen. Hamlet
stellt sich dort nicht wahnsinnig, sondern, wie Junius Brutus,
tölpelhaft und schwachsinnig; er thut es, um dem König
ungefährlich zu erscheinen. Es ist dort vorausgesetzt, daß

es sich nicht einfach darum handelt, durch einen raschen Dolchstoß an dem König Blutrache zu üben, sondern in den Augen des Heers und des Volks sich zuvor als den zur Krone berufenen und befähigten Erben zu erweisen. Dieß geschieht durch die versteckten Beweise seiner List und seines Scharfsinns, wie durch seine Heldenthaten in dem Krieg in England. Bei Shakespeare ist kein rechter Grund einzusehen, warum sich Hamlet irrsinnig stellt. Er ist nicht bedroht; der König fürchtet sich eher vor ihm; und Hamlets Verhalten im Wahnsinn ist der Art, daß es weit mehr Verdacht erregen, als den König in Sicherheit wiegen muß. An die Wirkung auf Volk und Heer wird gar nicht gedacht, und wenn man sich an die Stelle verständiger Bürger von Helsingör denkt, so mußten sie wohl sagen, es sey immer noch ein Glück für Dänemark, daß die Krone des alten Hamlet an seinen Bruder Claudius und nicht an diesen närrischen, überhirnischen Prinzen gefallen sey, aus dessen Betragen kein Mensch klug werden könne, der einen alten treuen Diener tödtet wie eine Ratte, mit dessen Tochter eine Liebschaft anfängt und sie dann ohne allen sichtbaren Grund wieder verläßt und zum Wahnsinn und Selbstmord treibt.

Es berührt dieß einen Punkt, über welchen überhaupt eine das ganze Stück durchdringende störende Unklarheit herrscht. Hamlets Vater war in den Augen der Welt eines natürlichen Todes gestorben. Wer war dessen rechtmäßiger Nachfolger? Nach allgemeinem Brauch sollte man meinen, der Sohn Hamlet, der sich auch in einzelnen Stellen so ausspricht, aber doch im Ganzen nicht von diesem Bewußtseyn durchdrungen erscheint. War Claudius Thronräuber oder war er König vermöge einer Art von osmanischem Senioratsrecht? Oder war Gertrud die Inhaberin des Throns, da sie der König einmal „die hohe Wittwe und Erbin dieses kriegerischen Staates" nennt. Oder war Dänemark ein Wahlreich, sey es mit beschränktem oder unbeschränktem Votum des Volkes oder der Großen? Am meisten hat die Annahme für sich, es habe überhaupt eine streng geordnete Erbfolge gar nicht bestanden; Claudius habe faktisch die erledigte Königsgewalt occupirt und sey durch nachträgliche Zustimmung oder Wahl des Volkes oder des Adels darin bestätigt worden. Es tritt aber im ganzen Stück keine dieser verschiedenen Auffassungen klar und entschieden hervor, obgleich jede derselben der ganzen Handlung ein anderes Fundament leiht. Man bemüht sich überhaupt ganz vergebens, von Hamlets Planen irgend eine nähere Vorstellung zu gewinnen. Wenn er den König getödtet hat, wie soll es dann weiter gehen? wie will er die That rechtfertigen vor dem Volk? Kann er sich auf die Mittheilungen durch eine Geistererscheinung berufen? oder auf die Mienen und Geberden des Königs bei der Aufführung eines Schauspiels? Und warum läßt er sich nach England schicken? Der Hamlet der Sage geht mit einem Heere dahin, gewinnt es für sich und kehrt an seiner Spitze als Prätendent und Bluträcher zurück. Das läßt sich begreifen, aber Shakespeares Hamlet läßt sich einfach vom Schauplatz seiner Aufgabe fortschicken und kehrt nur durch eine Reihe der seltsamsten Zufälle dahin zurück. Seine Handlungsweise hat etwas durchaus Unberechenbares und Irrationales von Anfang bis zu Ende, und Niemand hat noch vermocht, einen verständigen Zusammenhang von Zweck und Mitteln darin aufzudecken.

Wir wollen nun keineswegs behaupten, daß unsere Hypothese von einer ungenügenden Verschlingung eines episodischen, modern=subjektiven Elements in die altnordische Sage, einen ausreichenden Schlüssel für die Lösung aller dieser Schwierigkeiten bilde. Wir müssen zugeben, daß der Dichter in manchen Scenen Beides wenigstens so in einander zu verweben gewußt hat, daß wir die Nähte nicht mehr aufzuzeigen im Stande sind. Seine Phantasie war fruchtbar genug, in Aufgaben der Combination das unmöglich Scheinende zu vollbringen. So war es bei der Einführung von Schauspielern in das Stück offenbar der primäre Zweck, die Anspielungen auf die damaligen Londoner Theaterwirren und die eigenen Gedanken und Erfahrungen über das Bühnenwesen vorzubringen und wir können uns leicht vorstellen, welchen Jubel und welche zündende Wirkung auf der damaligen Bühne gerade diese Scene erregen mußte. Nun fragte sich aber, wie lassen sich denn überhaupt Schauspieler in die Hamletsage einfügen. Der Dichter kam auf den ganz plausiblen Einfall, die Aussagen des Geistes durch die Beobachtung des Königs bei Aufführung eines Stücks von gleichem Inhalt zu controliren, so daß nun die Unterhaltungen Hamlets mit den Schauspielern als das Secundäre,

nur episodisch Eingeschaltete erscheinen. Ebenso konnte sich
der Dichter nicht verbergen, daß wenn die witzigen, geist-
reichen, weltschmerzlichen Dialoge des subjektiven Hamlet so
viel Raum einnehmen durften, dadurch allzu stark retardirende
Momente in die Handlung hereinkamen. Der Sagen-Hamlet
mußte sich deßhalb selbst von Zeit zu Zeit der Säumniß
und Unthätigkeit anklagen, und es schob sich so als ver-
mittelndes Zwischenglied fremdartiger Elemente die Vorstellung des geistvollen unschlüssigen Säumers herein, die
dann hie und da und besonders durch den Contrast mit dem
resoluten Laertes jenen Schein, als ob das Ganze doch in
Einem Guß gedacht wäre, erregte, der sich bei eingehendem
Besinnen wieder schlechterdings nicht festhalten läßt. [1]

[1] Auch den berühmten Monolog — Seyn oder Nichtseyn —
rechnen wir zu den episodischen Einlagen und zu den Beweisen für das
Doppelelement in Hamlet. Er steht nur in einem sehr nothdürftigen
Zusammenhang mit den Vor- und Nachscenen. Der Dichter deutet dieß
selber an, indem er Hamlet in einem Buch lesend auftreten läßt. Es
herrscht hier ein ganz anderer religiöser Standpunkt als im übrigen
Stück. Das letztere steht auf dem Boden eines sehr massiven Volksglaubens.
Der alte Hamlet muß nach dem Tod bei Nacht auf der Erde wandeln,
bis der Hahn kräht, und bei Tage im Fegfeuer fasten. Hamlet will den
König nicht im Gebet tödten, weil seine Seele sonst in den Himmel flöge,
sondern im Rausch, im Zorn, im Taumel der Sinne, daß er die Fersen
gegen den Himmel bäume und seine Seele so schwarz und verdammt sey
wie die Hölle, wohin er fährt. Wie reimt es sich nun, daß derjenige,
der sich so solider und handgreiflicher Ansichten über die letzten Dinge
erfreut und ihre Beglaubigung selber durch die sichtbare Erscheinung
eines abgeschiedenen Geistes erhalten hat, zugleich auch als noch unge-
löstes Problem die Frage stellt: ob Seyn oder Nichtseyn, und ob in dem
Todesschlaf wohl auch Träume vorkommen mögen? Wie kann gerade

So löst unsere Auffassung zwar die Widersprüche und Unklarheiten der Handlung nicht auf, sie läßt dieselben sogar geradezu stehen, wie sie sind, aber sie macht doch begreiflich, wie dieselben entstehen konnten, wie ein Dichter, der uns sonst über seine Absichten niemals im Zweifel läßt und eher in Rubens'schen Pinselstrichen zu malen pflegt, hier zu einer Produktion gelangte, die den Schein von Künstlichkeit und Verworrenheit erregen kann und deren einheitlichem Zusammenhang die Nachwelt in ganzen Bänden von kritischen und hermeneutischen Versuchen vergebens nachspüren sollte.

derjenige von dem unentdeckten Lande, aus deß Bezirk kein Wanderer wiederkehrt, reden, der in der Nacht zuvor selber einen solchen Wanderer gesehen und gesprochen und von ihm die wichtigsten Aufschlüsse über irdische und jenseitige Dinge erhalten hat? Da sollen uns die Erklärer mit ihren künstlichen Auskunftsmitteln nur vom Halse bleiben! Wer fühlt nicht, daß hier zwei selbständige, ohne Beziehung auf einander entstandene Gedankenreihen vorliegen? Offenbar spricht im Monologe und in der Scene mit den Todtengräbern aus Hamlet der Dichter selbst, der den Tod so auffaßt, wie er sich dem natürlichen Menschen darbietet, ohne dogmatische Zuthat. — Der Gedankengang des Monologen hat übrigens etwas ganz Eigenthümliches. Aus den beiden Prämissen: die Uebel des gegenwärtigen Lebens sind groß und gewiß, was nach dem Tode seyn wird, ist ungewiß, sollte man den Schluß erwarten: also wäre der Tausch wohl zu wagen. Denn aus demselben Grunde, aus dem wir ein gewisses Gut dem ungewissen vorziehen, sollte man auch das erst fragliche Uebel lieber wählen als das gegenwärtige und gewisse. Hamlet zieht den entgegengesetzten Schluß und konnte auf keine naivere Weise verrathen, wie die Lust am Leben mit siegreicher Sophistik auch den ärgsten Pessimisten noch zu täuschen weiß. Noch einfacher und schlagender liegt dieß in dem kurzen und lieblichen Abschluß der trüben Betrachtungen: „Doch sieh, die reizende Ophelia!"

Und es kommt nun noch ein zweites Moment hinzu. Hamlet trägt unter allen Shakespeare'schen Stücken die deutlichsten Spuren an sich, daß er erst allmählig und in wiederholten Ueberarbeitungen die Gestalt angenommen hat, in der er uns jetzt vorliegt. Da eine ältere Ausgabe noch vorhanden ist, so ist die Sache sogar unmittelbar nachzuweisen. Das Stück wurde oft gegeben, und gerade, weil Zeitanspielungen' darin enthalten waren, lag es um so näher, bei neuen Aufführungen etwas zu variiren und wieder andere Einfälle einzuschalten.¹ Wenn man alle die Scenen zusammenzählt, die einen episodischen Charakter haben und sich entweder ganz entbehren ließen, ohne den Gang der eigentlichen Handlung zu stören, oder doch durch wenige Zeilen in andern Scenen zu ersetzen wären, so kommt mindestens ein Drittheil des ganzen Dramas heraus. Mehreres, wie z. B. die Ermahnungen an den nach Paris reisenden Laertes, die Instruktion des zu seiner Ueberwachung nachgesendeten Reinhold

---

¹ Diese Variationen zeigen sich auch in Kleinigkeiten. Den ganz gleichen Witz, daß Hamlet in Einem Athem die Gestalt einer Wolke mit einem Kameel, Wiesel, Wallfisch vergleicht und Polonius jedesmal zustimmt, daß er sodann später die Temperatur für sehr heiß, sehr kalt und wieder für ungemein schwül erklärt und Osrick jeder der Behauptungen beipflichtet, konnte Shakespeare nicht wohl in Einer Aufführung doppelt anbringen, zumal da der Scherz nach unserm Gefühl an sich schon mäßig und chargirt ist, und man beinahe denken muß, die Hoflente seyen eigentlich bei der Sache der gescheitere Theil. Es scheint uns klar: Shakespeare hat diesen Scherz je nur Einmal angebracht, bei der einen Aufführung in dieser, bei der andern in jener Form; die Herausgeber haben dann Beides neben einander aufgenommen.

machen ganz sichtbar den Eindruck von Einlagen mit speciellem Anlaß und persönlichen Anspielungen. Auch Rosenkranz und Gyldenstern sowie Osryk scheinen uns einen porträtartigen, auf ein bestimmtes Theaterpublikum berechneten Anflug zu haben. Es ist, wie wenn Hamlet das Gefäß geworden wäre, in welches sich die bei jenen Theaterverhältnissen so nahe liegenden Anspielungen auf Zeitverhältnisse und Persönlichkeiten bestimmter Coterien vorzugsweise abgelagert hätten. Scenen, wie der Dialog mit den Schauspielern und die Unterhaltung der Todtengräber, hätten sich ebenso leicht in jedes andere Stück einschalten lassen. Ueberhaupt ist kein Stück so reich an besonders eingerahmten, für sich wirkungsvollen scenischen Genrebildern, wie Hamlet. Allein der Zusammenhang des Ganzen mußte eben durch diese Zuthaten und geistreiche Ornamentik nur immer mehr aus den Fugen weichen, und es konnte nicht fehlen, daß auch die Charakteristik darunter Noth litt, wenn der Dichter in verschiedenen Zeiten und Stimmungen, ohne den Grundriß des ersten Wurfs immer klar vor Augen zu haben, neue Zusätze machte. Die Charaktere im Hamlet haben etwas Schillerndes und Ungreifbares, das im Ganzen durchaus nicht in Shakespeares Art liegt. Es gilt dieß nicht nur von Hamlet selbst, der räthselhaftesten und unfaßlichsten Gestalt, die jemals auf die Bretter der Bühne gestellt worden ist, da sogar ein Zweifel darüber offen bleibt, ob er sich nur närrisch stellt oder wirklich ein wenig „spinnt," sondern auch von den Nebenfiguren.

Polonius ist im Ganzen der schmiegsame, etwas geschwätzige, oberflächliche Hofmann; in den Ermahnungen an Laertes und Ophelia, in den Aufträgen an Reinhold zeigt er die Klugheit des erfahrenen Weltmanns; dazu paßt es nun aber nicht, wenn er an einzelnen Stellen eine Art von Hanswurst macht; so abgeschmackt wie in dem Gespräch mit dem Königspaar in der zweiten Scene des zweiten Akts kann ein sonst verständiger Mensch nicht reden. Der Dichter hat hier niedrig Komisches eingelegt, ohne an die sonstige Haltung, die er der Rolle gab, zu denken; auch der Schauspieler weiß in der Regel nicht, wie er diese beiden Elemente vereinigen soll, und ohne Künstelei ist keine Uebereinstimmung hinein zu bringen.

Laertes ist eine frische, tapfere, ritterliche Gestalt; wenn er sich schließlich aber ohne alles Bedenken dazu versteht, bei einer bloßen Rappierübung eine geschärfte Waffe mit vergifteter Spitze zu gebrauchen und so den arglosen Gegner zu tödten, so ist dieß der gemeinste Schurkenstreich, der unritterlichste Meuchelmord, den man vergeblich mit der vorausgehenden Charakteristik in Einklang zu bringen sucht. Es spielt dabei die altnordische Vorstellung von der Pflicht einer rücksichtslosen Blutrache als ein fremdartiges Element in die sonst auf dem Boden der Rittersitte stehende Handlung herein; es hätte sonst auch der Umstand, daß Polonius unabsichtlich und durch einen Geisteskranken getödtet worden, irgend eine Beachtung finden müssen.

Von Ophelia sollte man meinen, der Dichter habe ihr Bild nicht klar genug gezeichnet, da so verschiedenartige

Auffassungen dieses Charakters bestehen. Goethe nennt ihr Wesen: süße Sinnlichkeit. Tieck und andere machen sie zur Kokette, wo nicht zu etwas Schlimmerem. Wir können in ihr aber nichts anderes finden, als ein reizendes, liebenswürdiges Geschöpf, ein unser tiefstes Mitleid in Anspruch nehmendes Opfer des Verhängnisses. Sie ist nicht sinnlicher, als wir bei einer jungen Hofdame verzeihlich finden. Daß sie auf die wohlweisen Abschiedsermahnungen dem nach Paris reisenden Bruder räth, vor der eigenen Thüre zu kehren, finden wir ganz in der Ordnung; daß sie im Ausdruck dabei für unser Gefühl etwas zu weit geht, ist bei Shakespeare nicht allzu genau zu nehmen. Aber das finden wir allerdings, daß ihr Wahnsinn von dem Dichter nicht deutlich genug motivirt ist.

Es mag ein subjektives Urtheil seyn, es ist aber gewiß kein einzeln stehendes, wenn wir in Beziehung auf die Freiheit des Dichters, seine dramatischen Personen in Wahnsinn fallen zu lassen und in diesem Zustand auf die Bühne zu bringen, eine sehr strenge Theorie vertreten. Wir wissen im Grund nur Einen Fall, wo von dieser Freiheit der reinste Gebrauch gemacht und die gewaltigste Wirkung erreicht wird. Es ist die Kerkerscene im Faust. Gretchens Bewußtseyn erscheint hier nicht unheilbar zerrüttet; die Verzweiflung steigt nur bis an die Grenzen des Irrsinns und streift leicht über die= selben hin; ihre Worte deuten immer noch Lage und Stim= mung in verständlichen Visionen an, und die traumartige Symbolik derselben ist gerade von ergreifender Schönheit. Anders ist es, wenn das Bewußtseyn völlig und unwieder=

bringlich entschwunden erscheint, wenn der Faden in der Folge der Vorstellungen gar nicht mehr zu fassen ist, und ein Schwall sinnloser Reden über uns ergossen wird. Da erschließt uns der Dichter nicht mehr innere Vorgänge, die er selbst empfunden haben kann, die er befugt wäre uns nachempfinden zu machen. Das ist Krankheit und gehört nicht mehr auf die Bühne, so wenig als es dem Dichter zusteht, uns Fälle von Epilepsie und Veitstanz vorzuführen oder an einem Verwundeten den Hundskrampf ausbrechen zu lassen.

Shakespeare hält nun jene Grenze aufs Schönste ein bei Lady Macbeth, und das obige Bedenken gegen die psychologische Motivirung steht der Bewunderung jener Scenen von dieser Seite nicht im Wege. Bei König Lear stört uns die Breite und Ausdehnung, die dem Phänomen des Irrsinns gegeben wird; ein ganzes Stück hindurch läßt sich das nicht ertragen; der Zustand erscheint dadurch als ein habitueller, endloser; nur der Tod kann Lear und uns erlösen, und doch läßt er so lange auf sich warten und kann im Grund auch nicht anders als durch Zufälle herbeigeführt werden. Ophelias Wahnsinn tritt wie ein Naturereigniß ein, dessen Prämissen uns nicht gegeben werden, das wir einfach als solches hinzunehmen haben. Daß jemand über einer unerwarteten Trauerbotschaft den Verstand verliert, ist schon ein sehr ungewöhnlicher, durch das Zusammentreffen vieler begleitender Umstände bedingter Fall, der sich einer dramatischen Behandlung überhaupt fast gänzlich zu entziehen scheint.

Ophelia ist in den Vorscenen nicht so gezeichnet, daß wir den Eindruck bekämen, sie werde den Schlägen des Schicksals nicht das mittlere Maß menschlicher Widerstandskräfte entgegenzustellen vermögen. Sie zeigt sich von der Geistesstörung Hamlets nicht tiefer und ungewöhnlicher ergriffen, als wir den Umständen gemäß finden müssen. Der Tod des Vaters ist allerdings ein neuer Schlag, doch ist es das normale Loos der Sterblichen, daß die Eltern vor den Kindern sterben und Vater Polonius ist vom Dichter nicht so angelegt, daß eine Tochter ohne ihn schlechterdings nicht weiter leben zu können denken müßte. Daß er durch die Hand des Geliebten fällt, ist das Schwerste an der Sache, doch war die Tödtung zufällig und ohne Absicht, ja durch die Hand eines scheinbar Unzurechnungsfähigen erfolgt. Daß Hamlet auch im Fall seiner Genesung nicht mehr Ophelias Gatte werden könnte, ist vom Dichter wenigstens nirgends angedeutet und unter den gegebenen Umständen keineswegs selbstverständlich; es ließe sich sogar sagen, er könnte das Geschehene auf keine bessere Art gut machen, der Verwaisten keinen wirksameren Trost bieten.

Die Ausleger wissen von einem Edelfräulein, das in den Tagen der Elisabeth aus Gram über den Verlust ihres Geliebten in Wahnsinn verfiel und sich den Tod gab, und halten für möglich, daß Shakespeare durch das schon in der alten Hamletsage vorkommende Mädchen, welches dem Prinzen sein Geheimniß ablocken sollte, veranlaßt, diesen Fall dramatisch verwerthet haben könne. Eine solche Erklärung ist jedoch ihrer Natur nach, auch wenn sie begründet ist, ein Verzicht auf ein eigentliches Verständniß der Sache.

Es bleibt uns so fast nichts übrig, als zu sagen: ein reizendes Mädchen, das durch schwere Schläge des Schicksals in Irrsinn verfallen, phantastisch mit Blüthen und Kräutern geschmückt auf der Bühne erscheint, leichte Lieder singt und ihre Blumen in halb sinnvollen Reden austheilt, ist an sich selbst ein rührendes und ergreifendes Genrebild, das seine Wirkung nicht verfehlen kann, wenn auch das dramatische Wie und Warum im Dunkel bleiben mag.

Unter den Veränderungen, welche Shakespeare an dem vorgefundenen Stoff vornahm, betrifft die wichtigste den Schluß. In der Sage beruft Hamlet nach der Ermordung des Königs das Volk zusammen, erzählt und rechtfertigt das Geschehene, wird darauf zum König ausgerufen und regiert lange und ruhmvoll. Dazu nun war freilich der Shakespeare'sche Hamlet nicht berufen; er mußte tragisch enden, wie alle die Gestalten, in welche die Dichter einen Krankheitsstoff des eigenen Gemüthslebens ergossen haben, wie Werther, Clavigo, Faust, Eduard. Sie müssen gleichsam als stellvertretende Opfer sterben, während der Dichter andere Register seines Geistes und Gemüthes aufzieht und neue Melodien spielt. So war auch in Shakespeare die Hamletnatur nur ein Theil seines Gemüthslebens, wenn auch vielleicht der herrschende Grundton seiner individuellen Stimmung und seines Temperaments; aber es standen ihm noch reiche Accorde auf andern Saiten seiner Seele zu Gebot, und in denselben Jahren, in denen er den Hamlet schuf, fand er auch den Stoff zum Sommernachtstraum, zu Heinrich IV., zum Kaufmann von Venedig in sich vor.

VII.
Zu den englischen Historiendramen.

Die meisten Kritiker reden mit einer ganz besondern Bewunderung von Shakespeares historischen Dramen, und viele sind geneigt, darin geradezu den Höhepunkt seines Talents zu finden und ihm einen weltgeschichtlichen Blick, die tiefste politische Weisheit, eine ganz eminente Fähigkeit zur Charakterisirung ganzer Zeitperioden und Völker zuzuschreiben. Wir vermögen dem nicht beizustimmen. Uns scheint Shakespeares Dichtergenius da viel heller zu strahlen, wo seine Phantasie ihre freiesten und kühnsten Flüge wagt und sich auch den Boden der Handlung selber schafft, als wo er alte Chroniken und Plutarchs Biographien scenisch bearbeitet; ja auch in diesen historischen Stücken selbst scheint uns wieder das, was der Dichter vom Eigenen frei hinzufügt (wie z. B. die Episoden von Falstaff, die Scene von Hubert und Arthur, die Brautwerbung in Heinrich V., die Traumerscheinungen in Richard III.), die eigentlich geschichtlichen Bestandtheile an poetischem Reiz weit zu überwiegen.

Um uns lebensvolle und wirksame Geschichtsbilder vor Augen zu stellen, bedarf der Dichter außer den allgemeinen dichterischen Eigenschaften noch dreierlei Dinge: einmal eine auf innerer Erfahrung und äußerer Beobachtung ruhende Menschenkenntniß, sodann eine auf breiter und vielseitiger Lebenserfahrung ruhende Einsicht in die causale Verkettung der menschlichen Handlungen und Schicksale, und drittens ein positives geschichtliches Wissen. Von diesen drei Erfordernissen besaß Shakespeare das erste in eminentem, das zweite und dritte nur in mittelmäßigem Grade. Den Abmangel an den beiden letzteren hatte er durch den Reichthum am ersten und durch den Ueberschuß an den allgemeinen Eigenschaften des Poeten zu ersetzen. Er zeichnet uns überall Menschen und gibt tieferen Gehalt; den Charakter von Völkern und Zeitperioden aber trifft er nur so oben hin; an der objektiven Motivirung der Handlungen fehlt es, wie in den nichthistorischen Stücken, nach allen Seiten. Charaktere und Zufälligkeiten sind die beiden Agentien; es gibt nichts Mittleres. Man vermißt den Schein der Nothwendigkeit, den wir von der Entwicklung einer dramatischen Handlung verlangen. Wenn nun vollends der Faden einer einheitlichen Handlung gänzlich fehlt und das historische Drama sich in ein Schattenspiel lebender Bilder von losem Zusammenhang auflöst, wie in den meisten, namentlich englischen Geschichtsdramen Shakespeares, so geht, es mag auch noch so viel Detailschönheit übrig bleiben, der mächtigste Reiz aller dramatischen Kunst verloren.

Man kann es vollkommen zu schätzen wissen, welchen Werth es für das englische Volk hat, in dem Shakespeare=schen Dramencyclus eine Art von nationaler Epopöe zu besitzen; man kann noch höher den unverwüstlichen und mächtigen Zauber schätzen, den Shakespeares wunderbare Dichtersprache über jeden Gegenstand zu verbreiten weiß; es kommt uns auch keineswegs in den Sinn, an diese englischen Historien den fertigen Maßstab eines bestimmten ästhetischen Begriffs von Drama anzulegen, da wir vielmehr ganz dem Satz huldigen: tous les genres sont bons hors le genre ennuyeux; allein darum handelt es sich eben, ob diese Historien, wenn man von der glänzenden Ausnahme, die hierin Richard III. bildet, absieht, noch die Spannung und das Interesse in ihrem Hauptinhalt darbieten, ohne welche wir uns keine ästhetische Wirkung denken können. Man kann den König Johann, Richard II., die beiden Lancasterschen Trilogien wiederholt und oft gelesen haben, man wird eine Menge bedeutender Einzelerinnerungen bewahren, aber man findet es schwer anzugeben, was man eigentlich gelesen oder gehört hat; man fühlt sich immer wieder versucht, sich aus Geschichtsbüchern noch besser zu orientiren und einigen Ueberblick zu gewinnen. Die sicherste praktische Probe für die Schönheit eines poetischen Werks, daß, wenn man damit zu Ende ist, man Lust hat, gleich wieder vorn anzufangen, bestehen gerade diese englischen Historien am wenigsten, und wenn Heinrich IV. vielleicht noch eine Ausnahme macht, so verdankt er es gerade seinen nichthistorischen Einlagen.

Je weniger aber eben diese historischen Dramen den unbefangenen Leser zu einem reinen Genuß kommen lassen, desto mehr sind die Kunstkritiker und Erklärer mit historisch-politischen, ästhetischen und philosophischen Betrachtungen darüber bei der Hand. Wir werden über das Wesen des mittelalterlichen, des englischen Feudalstaats, über die geschichtliche Bedeutung jener Kämpfe der beiden Rosen, über den tieferen Zusammenhang des gesammten Dramencyclus belehrt, und Alles, was sich darüber Bedeutendes und Geistreiches sagen läßt, sollen wir dann auch in den Shakespeare'schen Stücken finden oder hinzudenken. Diese leidige Manier führt von der Region, in der das Schöne zu suchen ist, ganz ab, und wir haben alle Reflexionen, die sich nur an den geschichtlichen Stoff halten und eben so gut auch zu Holinsheds Chronik oder einem beliebigen Geschichtscompendium passen würden, ganz bei Seite zu lassen. Es handelt sich darum, was Shakespeare, der Dichter, uns vorführt, nicht was sich noch Alles bei solchen Dingen denken läßt. Der Dichter aber scheint uns an das Wesen des englischen Feudalstaats sehr wenig gedacht zu haben und gibt uns jedenfalls nur ein höchst mangelhaftes Bild davon.

Wir haben oben zu zeigen gesucht, daß Shakespeare in seinen dramatischen Werken die Wirkung auf einen ganz bestimmten Hörerkreis, auf die männliche aristokratische Jugend im Auge gehabt habe; und dieser Gesichtspunkt scheint uns auch auf die englischen Historien unseres Dichters ein neues Licht zu werfen. Th. Nash erzählt ausdrücklich, Shakespeare

sey durch seinen Freund, den Grafen Southampton, zur
dramatischen Behandlung der englischen Geschichte bestimmt
worden, und wenn dieß auch nicht der Fall gewesen wäre,
so entsprach es der Natur des ganzen Verhältnisses, daß ihm
der Kreis dieser jungen vornehmen Freunde und Gönner
dabei vor der Seele stand. Diese englischen Geschichtsdramen
erscheinen uns im Großen als eine zusammenhängende Bilder=
gallerie aus dem Leben der Könige und großen Barone von
England, vorgeführt einem gleichfalls zu hoher Stellung im
Staat und in der Gesellschaft berufenen Kreise edler und
hochstrebender Jünglinge. Diese Douglas, Mortimer, Bo=
lingbroke, Buckingham, Warwik, Talbot, Salisbury waren
nicht mehr und nicht weniger als die jungen Lords Pembroke,
Southampton, Rutland u. s. w., ja von den Königen und
Prinzen selbst fühlten sich diese nicht durch eine Kluft getrennt,
wie der niedriger geborene.

Die englische Geschichte jenes Zeitalters von König Johann
bis zu Heinrich VIII., die Shakespeare in seinen Dichtungen
umfaßt, enthält noch eine große Menge wichtiger Dinge, die
unserem Dichter ganz fern lagen. Sie zeigt uns, wie die
Normannen und Engländer, die unter König Johann noch
zwei ganz getrennte und feindliche Völker waren, zu Einer
Nation zusammenwachsen, wie von der Magna Charta aus
die Grundlagen der bürgerlichen Freiheit sich stetig fortent=
wickeln, wie neben dem Adel sich eine durch Gewerbe und
Handel aufblühende Mittelklasse bildet und in einem selbst=
ständigen Gemeindeleben zur corporativen Freiheit und Macht

im Staate gelangt, wie eben auf dieses bürgerliche Element
gestützt die Tudors die Macht der Großen niederwerfen, wie
in England zuerst die militärische Bedeutung des Ritterthums
durch disciplinirte Söldner vernichtet wird, wie die durch
solche Söldner ausgefochtenen Kriege der beiden Rosen, dem
Aufkommen der Städte und des Bürgerthums sogar günstig
wirken konnten, wie hier auch auf kirchlichem Boden die erste
und stetig fortwirkende Reaktion gegen die alten Formen
Platz griff.

Alles das lag ganz außerhalb des Gesichtskreises unseres
Dichters. Jenes Bürgerthum, die städtischen Corporationen,
die Mittelklassen, deren allmähliges Emporkommen der Haupt=
gegenstand des von ihm behandelten Zeitalters ist, waren ja
eben seine erbitterten Verfolger, die Verächter seiner Kunst,
die blinden Eiferer gegen alles das, was ihm erlaubt, menschen=
würdig und lebenschmückend schien. Wo er einen Bürger=
meister von London auftreten läßt, gibt er ihm sicher eine
verächtliche Rolle. Seine ganze Stellung, die Macht der Ver=
hältnisse wies ihn auf eine aristokratische Geschichtsanschauung
hin. Er führte seinen jungen vornehmen Freunden die Thaten
und Schicksale der Großen ihres Volkes vor; er that es in
der würdigsten Weise, mit einer sittlich patriotischen Tendenz;
er nannte das Gute und Schlechte bei seinem Namen; er
wollte in seinen Hörern den Sinn für das Edle und Große,
für männliches Wesen und Selbstbeherrschung, für das Gebot
von Recht und Ehre wecken und pflegen; das Prinzip der
Legitimität, ein für die aristokratische Anschauung besonders

hervortretender Begriff, ist der leitende Gesichtspunkt, der die Dramenreihe von Richard II. bis zu Richard III. zu einem Ganzen verknüpft; er zeigt das Walten einer höheren Gerechtigkeit in den Schicksalen der Großen, eine großartige Vertheilung von Schuld und Strafe. Dabei tritt die pragmatisch-verständige Seite in der Geschichtsdarstellung sehr zurück. Die Ereignisse werden als etwas durch die Chronik einfach schon Gegebenes ohne weitere innere Begründung hingenommen; von der Macht und Wirkung bestimmter gesellschaftlicher Zustände ist niemals die Rede. Von der Kriegführung jener Zeiten hat der Dichter eine kindlich heroische Vorstellung; die Percys, Talbots, Cliffords, Suffolks spielen eine Rolle wie Achill, Hector, Ajax oder wie die Paladine Karls des Großen. Daß die Schlachten bei Poitiers, Agincourt, St. Albans, Bosworth durch die englischen Bogenschützen und das Fußvolk entschieden wurden, scheint der Dichter kaum zu wissen.

Wenn man sich diesen Hörerkreis vergegenwärtigt, so wird man auch um so lebhafter die Wirkung empfinden, die die Darstellung von Heinrichs V. Jugendleben und die Falstaffscenen machen mußten. In solcher Gesellschaft mochten die jungen Freunde und der Dichter nur allzu gut bekannt seyn, und es wäre wohl denkbar, daß der Dichter bei der Zeichnung des Prinzen auch wieder jenen Grafen Southampton vor Augen hatte, der bei großen Anlagen und Lebensplanen ein zügelloses Leben in niederen Kreisen führte, und daß er diesem in der idealen Gestalt

des zum König gewordenen Prinzen ein leuchtendes Vorbild
für seine Zukunft zeichnen wollte. Ueberhaupt finden wir es
sehr wahrscheinlich, daß viele der Shakespeareschen Dramen
ganz voll sind von persönlichen Beziehungen und Anspielungen,
die für uns verloren sind. Wenn die Freunde des Dichters,
die hohen Beschützer seiner Bühne ihren Platz unmittelbar
auf dem Bühnenraum hatten und man sich täglich fast kör=
perlich berührte, wenn so der wichtigste Theil des Publikums
eine unter sich zusammenhängende und dem Bühnenpersonal
persönlich befreundete Coterie bildete, so war der Anlaß so
nahe und die Ausführung so leicht, sich unter allen möglichen
Gestalten, in Scherz und Ernst, dem größeren Publikum
unbemerkt, zu unterhalten.

Auch der erste Akt in Richard II., dessen Beziehungen
zum Folgenden so wenig klar hervortreten, wird verständlicher,
wenn man sich vergegenwärtigt, welches Interesse schon an
und für sich ein in Gegenwart des Königs auszufechtender
Ehrenhandel von zwei großen Baronen gerade für dieses
Publikum haben mußte. Ueberhaupt wird unter diesem Ge=
sichtspunkt die eigenthümliche, den dramatischen Forderungen
in so Vielem nicht entsprechende Form dieser englischen
Historien begreiflicher; es ist ein Cyclus vaterländischer Cha=
rakterbilder in scenischer Form.

Wenn Richard III. trotz dieser Form zu einer wahren
und machtvollen Tragödie heranwuchs, so half dazu schon
der Stoff selbst; denn auch in der Geschichte bildet die kurze
Regierung dieses Fürsten den Abschluß langer Kämpfe und

Wirren und hat einen rapiden, an tragischem Stoff reichen Verlauf. Der Dichter hat der Einheit, welche der historische Stoff von selbst darbot, sogar geschadet, indem er ohne Noth den Beginn der Handlung an den Tod Heinrichs VI. anreiht, und Eduard IV., der von da an noch eilf Jahre mächtig und glänzend regierte, als einen von Anfang an hinsiechenden und für sich bedeutungslosen Herrscher darstellt. Auch sonst erregt die Handlung von der pragmatischen Seite manches Bedenken, und man wundert sich, daß sie von der Geschichte auch in Dingen abweicht, die der dramatischen Behandlung ganz entgegenzukommen scheinen. So hatte Richard einen einzigen Sohn, den er mit der jungen Elisabeth vermählen wollte, und der bald darauf an einer Krankheit starb. Die Tödtung seiner Neffen hatte dadurch ein natürlicheres Motiv. Nach Shakespeare handelt er bei größtem Verstande doch wie ein Unsinniger; er rottet das gesammte Yorksche Haus, für das er sein ganzes Leben lang gekämpft hat, aus, und macht seinen Gegner, den Erben der Lancasterschen Ansprüche, zum natürlichen Thronfolger. Wenigstens läßt Shakespeare diese naheliegende Seite der Sache ganz im Dunkeln. Man sieht auch nicht, auf wen oder was er denn seine Macht eigentlich stützen will, wenn er blind nach allen Seiten wüthet. Einen so mächtigen Anhänger, wie Buckingham, mußte Richard entweder schonend behandeln und beschwichtigen oder vernichten; er durfte ihn aber nicht, wie es geschieht, durch plumpe Beleidigung zum Abfall reizen. Der geschichtliche Thatbestand ist hier viel natürlicher. Das Auffallendste und

Unbegreiflichste bleibt immer die doch mit sichtlicher Kunst und Sorgfalt ausgeführte Werbescene um Anna. Man sollte denken, es wäre schon stark genug, daß diese Prinzessin überhaupt dem Feind ihres Hauses, dem Mörder ihres Gatten und Schwiegervaters die Hand reicht, und es wäre fast schon zu viel, wenn dieser seinen Zweck bei ihr schon in einer einzigen Unterredung erreichte; daß nun aber hiezu der Moment gewählt wird, da der von ihm ermordete König zu Grab getragen wird, daß er mit gezogenem Schwert die Träger nöthigt, die Bahre niederzulegen, und nun auf der Straße unter Sistirung des Leichenzuges die Hand der leidtragenden Tochter erobert, erscheint uns als ein Uebermaß, das an's Unsinnige und Mährchenhafte grenzt. So schamlos konnte die öffentliche und kirchliche Sitte überhaupt nicht verletzt werden, und im Munde einer Frau können wir uns in dieser Lage nur die Eine Antwort auf alle seine Reden denken: hier sey weder der Ort noch die Zeit, mit ihr zu sprechen. Man möchte glauben, Shakespeare habe einen Vorgänger, der schon dasselbe Thema behandelt hatte, noch überbieten wollen, oder es habe eine Wette gegolten, ein unlösbar scheinendes Problem zu lösen. Die Schwierigkeiten sind wie absichtlich in's Maßlose gesteigert, etwa wie Sigfrid beim Wettlauf mit andern noch einen schwerbewaffneten Mann auf die Schultern nimmt und dennoch siegt. Es gehört dieser Zug zu jenen grassen Uebertreibungen, die seine Werke dem maßvollen Geschmack der romanischen Völker fast unzugänglich machen, und die wir uns nur bei einem aus excentrischen

Jünglingen und roher Masse zusammengesetzten Publikum einigermaßen erklären können. Wenn uns aber die Romantiker und Shakespearomanen solche Dinge als großartige Schönheiten vordemonstriren, so leisten sie unserem Dichter den schlechtesten Dienst. Es ist nur die Entschuldigung statthaft, daß Richard III. noch zu den jugendlichen Productionen des Dichters gehört.

VIII.

Zu den Dramen über Stoffe des classischen Alterthums.

Die Römerdramen unterscheiden sich von den englischen Historien und den meisten freien Tragödien sehr vortheilhaft durch die Verständlichkeit und den Zusammenhang der Handlung. Plutarch gehört zwar schon zu den trüberen und abgeleiteteren Quellen des Alterthums, aber er ist doch immer noch ein Classiker, ein Hellene. Gesunder Menschenverstand und ein natürlicher Pragmatismus des Erzählten verstand sich da von selbst, und der Dichter konnte an seiner Hand nicht, wie an der seiner mittelalterlichen Novellen und Chroniken, in's Romanhafte geführt werden. Da Shakespeare ohne classische Bildung war, so bleibt es immer bewundernswerth, mit wie viel Takt und Sicherheit er sich auf dem fremden Gebiet bewegt. Uebertrieben freilich finden wir's, wenn man die

Schilderung des Römerthums eine vollendete nennt und in Julius Cäsar die römische Toga rauschen zu hören glaubt. Goethe meint dagegen, diese Römer erscheinen ihm wie eingefleischte Engländer, aber sie seyen freilich dabei ächte Menschen, denen am Ende auch die römische Toga zu Gesicht stehen müsse.

In dem letzteren liegt wohl der eigentliche Kern der Sache. Genauer angesehen haben die Helden der Shakespeareschen Geschichtsdramen weder ein historisches noch ein nationales Colorit. Die Engländer unter König Johann sind bei ihm die gleichen wie unter Richard III.; auf Verschiedenheit der Sitte, der gesellschaftlichen Zustände achtet er nicht. Nur Heinrich VIII., der, so sehr er die Zusammenhangslosigkeit der andern Geschichtsdramen theilt, ja überbietet, in Beziehung auf die Motivirung den durch Welterfahrung gereisteren Dichter des mittlern Mannesalters deutlich erkennen läßt, zeigt auch in diesen Dingen eine abweichende Färbung. Auch die römischen Helden denken und sprechen im Grunde ganz wie die englischen Fürsten und Barone. Shakespeare zeigt im einen wie im andern Fall den handelnden, durch die allen gemeinsamen Antriebe und Leidenschaften bewegten Menschen. Dagegen weiß der Dichter seinen Stücken und Personen eine sehr wirksame geographische Nuancirung zu geben; seine Phantasie nahm, wenn er sich in ein bestimmtes Land dachte, eine gewisse Tinktur an, die sich dann allem Einzelnen mittheilte. So fühlen wir in Macbeth, Hamlet, Lear durch das ganze Stück eine scharfe, nordische

Luft ſtreichen, während man im Romeo, im Kaufmann von
Benedig gleich vornherein des Südens Wärme empfindet.
Eine ſolche locale Färbung, einen etwas wärmeren Ton
ſcheinen auch dieſe Römerdramen zu haben, ſofern den
Dichter eine Art von ſpecifiſchem Ton der Empfindung an=
wandelte, wenn er ſich an die Ufer des Nil oder in das
alle Rom hindachte, aber von antiker Sitte, Denkweiſe,
Lebensanſchauung iſt nicht viel zu bemerken. Wir meinen
damit keineswegs, daß in Julius Cäſar die Thurmuhr ſchlägt,
in Coriolan die Trommel gerührt wird und derlei Dinge,
ſondern mehr mancherlei innere Widerſprüche.

Coriolan iſt eine auf dem Boden alter Republiken nicht
denkbare Geſtalt. So coloſſal hebt ſich in einem ſtädtiſchen
Gemeinweſen überhaupt der Einzelne nicht aus der Menge
heraus; ſeine Tapferkeit und Stärke gleicht der eines nor=
diſchen Recken, eines Sigfried, Roland oder auch Simſon,
iſt aber bei republikaniſchen Bürgerheeren von ziemlich gleicher
Bewaffnung nicht begreiflich. Wenn er den in ihre Stadt
zurückfliehenden Volskern allein nachfolgt, die Stadtthore
hinter ihm geſchloſſen werden und er nach längerer Zeit,
zwar verwundet, aber nach Erlegung zahlreicher Feinde ſich
durch das geſchloſſene Thor wieder den Weg bahnt, ſo fühlt
man ſich verſucht, an die Erzählungen von Münchhauſen zu
denken. Wenn ferner, wie in dem Stück vorausgeſetzt wird,
die Plebs bereits das Recht errungen hat, jeden Patricier
wegen Mißachtung ihrer Rechte vor ein Volksgericht zu ſtellen
und um Gut und Leben zu ſtrafen, ſo iſt ſie damit überhaupt

schon zur Herrschaft gelangt, und ein so schroffes und rücksichtsloses Auftreten, wie das Coriolans, ist gar nicht mehr begreiflich. Wenn er den über die unerschwinglichen Kornpreise Klagenden den Rath gibt: „Hängt euch!" so gehört das zu jenen Maßlosigkeiten, die uns unerträglich scheinen, zumal auf dem Boden der antiken Welt.

Julius Cäsar ist das vollendetste unter den Römerdramen und steht überhaupt den höchsten Leistungen des Dichters nahe. Es ist nicht nur sehr reich an schönem Detail, sondern hat auch eine wohlgefügte, durchaus verständliche Handlung. Nur wenige Partien verrathen es, daß sich der Dichter doch mit einiger Unsicherheit auf dem antiken Boden bewegt. So wenn gleich in der ersten Scene ein Volkstribun römische Bürger nach Hause gehen heißt und sie fragt, ob sie nicht wissen, daß es einem Handwerksmanne verboten sey, sich an einem Werktage ohne Zeichen seiner Handthierung auf der Straße sehen zu lassen. Ein solches Polizeigesetz ist natürlich undenkbar in Republiken des Alterthums; ebenso daß Cicero in einer Volksversammlung griechisch geredet haben soll. Die Zeichnung von Cäsar selbst kann zum Beweise dienen, daß es eine, wenn nicht unlösbare, doch ungelöste Aufgabe ist, welthistorische Persönlichkeiten auf die Bühne zu bringen. Große geschichtliche Thaten setzen voraus, daß man in schwierigen Lagen unter mancherlei möglichen und plausiblen Entschlüssen, unbeirrt durch verworrene Rathschläge, mit raschem und sicherem Takt denjenigen wählt und zur Ausführung bringt, der den Zwecken, die man verfolgt, am meisten und sicherften dient. Das läßt sich aber nicht wohl dramatisch behandeln, schon weil es ein zu großes realistisches Detail erfordert und der Dichter die Gattung von Verstand, die dazu nöthig wäre, nicht leicht haben kann, da er sonst schwerlich ein Dichter geworden wäre. So werden denn die großen Männer im Drama gewöhnlich nur dadurch gezeichnet, daß sie große Worte im Munde führen. Diese klingen dann aber leicht prahlerisch und thrasonisch, und das trifft namentlich auch bei Shakespeares Cäsar zu.

Schon daß er von sich selbst so viel in der dritten Person redet: Cäsar geht heut nicht aus u. s. w., klingt uns widerlich; ebenso wenn er meint, es wäre erniedrigend für ihn, dem Senat sagen zu lassen, Cäsar könne nicht kommen; Decius soll einfach melden: Cäsar wolle nicht. Einem römischen Senator, der ihn um Begnadigung seines Bruders bittet, konnte er nicht im Senat drohen, ihn „wie einen Hund wegzustoßen;" als ein Anderer auf diese schon abgelehnte Bitte wieder zurückkam, konnte Cäsar nicht antworten: erzittert der Olymp? Hätte der Dichter auch nur ein Kapitel aus Cäsars Commentarien gekannt, er würde ihm nicht so plumpe, großsprecherische Worte in den Mund gelegt haben.

Wir finden es begreiflich, daß zwei wirklich große Männer, Friedrich und Napoleon, Shakespeares historische Stücke nicht liebten; sie wußten wohl zu gut, daß man große Siege nicht auf die Weise erficht, wie Heinrich V. den von Agincourt, und daß große Männer nicht so handeln und reden, wie

Cäsar, Antonius, Coriolan. Ferner will es zu der Bildung und Sitte jenes Zeitalters nicht passen, wenn die feindlichen Feldherrn vor der Schlacht noch persönlich zusammentreffen, nur um sich, den homerischen Helden gleich, noch vorher gegenseitig zu bedrohen und auszuschimpfen. In der berühmten Zankscene endlich zwischen Brutus und Cassius haben wir das Gefühl, daß die Vorwürfe zu weit gehen, um einer alsbaldigen Wiederversöhnung Platz zu lassen. Wenn ein Freund dem andern niedrige Gesinnungen, gemeine Handlungen vorgeworfen und ihn mit Züchtigung bedroht hat, so läßt sich das nicht gleich wieder wie mit einem Schwamm auslöschen und durch die Entschuldigung gutmachen, man sey wegen einer traurigen Familiennachricht in übler Stimmung gewesen. Auch hier reißt den Dichter, wenn er in's Detail versenkt ist, die dem augenblicklichen Zweck entsprechende Gefühlsströmung, das Bestreben, jede Situation und jeden Theil derselben zum vollsten Ausdruck zu bringen, über die richtige Linie hinaus.

Antonius und Cleopatra steht darin den englischen Stücken näher, daß es an einer einheitlichen, fortschreitenden Handlung fehlt. Die Verhältnisse des Helden zu Rom und Octavian schieben sich in kleinen Stößen, von denen keiner zum vollen, unser Interesse spannenden Ausdruck kommt, allmählig bis zur Katastrophe fort. Deßhalb gewinnt man auch hier schwer eine deutliche Erinnerung über den Gang der Handlung. Die Größe und Schwäche des Helden sollten sich mehr das Gleichgewicht halten; statt dessen ist die Größe eigentlich mehr aus früherer Zeit vorausgesetzt, als daß sie wirklich im Stück zur Erscheinung käme. Sein Verhalten in der Schlacht bei Actium ist bei der kurzen unmotivirten Darstellung des Dichters geradezu unbegreiflich. Daß er als ein in einer großen Schlacht Geschlagener den Gegner zum Zweikampf herausfordert, erscheint uns unrömisch und schwer zu denken, wiewohl Shakespeare einen Anhaltspunkt hiefür in seiner Quelle hat.

Auch für die Römerdramen scheint uns die obige Voraussetzung, daß Shakespeare in seinen historischen Stücken die Wirkung auf junge Männer, die sich durch Geburt und Talent zu einer großen Stellung in der Welt berufen hielten, im Auge hatte, nicht unfruchtbar zu seyn. Was konnte ihm näher liegen, als ihnen neben den Bildern der eigenen Vorfahren die Gestalten des alten Roms vorzuführen? Und selbst die Wahl der Stoffe und deren Behandlung wird unter diesem Gesichtspunkt verständlicher. Vom Grafen Southampton wissen wir aus den Sonetten (z. B. Sonett 96), daß man den Uebermuth der Jugend, sein adelig teckes Treiben an ihm tadelte; oft genug mahnt ihn der Dichter, sich aus den Schlingen, in welchen schöne Frauen ihn gefangen hielten, loszumachen; durch seinen nahen Antheil an der Verschwörung und dem Aufstand des Grafen Essex kam er an die Schwelle des Schaffots. Man könnte glauben, die drei Römerdramen seyen wie für ihn geschrieben. Coriolan konnte ihn lehren, daß jene adelige Keckheit, jener trotzige Uebermuth bei aller sonstigen Auszeichnung zum Verderben führen; Antonius und Cleopatra, daß auch ein hochbegabter Mann, wenn er sich den buhlerischen Künsten verführerischer Frauen nicht zu entziehen vermag, dem weit geringeren Nebenbuhler erliegen muß; Julius Cäsar, daß ein ohne Erwägung der allgemeinen Zustände eines Staats, wenn auch aus edeln Motiven begonnenes Unternehmen gegen die bestehenden Gewalten seinen Urhebern wie dem Gemeinwesen verderblich wird. Wir müssen zwar eine so specielle und persönliche Beziehung dieser Dramen aus dem Grunde selbst bezweifeln, weil Southampton zu der Zeit, da sie verfaßt wurden, schon längst ins öffentliche Leben eingetreten war und seine Abende schwerlich mehr im Theater zubrachte. Allein gleichwohl konnten diese und ähnliche Wahrnehmungen in dem Kreise seiner aristokratischen Freunde für den Dichter der Anlaß geworden seyn, aus der Fülle von dramatischem Stoff, welche ihm Plutarchs Biographien bieten konnten, gerade diese herauszuwählen, und jene Verirrungen, die in den drei Dramen behandelt werden, sind ihrer Natur nach unter vornehmen und hochstrebenden Jünglingen natürlich und verbreitet genug, um die Warnung des Dichters auch noch für ein anderes Ohr, als das des nächsten Freundes, verständlich und wirksam zu machen.

Wir würden es für sehr verkehrt halten, wenn man in dieser paränetischen Tendenz der historischen Stücke, in der Absicht, jungen Männern, die an der Schwelle einer öffentlichen Thätigkeit stehen, bedeutende Gestalten aus dem Buch der Geschichte als Vorbilder und zur Warnung vorzuführen, eine Herabwürdigung seiner Kunst sehen wollte.

Dieß fällt nicht unter den Begriff der Tendenzpoesie; ein Lehrer im höheren Sinn des Worts zu seyn und „edeln Seelen vorzufühlen," ist ja nur der ächte Beruf des Dichters. Was wir im Einzelnen daran ausgestellt haben, wird unter diesem Gesichtspunkt zugleich verständlicher und bedeutungsloser; es liegt großentheils abseits von dem Hauptziele des Dichters und störte das Publikum, dem der Dichter zunächst schrieb, weit weniger, als den unterrichteten und denkenden Leser künftiger Geschlechter, der einen allgemeinen Maßstab anlegt.

Zu den Römerdramen wäre eigentlich auch der Titus Andronicus zu rechnen, doch lassen wir dieses Stück, in welchem das Unnatürliche, Gräßliche und Unmotivirte der Handlung alles Maß überschreitet, hier bei Seite, da es dem Dichter als eine Jugendarbeit, in welcher er noch fremden Spuren nachging, nicht voll angerechnet werden darf. Um so interessanter ist das Stück als Ausgangspunkt von Shakespeares dramatischer Thätigkeit. Er begann mit dem Entsetzlichen und Unglaublichen und verdankte dieser Richtung seine ersten und größten Erfolge. Titus Andronicus blieb immer ein Lieblingsstück des Publikums. Für die Ausbildung des pragmatischen Elements in der geschichtlichen Handlung fehlten der Anreiz und die äußeren Vorbedingungen; ein Fortschritt in dieser Richtung kam nur aus der inneren Reife des Dichters, nicht aus den Forderungen seines Publikums; doch leiden einzelne Stücke aus Shakespeares reifster Zeit, wie Timon, Cymbeline, und Maß für Maß hinsichtlich der

äußeren Motivirung der Handlung fast noch an den gleichen
Mängeln wie die Dramen seiner Jugend.)

Timon von Athen und Troilus und Cressida
gehören nicht zu den historischen Stücken und auch unter
sich nicht zusammen; man kann aber von den Römerdramen
aus auf sie geführt werden, weil sie, wie diese, die Handlung
auf den Boden des classischen Alterthums versetzen und der
Stoff aus den alten Autoren genommen ist; sie haben unter
sich das Gemeinsame, daß sie allein unter Shakespeares
Werken (wenn man, wie billig, die Comödie der Irrungen
und den Sommernachtstraum gar nicht unter diesen Gesichts=
punkt stellt) uns in die Welt des Hellenenthums führen, freilich
nur um zum Beweis zu dienen, daß ihm diese etwas völlig
und unbedingt Verschlossenes war.

Da im Timon Alcibiades auftritt, so fällt die Handlung
in die Blüthezeit des athenischen Volkslebens, an die Grenze
des Perikleischen Zeitalters, der Held des Stücks lebte mit
Sokrates, Aristophanes, Euripides in Einer Stadt zusammen.
Bei Shakespeare ist gar kein Bewußtseyn dieses oder überhaupt
irgend eines bestimmten Zeitalters zu bemerken; die hellenische
und athenensische Atmosphäre fehlt dem Stück von Grund
aus; der Name Athen ist etwas rein Zufälliges. Der Dichter
hätte aber diesen vielsagenden Ort nicht wählen können, wenn
er eine Ahnung davon gehabt hätte, welche Forderungen sich
an dieses Eine Wort und an das Zeitalter, das er wählte,
anknüpfen. In die römische Welt hat uns Shakespeare mit
genialem Takt zu versetzen gewußt; die griechische ist ihm

selbst bis auf die Namen fremd, da er den meisten Personen lateinische Namen leiht. Es ist interessant, wie der Dichter hier nur beiläufig und unbewußt verräth, daß ihm das Schönste und Höchste, was vor ihm die Welt im Reich der Kunst, des Wissens und des gesellschaftlichen Lebens hervorgebracht hatte, sein Leben hindurch fremd geblieben ist; und man steht vergeblich sinnend vor der Frage, was aus diesem Genius geworden wäre, wenn ihn sein Lebens- und Bildungsgang auch in die alte Hellenenwelt eingeführt, wenn er ihre alten Dichter, Redner, Geschichtschreiber kennen gelernt hätte, wenn Alles das, was wir an ihm noch vermissen, was die Ergänzung zu seiner Dichtweise bildet, in so vollendeter Gestalt ihm vor Augen getreten wäre. Indem er im Timon so ahnungslos die Zeiten und Orte betritt, an welche sich für alle Zukunft die höchsten Erinnerungen knüpfen, dabei so ganz fremdartige Wege geht, und zufällig und unbewußt das düsterste Gemälde von Welt- und Menschenhaß auf den Schauplatz des bewegtesten und sonnigsten Volkslebens verlegt, macht es uns den Eindruck, wie wenn wir einen Gothenkönig das Capitol, einen römischen Imperator den Tempel zu Jerusalem betreten oder den Apostel Paulus in den Straßen von Athen und Corinth wandeln sehen.

Timon von Athen hat mit dem König Lear gemein, daß sich die tiefsten tragischen Wirkungen an eine Handlung anlehnen, wie wir sie eigentlich nur in Mährchen und Fabeln für Kinder zu lesen gewöhnt sind. Timon handelt wie ein Mann, der sich unter sein Fenster stellt und all sein Geld und Gut für die Vorübergehenden auf die Straße wirft, dann aber, wenn sein Vorrath erschöpft ist und er selbst Mangel leidet, von den Leuten auf der Straße Ersatz und Wiederherausgabe verlangt, und als nun diese Erwartung nicht eintrifft, darüber den Verstand und alle Fassung verliert. Timons Verschwendung und Freigebigkeit geht bis ins rein Unsinnige, und da der Haushofmeister ihm den Stand seines Vermögens und die Nothwendigkeit, einzuhalten, oft und klar auseinandersetzt, so begreift man die Handlungsweise eines Mannes nicht, den man sich dazu doch noch als einen um sein Vaterland hochverdienten Bürger, als tüchtigen Feldherrn und Staatsmann denken soll. Man kann sich für einen so kopflos Handelnden nicht so weit interessiren, als es für die Empfindungen, welche die Tragödie fordert, unerläßlich ist. Wir haben keine Furcht, das Gleiche zu erleiden, weil wir sicher sind, im gleichen Fall anders zu handeln, und bringen es aus demselben Grund nicht zum Mitleid. Man muß fast denken, jene Leute, die einem solchen Haushälter, nachdem er sein Gut vergeudet hat, kein Geld leihen wollen, handeln ganz verständig. Die Art, wie sie sich dabei anstellen, wie sie doch nicht einfach sagen mögen, sie wollen ihr Geld nicht verlieren, und sich dann mit allen möglichen Ausflüchten behelfen, hat eher eine komische Wirkung und ließe sich mit leichten Aenderungen in ein Lustspiel übertragen. Dieß mochte wohl Goethe im Sinn gehabt haben, als er den Timon ein komisches Sujet nannte.

Es ist, wie oben bemerkt wurde, interessant, daß Timon

zu Shakespeares spätesten Stücken gehört; er zeigt sich gegen
die Fabel eines Stücks fast noch gleichgültiger, als in seiner
früheren Zeit; sie diente ihm nur zur Folie, zum leichten,
an sich bedeutungslosen Anlaß, um seinen Empfindungen
freien Lauf zu schaffen. Daß Handlung und Charakteristik
im innigsten Verband mit einander stehen, daß auf ihrer
Uebereinstimmung die tragische Wirkung wesentlich beruht, daß
man nicht aus der nächsten besten Anekdote, Chronik, Novelle
ein Sujet herübernehmen kann, um Geist, Witz, tiefe Weisheit,
glänzende Bilder und Gedanken, wie die Lichter am Weih=
nachtsbaum, äußerlich daran aufzuhängen, das ist ihm nie
recht deutlich geworden. Er traf diese Art, Dramen zu
schreiben, als die herkömmliche an; daß die Sujets romanhaft,
unglaublich, ohne wahre Motivirung seyen, das fand man
in der Ordnung; dem Theaterpublikum, wie wir es kennen
gelernt haben, war die abenteuerliche Handlung lieber, als
die natürliche; man achtete nur darauf, was der Dichter aus
den gegebenen Situationen noch weiter zu machen versteht.
Daß der Stoff selbst zuvor in den Schmelztiegel der Phan=
tasie geworfen werden und geläutert und verjüngt daraus
hervorgehen müsse, das wußte man nicht, und darin hat sich
auch Shakespeare nicht über den Standpunkt seiner Zeit er=
hoben. Er bemerkt es nicht, und dieß ist die wesentlichste
Schranke seiner Kunst, daß sich wahre Charaktere nicht in
unwahre Situationen versetzen lassen; seine Motivirung ist
soweit unübertrefflich, als es sich darum handelt, dem gege=
benen Charakter in der gegebenen Lage die entsprechenden

Empfindungen und Worte zu leihen; daß aber die Situationen und Charaktere selbst vom Dichter innerlich zu erzeugen und harmonisch zu gestalten seyen, dieser Forderung hat er selten genügt und sie sich in der Regel nicht einmal gestellt.

Es gibt kein deutlicheres Gegenbild hiezu als Goethe. Er trug die Stoffe, die in ihm einen Wiederklang gefunden hatten, Jahre und Jahrzehnte in seinem Herzen; sie reiften innerlich mit ihm heran und gestalteten sich zum vollen Ausdruck der Ideen, die sich an sie angeschlossen hatten; das Fremdartige fiel ab und es schoben sich neue Zwischenglieder herein, die seinen Zwecken entsprachen. So lebten die Gestalten von Faust, Prometheus, Iphigenie, Tasso, Eugenie, Hermann, Meister in ihm fort, bis sich die reife Frucht in guter Stunde von selbst aus seinem Innern ablöste; selbst in seiner Lyrik, in der indischen Legende, der Braut von Corinth, im Zauberlehrling ꝛc. sieht man, wenn man die rohen Stoffe, die den ersten Anlaß gaben, vergleicht, diesen wunderbaren Verwandlungsproceß der Handlung. Die Einwendung: ein solcher Charakter, diese Situation, diese Handlung ist unter den übrigen gegebenen Verhältnissen nicht denkbar, läßt sich bei Goethe niemals machen, weil alles Fremde und Widersprechende des Stoffs vorher eliminirt ist, weil der Stoff selbst zu einem Werk des Dichters geworden ist. Shakespeare dagegen, der für eine stets nach Neuem gierige Bühne arbeitete, nahm die Stoffe bald da, bald dort aus Büchern und goß dann die Fülle seines Genius über sie hin; er änderte wohl dieß und jenes, nicht einmal immer mit Glück, oft bloß des Effekts wegen, aber es fehlte dem Stoff die zweite Geburt, die neue Taufe aus Wasser und Geist. Was Shakespeare aus dem eigensten Seelenleben in den Hamlet und Timon legte, hätte eigentlich die Folie eines durchaus andern, weit homogeneren und umgearbeiteteren Stoffes erfordert. Im Hamlet ist aber die Handlung, in die sich so tiefsinnige Stücke des Dichterlebens einflechten, wenigstens selbst groß und bedeutungsvoll; im Timon ist sie trivial und albern und kunstlos gefügt. Die Weisheit des Dichters hängt über den Stoff her, wie ein Purpurmantel über den Bucklichen.

Troilus und Cressida hat den Reiz eines noch ungelösten Räthsels. Das Einzelne ist bald anmuthig, bald von tiefem Gehalt; aus dem Ganzen ist schwer klug zu werden. Wir vermuthen, daß es mehr als irgend ein anderes Shakespearesches Stück voll von Anspielungen und persönlichen Bezügen ist, zu denen der Schlüssel für uns nicht mehr aufzufinden seyn mag. Auch äußere Gründe sprechen dafür, daß es für ein Privat- oder Liebhabertheater geschrieben ist, wie schon Tieck vermuthet. Die Rollen der homerischen Helden mögen an einen Kreis näherer und fernerer Bekannten vertheilt worden seyn und die Charakteristik würde dann carrikirende Züge von den wirklichen oder fingirten Trägern der Rollen aufgenommen haben. Einige davon mochten Respektspersonen seyn, die man zu schonen hatte, oder Leute, die keinen Spaß verstanden. Achill, Ajax, Patroklus, Menelaus, Paris, Diomedes hatten die Kosten der Unterhaltung zu tragen. Hector, Agamemnon, Ulyß, Nestor sind etwas schonender und nur mit einem leichteren Anflug von Ironie behandelt, wiewohl es von dem Standpunkt des Thersites aus ein Leichtes war, sie gleich schlecht zu machen.

Die Züge der Charakteristik scheinen uns hier öfters individueller und willkürlicher zu seyn, als sonst des Dichters Weise ist. Wenn es z. B. von Diomed heißt, „Ich kenn' ihn an der Art des Gangs; er hebt sich auf den Zehn, hochathmend strebt sein Geist von dieser Erd' empor," so will uns dieß den Eindruck einer persönlichen Anspielung machen, sey es auf den Schauspieler, der die Rolle hatte oder auf einen Bekannten, der unter dieser Maske gemeint war. Es erinnert an die bekannte Stelle im Hamlet: „Er ist fett und kurz von Athem," die sich auf Shakespeares Freund Richard Burbadge, der die Rolle gab, bezog. Ebenso sagt Thersites von Diomed, daß er von der Seite schiele. Auch die Schilderung des Troilus durch Ulyß macht den Eindruck einer Lobrede mit persönlicher Anspielung. So wird die ganze Trojasage, mit parodistischer Spielerei, mit untermengten verständigen Discussionen und „trefflichen pragmatischen Maximen, wie sie den Puppen wohl im Munde ziemen," mit eingeflochtener pikanter und leichtfertiger Liebesgeschichte durchgenommen. Man möchte glauben, das Ganze sey für eine geniale Coterie, in der der keckste und derbste Humor sein freies Spiel hatte, verfaßt worden. Als Theaterstück für die Menge mußte es eigentlich unverständlich seyn. Wir halten übrigens die Figur des Thersites für eine der geistvollsten Schöpfungen des Dichters und für noch pikanter als Falstaff.

IX.

Zu den Lustspielen.

Wir haben im Bisherigen an den ernsten und historischen Dramen Shakespeares nachzuweisen gesucht, daß die dramatische Wirkung sehr oft durch Unvollkommenheiten der Handlung beeinträchtigt wird, daß die Handlung häufig entweder eine unzusammenhängende und zersplitterte, oder eine an inneren oder äußeren Unwahrscheinlichkeiten leidende ist, und daß durch diesen Mangel auch die Glanzseite des Dichters, die Charakteristik, in Widersprüche verfällt. Wir haben keinen Grund, von demselben Gesichtspunkt aus auch die Lustspiele und sonstigen Theaterstücke des Dichters zu durchgehen. Hier gelten von selbst andere Gesetze; das Zufällige und Phantastische hat im Lustspiel seinen berechtigten Platz; wenn wir gerührt und erschüttert, von Furcht oder Mitleid bewegt werden sollen, so muß der Fall, den uns der Dichter vorführt, ein denkbarer seyn; die Einwendung unseres Intellekts: so kann die Sache unter den gegebenen Voraussetzungen nicht gewesen seyn, stört die Illusion, zumal in historischen Stücken, und paralysirt die vom Dichter beabsichtigte Wirkung. Wenn wir dagegen bloß lachen und in eine heitere Stimmung versetzt werden sollen, so kann uns das Abenteuerliche, Willkürliche, ja Unmögliche gerade willkommen seyn. Dieselben Eigenschaften des Dichters, die ihm im ernsten Drama Schwierigkeiten und Schranken entgegenstellen, können ihm im Lustspiel besonders zu Statten kommen. Und das ist bei Shakespeare in der That der Fall.

Es lassen sich vielleicht in Beziehung auf die realistische Wahrscheinlichkeit der Handlung die Lustspiele des Dichters in vier Klassen abstufen. In die erste fallen die Zauber= dramen, wo uns der Dichter in eine reine Phantasie= und Feenwelt versetzt, wo übernatürliche Wesen mit höheren Natur= kräften in die Menschenwelt hereinspielen. In diese gehören der Sommernachtstraum und der Sturm. Die zweite Klasse bilden die Dramen, in welchen zwar das eigentlich Wunder= bare und Uebernatürliche wegfällt, wo die Handlung aber immer noch einen mährchenhaften und phantastischen Charakter hat, und wir von dem deutlichen Gefühl begleitet sind: der Dichter führt uns selbstgeschaffene Situationen vor, die in der realen Welt so nicht denkbar sind. Hieher sind zu rechnen: das Wintermährchen, der Kaufmann von Venedig, Was Ihr wollt, Wie es Euch gefällt, Verlorene Liebesmühe. Der dritten Klasse theilen wir die Stücke zu, in welchen die Handlung nicht mehr undenkbar, sondern nur noch etwas ro= manhaft, vom Spiel des Zufalls influirt, mehr oder weniger abenteuerlich ist. Dahin fallen: Die beiden Veroneser, Ende gut Alles gut, Viel Lärm um Nichts, die Comödie der Irrungen. In der vierten endlich geht es natürlich zu; der Zufall ist ausgeschlossen; die Handlung bewegt sich rein auf dem Boden der Gesellschaft und wird durch die Absichten und Plane der Menschen bestimmt. Hieher gehören: Der Widerspenstigen Zähmung und Die lustigen Weiber von Windsor.

Nun will es uns scheinen, daß wenn man die genannten Stücke nach ihrem dichterischen Werth und ihrer dramatischen Wirkung zu ordnen hätte, im Ganzen und Großen ungefähr die gleiche Reihenfolge zum Vorschein kommen müßte. Der Dichter erscheint uns am größten, wo er seine wunderbare Phantasie am freiesten walten läßt, wo er die Gestalten aus dem luftigen Nichts schafft und ihnen festen Wohnsitz gibt; seine Wirkung ist am schwächsten, wo er ganz in das bürgerliche Leben hereintritt, in dem er immer ein Fremdling blieb.

Der Sommernachtstraum ist zwar nicht das tiefste und gehaltvollste, aber das reizendste und orginellste Werk unseres Dichters. Er steht darin durchaus einzig und unerreicht da; es ist auch keine Kleinigkeit da, durch die Genuß und Stimmung gestört würde. Goethe hat zwar in seinen drei Mährchen gezeigt, daß ihm diese Ader auch nicht fehlte, aber ein erzähltes Mährchen und ein dramatisches sind zwei ganz verschiedene Dinge.

Der „Sturm" hat zwar mehr Gehalt und Tiefe, macht aber doch keine so reine Wirkung; die Handlung ist etwas verworrener und hat zu ernste Partien für dieses Genre, das doch vor Allem ein sonniges und heiteres Element zu fordern scheint.

Im Winternährchen muß man manchmal denken, der Dichter hätte den kleinen Schritt in eine Zauberwelt hinüber lieber vollends gemacht; denn wenn Jemand auf der Bühne von einem wilden Bären verfolgt wird, wenn von einer böhmischen Küste, von dem Oratel auf der Insel Delphi, von dem Maler Giulio Romano und einer russischen Kaisers=tochter als gleichzeitigen Erscheinungen die Rede ist, so steht man ja doch schon ganz auf jenem Boden.

Der Kaufmann von Venedig hält sich sehr fein an der Grenze des Feenmährchens: die Geschichte mit den drei Käst=chen spielt sogar ein wenig hinüber. Es ist die anmuthige Region, in der sich zum Beispiel auch Gozzis Turandot hält. Keines von den Lustspielen ist so reich an schönen Stellen und glänzenden Sentenzen. Hinsichtlich des Juden und seines Scheins sind wir der Ansicht, daß die bei den Kritikern und auf den Bühnen herrschende Auffassung, wornach hier in das heitere Lustspiel eine ernste Episode, eine wirkliche Cha=rakterrolle von tragischer Färbung eingeführt würde, dem Sinn des Dichters und seines Publikums nicht entspricht. Das letztere rechnete ohne Zweifel die ganze Partie mit Shylok noch zu dem Komischen. Der Dichter führt hier in die sonnen=helle Handlung ein auf den ersten Anschein grausiges Element herein, das aber nur dazu dienen soll, die Lust und Freude zu steigern; ungefähr wie bei den Alten die Empuse und jetzt der Knecht Ruprecht, Niclas oder Pelzmärte in die Kinderstube tritt, um schließlich doch nur den Jubel zu er=höhen. Der Leser ist ja gleich von vornherein gewiß, daß der Jude der geprellte Theil seyn und seine Tochter und sein Geld verlieren wird. Der Dichter hat ihm aus seinem reichen Schatz nur gleichsam en passant einige tiefere Motive zuge=worfen, das ist Alles. Aus dem Kreis der komischen Rollen tritt er aber deßhalb doch nicht ganz heraus. Sobald der Charakter mit ernsten Prätentionen vor uns auftreten will, steht ihm ein Heer realistischer Einwendungen entgegen; die ganze Sache ist ja handgreiflich ins Mährchenhafte, wo nicht Possenhafte gezeichnet. Die Handlungsweise des Juden läßt sich im Ernst gar nicht so denken und ist voll von Widersprüchen. Der ganzen Episode liegt die Judenverachtung der älteren Zeit zu Grund. Wir wissen, daß Shakespeares Freund Burbadge, der die Rolle gab, ihr einen komischen und carrikirten Anstrich gab, und es will uns gar nicht in den Sinn, wenn die heutigen Kritiker und Mimen so unendlich viel Ernst und tiefes Pathos in die Rolle legen und das Charakterbild neben die Zeichnung eines Macbeth, Richard, Othello u. s. w. stellen wollen.

Eine andere Sonderbarkeit ist es, wenn die Ausleger aus der Gerichtsscene im Kaufmann von Venedig den Schluß ziehen, Shakspeare müsse wohl in seiner Jugend bei einem Advokaten gedient haben: sonst könnte er nicht so gründliche juristische Kenntnisse haben, wie er sie zeigt. Diejenigen, die so schließen, sind wohl schwerlich selbst Juristen. Die Entscheidungsgründe des unbärtigen Doktors sind allerliebst und dienen ganz ihrem Zweck; auch mögen die Akten unserer Tribunale manches bewahren, worin viel weniger Verstand ist; aber sonst ist, wenn man einmal die Sache von diesem ungehörigen, technischen Gesichtspunkt aus ansehen will, sehr wenig juristische Logik darin, zu sagen: der Vertrag sey an sich gültig und müsse durchaus vom Juden zum Vollzug gebracht werden dürfen; allein das einzige, und schon in den Worten des Vertrags liegende Mittel zur Vollziehung sey unanwendbar und der Jude habe durch die Absicht, es in Anwendung zu bringen, Leben und Gut verwirkt. Ebenso auffallend ist, wenn der Jude schließlich zur Annahme des christlichen Glaubens gezwungen wird. Die Sache wird nur dadurch erträglich, daß man sich bewußt bleibt, auf dem Boden einer mährchenhaften Handlung zu stehen, bei der das Einzelne nicht so genau zu nehmen ist. Diejenigen aber, die Shakspeare durchaus zu einem christlichen Dichter stempeln wollen, sollten sich die Stelle doch ad notam nehmen; denn wem der Glaube seiner Kirche eine wirkliche Herzenssache ist, dem wird so etwas auch nicht einmal beiläufig aus der Feder fließen.

„Was ihr wollt" gehört mit dem Sommernachtstraum und dem Kaufmann von Venedig zu den drei Perlen der Shakespeareschen Lustspiele. „Wie es Euch gefällt" reiht sich nahe daran; es hat tiefer angelegte Charaktere, und hinter der Maske von Jaques soll sich der Dichter zum Theil selbst versteckt haben; aber die Handlung ist nicht so einfach und spannend. Die „Verlorne Liebesmühe" ist von den Romantikern, die sie an die Spitze aller Shakespearischen Stücke stellen, überschätzt worden; diese Art von Witz können wir nicht in solcher Masse ertragen. Jedenfalls ist das Stück für den Deutschen nicht ganz zugänglich; denn es ist unübersetzbar. Dennoch gehört es mit zu jenen Erzeugnissen, in welchen die Erfindungskraft, die Grazie, der Geist und Witz in allem ihrem spielenden Reiz auf eine, wenn auch nicht immer für uns noch ansprechende, doch staunenswerthe Weise an's Licht treten.

Von weit schwächerer Wirkung sind die Stücke, die wir oben der dritten Klasse zutheilten: „Viel Lärmen um Nichts," „Ende gut Alles gut," „die beiden Veroneser." Da sie als sogenannte Degen= und Mantelstücke auf dem Boden der südeuropäischen Hof= und Rittersitte stehen, müssen wir hinsichtlich der Wahrscheinlichkeit der Handlung schon etwas größere Ansprüche machen, die doch nicht in Erfüllung gehen. Die drei Stücke scheinen etwas unreifer und leichter gearbeitet, als die zuvor genannten; die Handlung ist nicht sowohl, wie in jenen, dem allgemeinen Weltlauf widersprechend, als in wichtigen Partien peinlich und psychologisch anfechtbar.

Von den drei noch übrigen Stücken bildet jedes ein Genre für sich, in dem sich Shakespeare je nur einmal und dann nicht wieder versucht hat. Die „Comödie der Irrungen" ist Nachbildung eines altclassischen Stücks, der Menächmen des Plautus. Der römische Dichter wird darin weniger übertroffen, als überboten, indem dem Einen Paar ununter= scheidbarer Zwillingsbrüder noch ein zweites beigefügt und so allerdings ein noch tolleres Durcheinander erreicht wird. Dagegen ist die Handlung auch viel unwahrscheinlicher, da die Vermuthung, die gesuchten Brüder seyen gefunden, viel früher entstehen mußte.

Der „Widerspänstigen Zähmung" ist das einzige eigent= liche Charakterlustspiel in Molièrescher Art. Das Stück ist amüsant genug, leider aber von der psychologischen Seite an einem Grundmangel. Die Handlung widerspricht dem Erfahrungsgesetz, daß ein wirklicher Charakterzug eines Menschen etwas unzerstörbares sey, nach dem alten Satz: naturam expellas furca, tamen usque recurret. Erschiene Käthchen anfänglich bloß als ungeberdig, launisch und verzogen, so ließe sich's denken, daß sie das unter der Zucht eines rücksichtslosen, ungestümen, überlegenen Männerwillens ganz ablegte. Sie wird aber anfänglich als wirklich boshaft, lieblos und neidisch geschildert, und das konnte sich nicht verlieren; diese Eigenschaften konnten durch eine solche Parforcekur nicht ausgerottet, sondern nur latent werden, sich in ein lauerndes, heuchlerisches und heimtückisches Wesen verwandeln. Shakespeare läßt einen völligen Hausteufel zu einem Engel von Milde und Sanftmuth werden, und das ist undenkbar.

„Die lustigen Weiber von Windsor" sind ein modernes Intriguenlustspiel auf dem Boden der bürgerlichen und zwar spießbürgerlichen Gesellschaft, den der Dichter sonst nirgends wieder betritt. Es mag ein sehr subjektives Urtheil seyn, wenn wir gestehen, diesem Stück am wenigsten Geschmack abgewinnen zu können, und ihm gerne den letzten Platz in der Reihe der Lustspiele anweisen möchten. Es hat uns schon immer einen widrigen Eindruck im Heinrich IV. gemacht, wenn der zum König gewordene Prinz, den uns der Dichter zu einer idealen Heldengestalt verklären will, den alten und vieljährigen Kameraden und Gesellschafter mit jenen eiskalten und harten Worten anläßt: „Ich kenn' dich, Alter, nicht; an dein Gebet!" u. s. w., wenn er ihn auf zehn Meilen von seiner Person verbannt und ihm nur so viel Unterhalt zusichert, daß Dürftigkeit ihn nicht zum Bösen zwinge. Der König mußte ihn schonend bei Seite schieben und anständig für ihn sorgen. Der Dichter hat zwar nach unserem Gefühl die Grenzen, wie weit er Falstaff sittlich sinken lassen durfte, um ihn noch in des Prinzen Gesellschaft zu halten, an manchen Punkten nicht eingehalten; im Ganzen aber hat er dieser Gestalt doch so viel Witz, Humor und Originalität zugetheilt, daß wir eine glimpfliche Behandlung für ihn fordern zu können glauben. Der Dichter hätte ihm auch in seinen alten Tagen noch so viel Grütz im Kopf, Welterfahrung und Cavalierhaltung lassen sollen, um ihn nicht von Gevatter Schneidern und Handschuhmachern auf eine so plumpe Weise überlisten, prügeln, ins Wasser werfen und mißhandeln zu lassen. Die Intrigue des Stücks ist keineswegs besonders fein und scharfsinnig, die Handlung überladen mit Episoden; das Beste mag das geradbrechte Englisch seyn. Wenn es wahr ist, daß das Stück von dem Dichter verlangt und in vierzehn Tagen geliefert worden ist, so erklärt und entschuldigt dieß einigermaßen die Mängel und die Sorte von Impietät, die wir darin finden zu sollen glauben.

Shakespeares Individualität und Bildungsgang.

Man sucht unwillkürlich hinter der Dichtung immer wieder den Dichter und das volle Verständniß tritt im Grunde auch erst ein, wenn man ihn gefunden hat. Kein moderner Dichter ist aber schwerer in seinen Werken zu finden als Shakespeare; er verbirgt sich hinter denselben fast wie die Dichter des Alterthums oder wie ein Bildhauer und Maler. Alles Biographische bleibt immer noch höchst fragmentarisch und ungenügend. Wie schwer es aber ist, aus der Gruppirung einzelner Stellen und Sentenzen auf die eigene Weltanschauung und Persönlichkeit des Dichters zurück zu schließen, das zeigt die ganz enorme Verschiedenheit der Resultate, die auf diesem Wege schon gefunden worden sind. Es gibt etwa fünfhundert dramatische Personen in Shakespeares Stücken, jede sieht Welt und Leben mit etwas andern Augen an und ist in einer andern Situation; aus welchen von ihnen spricht nun der Dichter selbst heraus, welchen hat er Züge seines eigenen Naturells geliehen? Wenn man auch hier einzelne namhaft machen kann, denen der Dichter einen etwas wärmeren, auf subjektivem Antheil ruhenden Ton gegeben hat, so sind das doch nur einzelne Seiten in der Gestalt des Dichters und aus einer ganz bestimmten Periode seines Lebens heraus gegriffen.

Wenn nun aber diese Methode, die Individualität des Dichters mosaikartig aus aufgelesenen Fragmenten seiner zahlreichen Prachtwerke zusammen zu fügen, sich als eine so resultat- und bodenlose erweist, wenn man auf diesem Wege eben so gut den Heiden wie den Christen, den Protestanten wie den Katholiken, den ernsten Denker wie den leichten Lebemann, den Gelehrten wie den Naturalisten in ihm finden kann, muß man dann ganz darauf verzichten, dem Dichter näher zu rücken, oder gäbe es vielleicht noch andere weniger versuchte Wege dahin?

Gerade einem so verwirrenden und unabsehbaren Gestaltenreichthum gegenüber schien uns das erste Erforderniß, das Beobachtungsfeld zuvor nach Außen abzustecken und wenigstens durch einige Mark- und Merksteine einzugrenzen. Das hiezu nöthige Verfahren ist zunächst negativer Art. Der bekannte Satz: omnis determinatio est negatio, läßt sich cum grano salis auch umkehren. Ich charakterisire Jemanden auch, wenn ich ihm ein Merkmal abspreche, das bei Andern vorkommt. Diese Methode fragt nicht, was Alles der Dichter empfunden, gedacht und ausgesprochen hat, sondern umgekehrt: welche Gedanken, Gefühle, Gestalten finden sich gar nicht oder nur in schwachen Andeutungen bei ihm? welche Töne und Accorde aus der weiten Scala menschlicher Empfindungen klingen nicht bei ihm an? welche Lebensverhältnisse, welche Charaktere hat er nicht darzustellen versucht oder vermocht? wo sind die Grenzen seiner äußern und innern Erfahrung? Denn für so vielseitig und universell Shakespeare mit Recht gehalten wird, der Bildersaal der Welt und Menschheit ist immer noch unendlich großartiger, selbst innerhalb desjenigen Erfahrungskreises, welcher dem Dichter an sich nicht unzugänglich war.

Zu solchen Marksteinen einer vorläufigen Orientirung schienen uns die folgenden Bemerkungen zu dienen, wenn sie auch das Thema keineswegs erschöpfen.

Shakespeare hat keine Charaktere gezeichnet, deren Streben auf Bildung, Wissen, Wahrheit gerichtet ist, oder die dem Leben mit allgemeinen Principien, sey es einer religiösen oder philosophischen Weltanschauung, gegenübertreten, oder die von einem allgemeinen Wohlwollen, von einem Eifer für das Gemeinwohl, von Welt und Menschen beglückenden Ideen bewegt werden. Seine Personen stehen immer in einer äußerlich gegebenen Situation des praktischen Lebens.

So groß die Mannigfaltigkeit seiner Gestalten ist, so finden sich doch nirgends bei ihm gemüthliche, behagliche, harmlose Naturen; es fehlen unter den Temperamenten ganz die Vertreter des Phlegmas. Wo er idyllische Bilder gibt, verlegt er sie in die Märchenwelt; die Wirklichkeit bot ihm keine idyllischen Gestalten.

Wie ihm die beschaulichen, nach Innen lebenden, in sich befriedigten Charaktere mangeln, so zeichnet er auf der andern Seite eben so wenig ein eigentliches, praktisches Berufsleben. Er stellt weder Gelehrte, noch Künstler, noch die erwerbenden Klassen, den Landmann, den Gewerbtreibenden dar. Die Mittelklassen der bürgerlichen Gesellschaft, ihre Lebensanschauungen und Interessen liegen außerhalb seines Gesichtskreises; die untern Stände sind nur in Nebenperfonen vertreten, die der Haupthandlung zur Folie dienen. Er hat nur mit den herrschenden und genießenden, nicht mit den arbeitenden und leidenden Klassen zu thun. Man kann nicht einwenden, dieß charakterisire die ganze englische Bühne jener Zeit und nicht Shakespeare allein; denn jene Bühne kannte das bürgerliche Drama wohl und Shakespeares Rivalen bildeten es mit Vorliebe und in Opposition gegen seine Richtung aus.

Shakespeare zeichnet immer nur den Conflikt der Neigungen und Leidenschaften unter sich selbst oder mit Pflicht und Gewissen. Die tieferen sittlichen Conflikte, die Widersprüche des Gewissens mit sich selber, die Collisionen von Pflicht und Pflicht sind zwar hier und dort berührt, aber nicht in hervortretender und selbstständiger Weise behandelt und durchgeführt.

Seine Personen sind fast alle von beschränkten Zielen lebhaft erregt; sie wissen, was sie wollen, aber sie gehen den Forderungen einer edleren oder gemeineren Natur mit einer kurzsichtigen Hast, ohne freien Ueberblick, ohne zur vollen Besinnung zu kommen, nach; sie haben eine Fülle von Leben innerhalb eines engen Gesichtskreises; es ist etwas Unruhiges, Vibrirendes, Zuckendes in der Art, wie sie sich beeilen, innerhalb des kleinen Zeitraums, welchen die Scene für sie frei hat, ihre Lage und Eigenthümlichkeit voll und scharf zur Geltung zu bringen.

Unter den Hunderten von Sentenzen, in denen uns der Dichter seine Lebensweisheit predigt, fehlt gerade das wichtigste Arcanum leidlichen Lebensglücks, wie es Schiller in seinen „Idealen" und Goethe in hundert Formen verkündigt, die Lust an einer, wenn auch beschränkten, doch stetigen, geordneten und den Neigungen entsprechenden Thätigkeit. Derselbe Dichter, der die „Macht des Gesanges," wie wenige, selbst an uns offenbart, der von der „Sängerwürde" und dem Glück des auf den Höhen der Menschheit thronenden Dichters die tiefste Erfahrung haben mußte, hat diese sonst bei den Poeten alter und neuer Zeiten so häufigen und fast obligaten Themen nicht behandelt; kaum in den Sonetten, wo der Anlaß doch so nahe lag, spricht Shakespeare von dem inneren Glück, das ihm durch seine Dichtergabe gesichert sey. In den zwei Fällen, wo er einen berufsmäßigen Dichter auftreten läßt, macht er ihn zum Gegenstand des Spottes.

Ebenso bezeichnend ist, daß die Liebe zur Einsamkeit nie als etwas dem geistig strebenden Menschen Natürliches, sondern immer als ein krankhafter Zug, aus welchem auf Verliebtheit oder irgend eine sonstige Störung des normalen Gemüthslebens geschlossen werden müsse, behandelt wird. Den Freuden der Forschung und Erkenntniß hat er nirgends einen Ausdruck gegeben, wenn man nicht etwa Prosperos Vertiefung in phantastische und magische Studien hieher ziehen will.

In Shakespeares Dramen fehlt auch das Element des Rührenden fast ganz; die zartesten und die furchtbarsten Accorde klingen bei ihm an, aber nicht die weichen, die Thränen hervorlockenden; wenigstens wirkt in Scenen solcher

Art immer zugleich noch ein fremdartiger Faktor mit. Wenn der wahnsinnige Lear seine Tochter Cordella erkennt oder die Erdrosselte auf seinen Armen trägt, wenn Hermione, Hero, die todtgeglaubten, wieder unter die Ihrigen treten, so wird die Rührung durch den gräßlichen oder phantastischen Eindruck der Situation und begleitenden Umstände beirrt und abgeschwächt. Die Wirkung des einfach Rührenden kann nicht in dem staunenden und gewaltsam bewegten Gemüthe erzeugt werden.

Wenn schon das bisher Gesagte einen strengen Beweis nicht wohl zuläßt und mehr auf einem allgemeinen, durch einzelne scheinbare Gegenargumente unbeirrten Totaleindruck beruht, von dem eine genaue Rechenschaft nicht zu geben und ein subjektives Element nicht ganz zu trennen ist, so gilt dies noch mehr von der Erklärung, die wir im Folgenden darüber zu geben versuchen, und von den Schlußfolgerungen, die wir daran knüpfen.

Die obigen negativen Merkmale erklären sich zwar zum Theil aus dem Unterschied der Zeitalter, zum Theil aus dem früher entwickelten Umstande, daß Shakespeare vermöge der eigenthümlichen Stellung des Theaters, welchem er angehörte, auf die Geschmacksrichtung einer aristokratischen männlichen Jugend hingewiesen war; damit ist aber bei weitem noch nicht Alles verständlich geworden und es ist noch auf tiefer liegende Ursachen zurückzugeben.

Zu einer vollen Wirkung des Dichters, zumal des dramatischen, gehören, wie wir oben schon einmal in anderem

Zusammenhang angedeutet haben, zwei Grunderfordernisse.
Einmal muß er ein voller und ächter Mensch seyn; d. h.
die Regungen und Triebe, welche die fundamentalen Impulse
alles menschlichen Empfindens, Denkens und Handelns bilden,
wie der Reiz der Sinnenlust, die geschlechtlichen Neigungen,
die Lust am Besitze, das Verlangen nach Macht und Ehre,
das Bedürfniß der Geselligkeit, das Mitgefühl mit Anderer
Freuden und Leiden, das Verlangen nach Wahrheit, die
Forderungen des Gewissens, und was man sonst im Sinn=
lichen und Geistigen zu den Grundtrieben der menschlichen
Gattung zählen mag, müssen auch ihn lebhaft bewegen; die
Affekte, die auf diesen Trieben ruhen, Liebe und Haß, Freude
und Kummer, Zorn, Neid, Furcht, Mitleid, müssen auch
sein Herz durchwühlen; es muß der allgemeine Lebensdrang
in ihm seyn, sein Ich gegen die Außenwelt kräftig zu be=
thätigen, sich diese anzueignen oder dienstbar zu machen. So=
dann aber muß dieser Drang, sich nach Außen Bahn zu brechen,
wieder begleitet, gehemmt und gemildert seyn von einer an=
gebornen Neigung, die sämmtlichen Eindrücke der Außenwelt
nach Innen, in ein waches Traumleben zu übertragen, sie
hier, abgelöst von dem ersten thatsächlichen Anlasse, in
freiem Spiel fort und umzubilden, sie zu ergänzen und ab=
zurunden, bis diese inneren Gebilde zuletzt so klar, reif und
lebensvoll werden, daß sie, von einem feinen Sprachgefühl
begleitet, nach einer äußern Gestaltung in der Form der ge=
hobenen, rhythmischen Rede drängen. Von der Art, wie sich
diese beiden Elemente, der Drang, sein Triebleben handelnd

und genießend nach Außen zu bethätigen, und der Drang, sich sinnend eine Welt innerer Gestalten auszubauen, zu einander verhalten, hängt nun der Grundcharakter der dichterischen Wirkungen vorzugsweise ab.

Bei den meisten Dichtern wird der erste Faktor von dem zweiten entschieden überwogen. Sie sind vorherrschend theoretische Naturen; sie wenden dem, was um sie ist und vorgeht, nur eine flüchtige Aufmerksamkeit zu, und finden es weit bequemer, ihr Triebleben durch ein inneres Spiel der Phantasie zu befriedigen, als kämpfend nach Außen zu bethätigen; sie schöpfen die Stoffe, deren sie bedürfen, lieber aus zweiter Hand und aus Büchern, als aus dem Leben selbst; sie müssen auf einem kleinen Felde eigener äußerer Lebenserfahrung durch vermehrte innere Arbeit reiche und mannigfaltige Früchte zu erzeugen suchen. Ihr äußerer Lebensgang hat daher wenig Bemerkenswerthes und gleicht dem der Gelehrten und Literaten; es handelt sich für sie nur darum, die bürgerliche Existenz zu gewinnen, welche die Grundlage einer bequemen poetischen Thätigkeit werden kann. Ihre Dichtungen können reich an Ideen und tiefen Gedanken und von großer formeller Schönheit seyn; es wird ihnen aber an realistischer Fülle gebrechen. Die Leidenschaften, die sie darstellen, haben sie nicht selbst in eigenen Lebenskämpfen und Wirren erfahren, sondern sie regen sich durch ein inneres Spiel der Imagination dazu auf. Der Darstellung fehlt deßhalb in der Regel der Reiz der frischen Natürlichkeit; sie greift leicht zum Rhetorischen und Pathetischen.

Das Höchste und Glänzendste, was unter diesen Voraussetzungen geleistet werden kann, ist durch die Dichtungen Schillers bezeichnet, wiewohl er nicht als reiner Typus dieser Gattung gelten kann, da auch sein äußerer Lebensgang ein bewegterer, ein Ringen gegen widrige Verhältnisse war, und später der Umgang mit Goethe den Mangel an Realismus etwas ausglich. Im übrigen sind eine große Zahl der deutschen Dichter, wie Klopstock, Wieland, Herder, Jean Paul, Tieck, Novalis, in diese Klasse zu rechnen, als deren wichtigstes Merkmal gelten kann, daß sie uns die Welt vom Studirzimmer aus zeichnet.

Auf der andern Seite stehen nun diejenigen, bei welchen der eigenthümliche Dichtertrieb von dem Drang nach äußerer Bethätigung der Individualität in Genuß und That noch überwogen wird. Ihre Vorzüge und Schattenseiten liegen in der entgegengesetzten Richtung. Da jener innere Trieb, wenn auch zurückgedrängt, doch nicht unterdrückt werden kann, vielmehr in der Stille stetig mitwirkt, so legen sie an die Außenwelt ideelle Maßstäbe an, finden sich unbefriedigt und zehren sich leicht in einem unpraktischen Ringen mit den Täuschungen und Widersprüchen des Lebens auf. Durch ihre Dichtungen webt der frische Hauch eines bewegten Lebens; sie haben realistische Fülle und Wärme, aber man fühlt den pathologischen Antheil durch; es fehlt die Ruhe, die Vollendung der Form; der Dichter steht nicht hoch genug über seinem Stoff; er kann sich ihn nicht in die für eine klare Beleuchtung erforderliche Ferne rücken; es ist, wie wenn der Maler ein Schiff im Sturm zeichnen will, auf dem er selbst steht. Für den bezeichnendsten Vertreter dieser Dichtergattung könnte Lord Byron gelten; von den deutschen Dichtern wollen wir nur Günther, Schubart, Bürger und Lenau nennen.

Die glücklichste Mischung beider Elemente sehen wir in Goethe. Das Leben nach Außen zog ihn in allen Richtungen an; aber er verlor sich nicht darin; seine Dichtergabe war der Faden, an welchem er aus allen Irrgängen wieder den Weg zu sich selber fand. Er hat weit mehr aus dem Leben und durch die Sinne gelernt, als aus den Büchern. Er wirkte auf die, die ihm nahe standen, noch mehr durch seine Persönlichkeit, als durch seine Dichtungen. Für die Gesellschaft wie für die Staatsgeschäfte besaß er die vielseitigsten Talente, aber alle Erfahrung bereicherte und läuterte ihn, statt ihn zu zerstreuen und zu verwirren. Die Frauen übten sein Leben lang die höchste Anziehungskraft über ihn aus, und doch durften sie seine Lebensbahn nicht stören und verwirren; die Ehre, der Beifall seines Volkes lagen ihm am Herzen, und doch machte er sich nie abhängig von den Forderungen des Publikums; für Freundschaft hatte er die größte Empfänglichkeit, und doch durfte ihn kein Verhältniß dauernd beengen. Der Antheil am Regiment hatte einen großen Reiz für ihn, und doch legte er ihn willig nieder, um ausschließlich der Kunst zu leben, sobald für seine höheren Zwecke keine Ausbeute mehr zu gewinnen war; die Lust am Besitz äußerte sich nur in der Liebhaberei des Sammlers von Gegenständen der Kunst und Wissenschaft; er theilt die Gefahren und Strapazen eines unglücklichen Feldzugs, einer langwierigen Belagerung, aber neben der Aufmerksamkeit auf jedes Vorkommniß der Stunde weiß er dabei ungestört seine Studien und Dichterträume fortzuspinnen. Diesem Wechselspiel eines nach Außen und nach Innen gekehrten Lebens mit schließlichem Uebergewicht der Contemplation und Idealität verdanken Goethes Dichtungen den unvergänglichen Reiz, daß sie Angeschautes und Erlebtes aus dem reichsten und vielseitigsten Erfahrungskreis in das reinste Element der Kunst erheben und wahrhaft um die gemeine Deutlichkeit der Dinge den goldnen Duft der Morgenröthe weben.

Kehren wir zu Shakespeare zurück, so kann kein Zweifel seyn, daß er nicht zu den Dichtern des literarischen Stilllebens gehörte, die sich die Welt aus ihren Träumen und Büchern construiren. Man fühlt es bei den ersten Worten, daß er die Leidenschaften, die er darstellt, nicht durch einen künstlichen mentalen Proceß in sich zu erregen brauchte, sondern daß sie wirklich, wenn auch bei ganz andern Anlässen als den dargestellten, seine eigene Brust erschüttert haben. Aber auch zu denen ist er nicht zu stellen, bei welchen die Dichtergabe unter dem Lebensdrang nach Außen leidet oder verkümmert. Der äußere Lebenslauf ist im Ganzen und Großen Shakespeare's dichterischer Entwicklung günstig gewesen und hat ihn vielleicht allein erst zum großen Dichter gemacht. Und doch können wir ihm auch wieder nicht jene harmonische, glückliche Vereinigung beider Elemente beilegen, wie sie Goethe zu Theil geworden. Er war kein so hochbegünstigter

Liebling des Glücks und wohl auch von noch stürmischeren Leidenschaften umgetrieben. Der Erfahrungskreis, in dem er wirkte und sich bildete, war ein weit engerer, aber heftiger bewegt. Das Leben nach Außen ließ ihn nicht zu gleicher Ruhe, nicht so zum schließlichen Sieg des beschaulichen Elements gelangen. Sein Inneres war noch nicht so beschwichtigt, wenn es zum Dichten kam. Die Anfechtungen des Tages, die wechselnden Affekte zittern noch nach.

Es mag nicht überflüssig seyn, das Bekannte und Glaubwürdige aus Shakespeares äußerem Lebensgang an dieser Stelle einzuschalten.

Von einem wohlhabenden und angesehenen Bürger eines englischen Landstädtchens und einer adeligen Mutter abstammend mußte er gleich als Knabe Zeuge von dem allmähligen ökonomischen Ruin und dem sinkenden Ansehen des elterlichen Hauses seyn. Zuerst für eine höhere Bildung bestimmt, wurde er mit zwölf Jahren aus der Schule genommen und mußte für seinen und des Hauses Unterhalt arbeiten. Mit achtzehn Jahren kam er in die Lage, daß er ein acht Jahr älteres Landmädchen heirathen mußte, oder heirathen zu müssen glaubte. Sey es, daß die Stellung und Lage, in die er so gekommen war, ihm überhaupt unerträglich schien, oder daß ihn ein bestimmter Anlaß, insbesondere ein Conflict mit den Behörden forttrieb, mit zweiundzwanzig Jahren verließ er seine Frau und drei Kinder, und ging nach London auf ein Theater, an dem er durch Landsleute eine Ansprache hatte. Es war dies ein Schritt, durch den er nach den damaligen Begriffen die öffentliche Sitte aufs schwerste verletzte, und für Lebenszeit die Acht der bürgerlichen Gesellschaft auf sich zog.

Anfänglich für niedere Dienste und Rollen verwendet, fand er bald, daß er solche Theaterstücke, wie er sie täglich hörte, und wie sie vom Publikum immer wieder neu begehrt wurden, wohl auch selbst zu machen im Stande seyn würde. Die Versuche, die zuerst nur in neuen Redactionen und Nachahmungen bestanden, gelangten in Kurzem zu überraschendem Erfolg. Er erregte den Neid seiner Zunftgenossen und die Aufmerksamkeit und Bewunderung der Theaterfreunde. Unter den letzteren war ein schöner, reicher Jüngling, ein eifriger Liebhaber der Kunst und Mäcen der Musensöhne, der den Genius unseres Dichters erkannte, und ungeachtet der Kluft des Standesunterschieds in ein näheres und dauerndes Verhältniß zu ihm trat. Durch diese Neigung beglückt und durch die wachsende Gunst des Publikums gehoben, stieg er nun rasch empor. Er dichtete und widmete dem jungen Freunde die beiden größeren lyrischen Dichtungen, Venus und Adonis, Tarquin und Lucretia, sowie einer damaligen Sitte gemäß einen Sonettenkranz, wodurch sein Name und Ruf zuerst und allein auch in solche Kreise drangen, die sich dem Theaterwesen fern hielten. Auf der Bühne aber folgte nun rasch eine Reihe seiner gefeiertsten Dramen.

An seiner bürgerlichen und gesellschaftlichen Stellung änderte sich durch den steigenden Dichterruf und das nähere Verhältniß zu dem Grafen Southampton und einigen andern vornehmen Theaterfreunden wenig oder nichts. Er blieb auf die Kreise des Theaters, auf die in denselben herkömmliche Lebensweise beschränkt. Ohne Frauenliebe konnte er nicht leben, aber sein Beruf wie seine Stellung als flüchtiger Gatte und Vater verschloßen ihm den Zutritt in achtbare Familien. Dagegen gestaltete sich seine ökonomische Lage sehr günstig; durch die Unterstützung seines hohen Freundes und Gönners wurde er in Stand gesetzt, bei zwei Theatern in die Stellung eines Miteigenthümers und Direktionsmitglieds einzutreten, und da diese Theater sehr gute Geschäfte machten, gelangte er hiedurch zu einem bedeutenden Einkommen. Er besaß wirthschaftliches Talent, unterhielt die Seinigen, unterstützte die Eltern, und legte daneben von Jahr zu Jahr seine Ersparnisse in Häusern, Gütern, Zehnten und Grundrenten an.

Im Lauf der Zeit, etwa gegen das vierzigste Lebensjahr des Dichters hin, traten allmählig innere und äußere Veränderungen in seinen Verhältnissen ein. Ohne daß ein Wechsel in den gegenseitigen Gesinnungen anzunehmen wäre, verloren die Beziehungen zu dem Grafen Southampton an praktischer Bedeutung, da dieser in seine abenteuerliche politische Laufbahn eingetreten, verheirathet, mehrere Jahre im Gefängniß und vielfach von London abwesend war. Auch die andern vornehmen Freunde und Gönner Shakespeares entwuchsen allmählig den Beziehungen zum Theater, und es läßt sich denken, daß der selbst älter und reifer gewordene Dichter zu dem jungen Nachwuchs nicht mehr in die alten Verhältnisse einer belebenden gegenseitigen Einwirkung kam. Sodann aber trat das Theaterwesen überhaupt etwas mehr in den Hintergrund, als unter König Jakob die in Elisabeths letzten Zeiten noch latente politische und kirchliche Gährung offener zu Tag trat, und die puritanischen Anschauungen und Reformideen immer mehr Boden fanden. Das Theater wurde noch mehr als schon vorher der herrschenden Zeit- und Volksströmung entfremdet.

Ueberdieß machten sich auf der Bühne selbst, die stets Veränderung will und sich auch von dem mächtigsten Geist nicht auf die Dauer beherrschen läßt, neue Richtungen geltend. Jüngere Talente, wie Jonson, Beaumont, Fletcher, schlugen neue Wege ein und gewannen die Gunst des Publikums; insbesondere gefiel die Schilderung der Zeitsitten, des damaligen gesellschaftlichen Lebens, während Shakespeare darin fremd war und seinen Blick auf das allgemein Menschliche richtete. Auch besaßen diese Rivalen die altklassische Bildung, die Shakespeare fehlte und damals im höchsten Preise stand. So mochte sich der Dichter allmählig vereinsamter und unbefriedigter fühlen; er dichtete weniger als früher; seine Dramen werden ernster und tiefer; seine Weltanschauung wird trüber und pessimistischer; die Stimmung, aus welcher der Sommernachtstraum, der Kaufmann von Venedig, Was Ihr wollt, die Fallstaffscenen entsprungen sind, war ihm entschwunden. Er suchte vom Theater loszukommen, gab seine Stellung als Schauspieler auf; (der Versuch, ein Amt bei Hof zu erhalten, mißlang;) auch der Plan, den

mütterlichen Adel auf sich übergetragen zu sehen, ging nicht
in Erfüllung. Die früher nur kurzen Besuche in der alten
Heimath, wo seine Frau nach dem frühen Tod des einzigen
Sohnes mit zwei Töchtern lebte, wurden nun von längerer
Dauer. Etwa im 48sten Lebensjahr verließ er London ganz
und lebte mit den Seinigen wieder in Stratford.

Ob diese Rückkehr in die engen Kreise der alten Heimath
nach 25jähriger Entfernung die Ausführung eines längst ge=
hegten Wunsches und stets verfolgten Planes, oder aber
ein Schritt lebensmüder Resignation, ein Verzicht auf die
größeren Hoffnungen und Träume seiner Jugend gewesen
ist, läßt sich nicht mit Bestimmtheit sagen. Das Wahrschein=
lichste ist wohl ein Mittleres zwischen beiden Fällen. Daß
er eine Rückkehr in die Heimath schon früh ins Auge gefaßt
hat, zeigen seine Erwerbungen von Haus und Gütern in
Stratford, die noch in die jüngeren Jahre fallen. Aber er
mochte an dieses Asyl erst für seinen Lebensabend gedacht
haben, nicht schon für die Jahre der höchsten Mannesreife.
Er kehrte früher und lebensmüder zurück, als er gedacht
hatte, vielleicht auch schon mit erschütterter Gesundheit und
den Keim des Todes im Herzen. Wenigstens verstummte
seine Muse in einem Alter, in welchem andere Dichter noch
ihre reifsten und vollendetsten Werke schufen; er starb in
Stratford in seinem 52sten Lebensjahr.

Man sieht leicht auch an diesem dürren Gerippe, wie
viel Stoff zu Romanen und Dramen noch in diesem Lebens=
gang steckt, und für wie verschiedene Auffassungen des innersten

Kerns der Persönlichkeit des Dichters er noch Raum läßt. Für unsern vorliegenden Zweck ist das Wesentliche daran, daß die eigentliche Lebens- und Kunstschule unseres Dichters ganz das Theater gewesen ist. In vielen Beziehungen kann es für den dramatischen Dichter keine bessere Schule geben; so vor Allem in einem Hauptbestandtheil aller Kunst, im Technischen. Ein genialer Dichter konnte bei solcher täglichen und vieljährigen Bühnenerfahrung Schwierigkeiten spielend lösen, in welchen der Dramatiker des Studirzimmers wie der im thätigen Leben sich Bewegende sich fast unfehlbar verstrickt. Er war zum voraus gesichert, nichts Unwirksames, Verfehltes, Unverständliches, Gespreiztes, Langweiliges zu bringen. Er wußte, auf was es ankommt, um den dramatischen Effekt zu erreichen, und was als Nebensache behandelt werden darf, und konnte sich dabei doch noch mit Freiheit und Mannigfaltigkeit bewegen. Aber auch für Menschenkenntniß, für Studium der Leidenschaften und ihres natürlichen Ausdrucks kann es kaum einen fruchtbareren Boden geben. Die Quelle der Bildung war hier für Shakespeare eine dreifache: er lernte an den Schauspielern, an den Dichtern und am Publikum. Unter den Schauspielern war ein Mime ersten Rangs, sein Freund Burbadge; unter den Dichtern, mit denen er wetteiferte, waren mehrere entschiedene Talente; unter den Zuhörern empfängliche, gebildete, ihm persönlich nahe stehende Freunde der Kunst. Zudem ist das Theaterleben selbst ein Microcosmus, eine kleine Welt voll edler und niedriger Leidenschaften, voll Intriguen und Kabalen,

in ununterbrochener haftiger Bewegung. In einer Zeit, wo
der Schritt auf die Bretter noch ein Bruch mit der bürger=
lichen Gesellschaft war, hatte fast jedes einzelne Glied der
Bühne einen etwas abenteuerlichen Lebensgang hinter sich.
In den Kreisen von Künstlern enthüllt sich überhaupt der
individuelle Charakter der Einzelnen weit offener und rück=
sichtsloser. Shakespeare mochte die Grundzüge und Vorbilder
zu vielen seiner dramatischen Charaktere in seiner unmittel=
baren Umgebung gefunden haben. Man unterschätzt so häufig
die Bedeutung solcher Momente und verkennt die Grenzen
menschlicher Leistungen, wenn man bei Shakespeare so gerne
alles nur aus einer riesigen und einzigen Genialität abzu=
leiten versucht.

Allein die Bildungsschule des Theaters hat auch wieder
ihre großen Mängel und Schattenseiten. Gerade weil das
Bühnenleben eine eigene kleine Welt genannt werden kann,
so steht es auch der realen gesellschaftlichen Welt, die denn
doch die Hauptsache auch für den Dichter ist, fremd und ab=
geschlossen gegenüber, und wer nur auf den Brettern, die
die Welt bedeuten, zu Hause ist, wird sich von der Welt,
wie sie ist, leicht sehr mangelhafte Vorstellungen bilden. Um
das recht zu verstehen, muß man die Verhältnisse der Ge=
genwart vergessen, wo Jeder täglich in der Zeitung lesen
kann, was in der ganzen Welt vor sich geht, wo alle Schranken,
die sonst die Stände und geschlossenen Lebenskreise aus ein=
ander hielten, verschwinden und die gesellschaftliche Nivelli=
rung im stetigen Wachsthum ist. Shakespeare stand, wie wir

gesehen haben, außerhalb der bürgerlichen Gesellschaft, seiner Gemeinde, der Kirche, des Staats; der Zutritt in ehrbare und gebildete Familien, der Umgang mit edlen Frauen war ihm versagt; er lernte nur bestimmte Klassen des Volkes als Masse kennen; es wäre denkbar, daß es ihm sein Lebenlang niemals ganz klar vor das Bewußtseyn getreten wäre, was ihn im Grunde von dem Kern der Nation trennte, welche Ideen seine Zeitgenossen eigentlich am tiefsten bewegten, was die damaligen Männer der Zukunft, diese Puritaner, die er nur als scheinheilige Sünder lächerlich zu machen wußte, in Wahrheit wollten. Die wirkliche sociale Welt in ihrer vielseitigen Gliederung und Verkettung trat gar nicht recht an ihn heran. Er kannte die Menschen vortrefflich, wie sie sind, aber nicht, wie sie handeln, oder genauer, er wußte, wie sie gern handeln möchten und handeln würden, wenn die tausendfältigen Gegenwirkungen nicht wären, aber nicht wie sich ihr wirkliches Handeln auf dem Boden der Gesellschaft gestaltet. Daher erklärt sich denn auch, was wir in einem früheren Abschnitte nachzuweisen suchten, das Unmotivirte und die Unsicherheit, wo eine ernste Handlung auf socialem und geschichtlichem Boden steht, und die glänzende Wirkung, wo sein Pegasus, den Blick den Wolken zugekehrt, uns in die reine Phantasiewelt trägt. Vom Theater aus läßt sich oder ließ sich wenigstens damals zwar Menschenkenntniß gewinnen, aber nicht Welterfahrung.

Das Theaterleben gehört wohl an sich für alle seiner organisirten Naturen zu den ungemüthlichsten Berufsarten.

Shakespeare war dabei nach allen Richtungen in Anspruch genommen; er war Eigenthümer, Direktor, Regisseur, Schauspieler, Theaterdichter; er hatte die eingesandten Stücke zu begutachten, die Gesellschaft in ihren zahlreichen Conflikten mit den Behörden zu vertreten; er war wohl in täglicher und stündlicher Berührung mit dieser kleinen Welt von Ränken und Widerwärtigkeiten aller Art. Wenn er nicht praktisches Geschick gehabt und bei der Leitung des Ganzen thätig mitgewirkt hätte, so wäre er schwerlich ein reicher Mann geworden. Wenn es wahr ist, daß Shakespeare es zu einem Jahreseinkommen von 5—600 Pfund Sterling, was nach jetzigem Geldwerth der vier bis fünffachen Summe entsprechen würde, gebracht habe, so wäre er die glänzendste Ausnahme von der Regel, nach welcher die Dichter die Zeit, da die Güter der Erde vertheilt werden, zu verpassen pflegen. Daß er zu ansehnlichem Reichthum gelangte und mehrere Häuser und Grundstücke besaß, gehört jedenfalls zu den sichersten Thatsachen seines sonst so dunkeln Lebensgangs. Wer sich aber nur das genauer vergegenwärtigt, der wird nicht im Zweifel seyn, daß ihm ein solcher Goldregen nicht ohne sein Zuthun in den Schooß fallen konnte. Von den Dichterhonoraren und dem Schauspielergehalt hätte er kaum leben können, wie denn auch die gefeierten unter seinen Collegen meist das gemeine Loos der Musensöhne theilten. Wir haben uns aller Wahrscheinlichkeit nach in Shakespeare neben dem Dichter noch den thätigen und gewandten Geschäftsmann in Theatersachen zu denken; und das ist nicht etwa ein gleichgültiger und zufälliger Umstand.

Muse und Muße sind nicht umsonst verwandte Laute. Die dichterische Production erfordert die Feierstunden des Lebens. Jeder Beruf, selbst, wie uns Hans Sachs belehrt, das Schusterhandwerk ist mit poetischer Thätigkeit vereinbar; es werden dann abwechselnd verschiedene Register des Geistes aufgezogen und dieses zeitweise Ruhen der höheren Funktionen ist sogar psychologisch als der gesunde und normale Zustand anzusehen. Schwieriger ist es, wenn dieser praktische Nebenberuf selbst artistischer Art ist, wenn er dieselben Geisteskräfte, die beim dichterischen Schaffen in Thätigkeit sind, täglich wenigstens mit in Anspruch nimmt. Der Architekt, der Maler und Bildhauer haben den Vortheil, daß der schöpferische Akt in der Composition culminirt, die Ausführung im Einzelnen aber auch einem heilsamen Mechanismus einigen Raum läßt und der Phantasie ihre Schlummerstunden gönnt. Bei dem Dichter, dessen Material der geistige Laut in seiner unabsehbaren Fülle und Mannigfaltigkeit ist, ist die Ausführung nicht ein Ausruhen, sondern eine Steigerung und Vertiefung der schöpferischen Kräfte. Die Poesie duldet keinerlei handwerksmäßige Beigabe und fordert auch für die kleinste Leistung einen Akt der Zeugung und die reinste Freiheit des Geistes. Der Dichter nun, der Tag für Tag seine Phantasie und die höchsten Kräfte seines Intellekts als Schauspieler, mit Beurtheilung und Correctur dramatischer Werke, als Regisseur und Theaterdirigent mit in Bewegung zu setzen hat, wird bei mäßiger Begabung hieran zu Grunde gehen oder zu einem handwerksmäßigen Betrieb seiner

Kunst geführt werden. Bei hohem Talente dagegen wird er zu einer Virtuosität des dichterischen Ausdrucks, zu einer Routine der dramatischen Technik gelangen können, der gegenüber alle andern Leistungen fast wie Dilettantenarbeiten erscheinen, und dennoch wird auch er bei dem Maße menschlicher Kräfte nicht im Stande seyn, die psychologische Unnatur einer solchen Forderung ganz und auf die Dauer zu überwinden. Er wird, wie der Theaterdirektor des Faust'schen Prologs, „die Poesie commandiren" müssen. Es werden ihm die Stunden einer wahren und freien Muße, die geweihten Augenblicke reinster Weltbetrachtung fehlen oder beschränkt und verkümmert werden; seine Phantasie wird sich an der nöthigen Schlummerzeit abbrechen und diesen Ausfall durch verstärkte Reize ersetzen müssen. Der freie, harmlose Blick in Welt und Leben hinaus wird ihm erschwert seyn; die Rücksicht auf den Effekt der Bühne wird ihn selbst wider Wissen und Willen begleiten. Der castalische Quell gehört zu den intermittirenden Wassern. Die stetige Anstrengung von Kräften, die wir nur als einen zarten Blüthenduft des Menschengeistes, als eine flüchtige Himmelsgabe betrachten dürfen, wird allmählig auch an dem gesundesten Naturell und Gemüth in der Stille zehren und durch Ueberreizung die Wirkung der schönsten Anlagen untergraben. Ist es ein Trugbild oder eine richtige Empfindung, wenn wir den Eindruck nicht abwehren können, als ob eben dieß Shakespeares Fall gewesen wäre, als ob auf die höchsten Werke seiner Muse wie auf deren Schwächen und Kehrseiten jener pragmatisch-psychologische Zusammenhang ein neues Licht werfen könnte, ja selbst das Innerste seines Gemüthslebens und die zeitliche Entwicklung seiner ganzen Lebensstimmung daraus verständlicher würde? Man braucht ja nur eine einzige Zeile des Dichters zu lesen, um ein höchst sensibles und nervöses Naturell herauszufühlen; mußte da nicht das Theaterleben, in das er seine ganze Existenz verflochten sah, etwas Agitirendes und den frischen Lebensmuth langsam Aufzehrendes für ihn haben?

Ja nach unserer Ansicht mag es gerade damit auch zusammenhängen, daß Shakespeare nur Dramatiker, nicht zugleich auch großer Lyriker war. Das Talent dazu konnte ihm unmöglich fehlen, wie schon die Sonette und lyrischen Einlagen der Dramen zeigen; es fehlten aber die äußeren Bedingungen, die beschauliche Muße, die belebende Anregung von Außen. Da Shakespeare im Anfang seiner literarischen Laufbahn sich durch seine beiden größeren lyrisch=epischen Dichtungen und die Sonette einen ansehnlichen Dichterruf in weitern Kreisen verschafft hatte, so kann man sich wundern, daß er diesen Weg, sich zu einem allgemein gefeierten Dichter seiner Nation zu erheben, später gar nicht weiter verfolgte. Die Einwendung, daß Shakespeare nun eben einmal für das Drama die größere Begabung und Vorliebe gehabt habe, scheint uns nicht zutreffend oder entscheidend. In Romeo, dem Kaufmann von Venedig, im Sommernachtstraum ist gerade das Schönste lyrischer Natur. Neben der Darstellung von Charakteren und Leidenschaften ist doch auch das Zarte, Weiche, Phantastische, die sinnige Natur= und Weltbetrachtung, die Zeichnung flüchtiger Stimmungen des Gemüths, was

Alles in der Lyrik zum vollsten Ausdruck kommen kann, eine Hauptstärke unseres Dichters. Es will uns scheinen, Shakespeare habe die innere und äußere Ruhe nicht mehr finden können, die zur Lyrik und zum Epos erforderlich ist, und die seine erste Jugend ihm noch bot. Es sollte ihm nicht mehr so wohl ums Herz, so frei im Gemüthe werden.

Das Theaterwesen nahm ihn ganz in Beschlag und zehrte auch noch in anderem Sinne langsam an seinen Kräften und seinem Gemüth. Das Vorurtheil, die Verfolgungen, die Verachtung, mit welcher die bürgerliche Gesellschaft seinen Beruf, die Institute, in denen er seine ganze Stellung gefunden hatte, belegte, lasteten wie ein schwerer Druck auf ihm.

Es war keine Spur von Phlegma und wenig Sanguinisches in ihm; dagegen scheint er reizbar, sorglich, ja zur Melancholie, zum Pessimismus geneigt gewesen zu seyn. Die sonnige Heiterkeit seiner Lustspiele würde dem durchaus nicht widersprechen; das Talent der Komik findet sich sogar häufiger bei ernsteren und sorglichen Naturen, indem die Elemente, die sich bei Andern zu einem mittleren Niveau ausgleichen, hier in zwei Pole auseinander treten. Es mochte ihm auch am Herzen liegen, sich so bald als möglich unabhängig zu machen, die Zukunft der Seinigen, seiner geliebten Tochter Susanne sicher zu stellen, und so gönnte er sich oder fand er die Ruhe und Stille nicht, die zu freien Studien, zu leichten Spielen des Geistes, zu selbstvergessener Weltbetrachtung gehört.

Seine dramatischen Charaktere haben daher, wenigstens nach unserem subjektiven Gefühl, fast alle, und namentlich auch die aus der späteren Zeit, einen übernormalen Pulsschlag, der nicht selten an die Grenze des Fieberhaften geht und der uns auf einen individuellen Grund hinzuweisen scheint.

Sein Glücksstern kann wohl im Ganzen ein günstiger genannt werden, sofern er ihn in eine Lebensbahn warf, die seinen Dichtergenius zur vollen Entfaltung brachte; doch litt der Dichter sein Lebenlang unter dem Vorurtheil seiner Zeit gegen die dramatische Kunst, unter dem Gegensatz der damaligen Strömung der Geister gegen seine freieren, auf Humanität gerichteten Bestrebungen, unter der unvermeidlichen Agitation und Zehrkraft eines theatralischen Berufs; und wenn ihm in den Jahren, nachdem er durch eigene Kraft zum Höhepunkt seiner Kunst vorgedrungen war, die Gunst eines Fürsten, die Theilnahme der Nation eine freie und geachtete Stellung in der bürgerlichen Gesellschaft, eine wahre und volle Muße hätte verschaffen können, so hätte sich seine wunderbare Begabung doch vielleicht zu noch reineren und vollendeteren Schöpfungen erhoben.

XI.

Shakespeares Lebensansichten.

Ueber Shakespeares sittliche Principien, seine religiöse und philosophische Richtung, seinen politischen Standpunkt gehen bekanntlich die Meinungen der Kritiker und Literar-

Historiker ebenfalls weit auseinander. Da unser Dichter zu den unbestrittenen Autoritäten gehört, die Jeder gern auf seiner Seite hat, und denen gegenüber die Motive des Neides und der Eifersucht gänzlich wegfallen, da die zahlreichen und vielseitigen Werke in ihren verschiedenen Stellen und Theilen Anhaltspunkte für alle möglichen Auffassungen bieten, so geht es den Auslegern ganz, wie den Theologen mit der Bibel: Jeder findet leicht das, was er sucht. Wenn man aber mit unbefangenem, philologischem Sinn an die Sache geht, wenn man gleichgültig dagegen ist, ob das schließliche Resultat der großen Meinung von dem Dichter zum Vortheil oder Nachtheil gereichen, ob es unseren eigenen Anschauungen entsprechen mag oder nicht, so sind die Schwierigkeiten gerade bei den obigen Fragen kleiner, als bei den ästhetischen und historischen.

Gervinus geht in seiner dithyrambischen Schlußabhandlung so weit, Shakespeare einen sittlichen Führer der Menschheit, den wählenswürdigsten für Welt und Leben zu nennen. Ein solches Urtheil müßte schon zum voraus aus dem Grunde abgelehnt werden, weil uns zu einem sittlichen Führer überhaupt nur derjenige dienen könnte, dessen eigener Charakter und Lebensgang uns näher bekannt ist und als ein vorbildlicher erscheint, während der bloße schriftliche Nachlaß mit noch so trefflichen Lehren und Sentenzen dazu niemals ausreichen würde. Shakespeares Persönlichkeit ist uns nun aber für solchen Zweck viel zu dunkel und unbekannt. Was wir von seinem Lebenswege wissen, berechtigt zwar nicht zu nachtheiligen Schlüssen auf seinen sittlichen Charakter, aber es hätte doch etwas sehr Seltsames, jenen Lebensgang, wie wir ihn oben in seinen Grundzügen, und noch ohne die zahlreichen Anekdoten über ihn, kurz gezeichnet haben, einen vorbildlichen zu nennen. Die Menschheit wird überhaupt nicht geneigt seyn, ihre sittlichen Führer auf den Brettern der Bühne zu suchen.

Im Uebrigen bedarf es nach unserem Dafürhalten für die sittliche Gesundheit und Tüchtigkeit Shakespeares gar keiner umständlichen Beweise. Aechter Dichterberuf ist für sich selbst schon ein sittlicher Adelsbrief. Niemand glaube, daß bloße Eigenschaften des Intellekts, daß eine lebendige Phantasie und ein feines Sprachgefühl schon den Dichter machen können. Es gehört dazu noch eine sinnige Aufmerksamkeit auf die inneren Vorgänge des eigenen Gemüths, ein Drang nach Wahrheit, ein liebevoller Blick in die Welt, ein von Selbstsucht freies Interesse für fremde Individualitäten, ein Bedürfniß, die einzelne Erscheinung in das Ganze des Weltzusammenhangs einzurücken — Eigenschaften, die zwar wohl mit einzelnen sittlichen Schwächen verschiedener Art, mit heftigen Leidenschaften, mit schweren Verirrungen vereinbar sind, die aber niemals vereinbar seyn werden mit niedriger Gesinnung, mit grobem Eigennutz, mit Bosheit des Herzens, mit Unlauterkeit des Charakters. Der Schluß vom ächten Dichter auf den edeln Menschen scheint uns unanfechtbar, und wir wüßten kein Beispiel, das dagegen spräche.

Dieser allgemeine Beweis scheint uns weit zuverlässiger als die meisten Einzelbeweise aus bestimmten Stellen und Sentenzen. Und auch das große Hauptargument von Gervinus, Shakespeares Glaube an eine sittliche Weltordnung, seine poetische Gerechtigkeit, wornach im Ausgang der dramatischen Handlung stets die durch Frevel gestörte sittliche Ordnung wieder hergestellt wird und nur das Gute Recht und Bestand behält, können wir keineswegs so hoch anschlagen; schon darum nicht, weil hierin überhaupt gar keine unterscheidende Eigenschaft Shakespeares liegt und im Wesentlichen von allen dramatischen Dichtern das Gleiche gesagt werden könnte. Es ist dieß eine Art von Spielregel für dieselben; ja man könnte, wenigstens für Shakespeares Zeit, sagen, es gehörte zu den staatspolizeilichen Voraussetzungen, unter denen die öffentlichen Theater überhaupt noch geduldet wurden. Diese beriefen sich auch gerne darauf gegenüber von den Vorwürfen der Immoralität, die ihnen gemacht wurden; wenn sie sich aber unterstanden hätten, in ihren Stücken das Laster schließlich triumphiren und die Tugend zu Schanden werden zu lassen, so hätte ihnen das schwere Verantwortung zugezogen.

So wenig daher von der Handhabung der poetischen Gerechtigkeit auf den sittlichen Charakter des Dichters geschlossen werden darf, so wenig würden wir umgekehrt schon ein moralisches Verdikt gerechtfertigt finden, wenn einmal ein Dichter von pessimistischer Weltanschauung den äußern Schein, die Gewalt, die Thorheit als das in der menschlichen

Gesellschaft schließlich Bestand Behaltende darstellen würde.
Das Wesentliche ist doch nur, daß der sittliche Unterschied
in den menschlichen Handlungen, der Primat des Gewissens
in Geltung bleibe, nicht daß der Erfolg im äußeren Weltlauf dem sittlichen Verhalten proportional sey. Das Letztere
ist weniger eine ethische als eine metaphysische Frage, an
deren Lösung vom Verfasser des Buches Hiob an sich Viele
vergeblich abgemüht haben, die aber freilich der Historiker
und Staatsmann aus Nützlichkeitsgründen gerne bejaht sieht,
wie es denn Gervinus als einen „seltsamen Fehlgriff" von
Schiller bezeichnet, daß er dem Schönen der Erde das Loos
der Vernichtung zutheile.

Ueberdieß hält sich Shakespeare selbst gar nicht einmal
so an jene Forderungen der poetischen Gerechtigkeit, wie uns
Gervinus glauben macht. Cordelia wird im Gefängniß auf-
gehängt, Desdemona von ihrem Gatten im Bett erwürgt,
Ophelia fällt in Wahnsinn und ertränkt sich selbst. Was
läßt sich da von Gerechtigkeit reden? Freilich, unsere Aesthe-
tiker von der Schule, um es nicht auf den Dichter kommen
zu lassen, daß er Unschuldige leiden lasse, was gegen ihre
Theorie verstieße, wissen überall noch eine tragische Ver-
schuldung aufzuspüren. Cordelia hätte dem alten Vater,
dessen Naturell sie kennen mußte, wohl mit ein paar freund-
lichen und warmen Worten entgegen kommen können; Desdemona hat überhaupt eine gewagte Neigungsheirath gegen
den väterlichen Willen durchgesetzt und hätte ihren Mann und
seine Umgebung besser kennen und studiren sollen; Ophelia

soll nicht reines Herzens gewesen seyn. Diese Argumente sind schon darum nichtig, weil die Gerechtigkeit nicht bloß fordert, daß dem verhängten Uebel überhaupt irgend eine Schuld, sondern daß ihm ein entsprechendes Maß von Schuld vorausgehe.

Aber ebenso oft als die Unschuldigen leiden, kommen die Schuldigen mit glimpflicher Strafe durch. Macbeth und Richard fallen den Besten gleich als Helden in der Schlacht; der Schurke Edmund stirbt sogar einen schönen Tod, in glücklicher Erinnerung an die genossene Liebe; der widrige Angelo kommt mit der Auflage davon, eine verlassene Geliebte zu heirathen. Die beiden Veroneser, Wie es Euch gefällt, Ende gut Alles gut, Der Widerspenstigen Zähmung und Maß für Maß enden mit oberflächlichen Versöhnungen und wurmstichigen Ehen. Nur bei Jago findet der criminalistische Standpunkt seine volle Rechnung und auch bei dem guten Ritter Sir John erläßt es uns der Dichter nicht, uns eine noch tiefere Gesunkenheit und ein jämmerliches Ende zu zeigen. Der Cyclus der Historien von Richard II. bis Richard III. stellt uns die Verkettung von Schuld und Schicksal in großartigen, weltgeschichtlichen Bildern vor Augen, wenn auch die Regel häufig, z. B. bei Gloster und den Söhnen Eduards, auch wieder nicht zutrifft. In Heinrich VIII. tritt der sittliche Gesichtspunkt einer Nemesis in dem Schicksal des Königs und der Königin mehr, als unser Gefühl erwarten würde, zurück. Dieß Stück scheint uns sogar in directem Widerspruch mit der von Gervinus betonten Regel zu stehen.

Im Ganzen geht es bei Shakespeare in diesen Dingen ab und zu, wie auf der Weltbühne selbst. Ja er spricht geradezu in der Form allgemeiner Sentenzen das einemal den Glauben an eine sittliche Weltordnung und an ein höheres Walten über dem Menschengeschick, das anderemal das gerade Gegentheil hievon aus: das erste, z. B. wenn es in Macbeth heißt:

> All den Inhalt
> Des Bechers, welchen wir vergiftet, setzt
> Die unparteiische Gerechtigkeit
> An unsre eignen Lippen.

oder im Hamlet:

> In den verderbten Strömen dieser Welt
> Kann die vergoldete Hand der Missethat
> Das Recht wegstoßen, und ein schnöder Preis
> Erkauft oft das Gesetz. Nicht so dort oben.
> Da gilt kein Kunstgriff, da erscheint die Handlung
> In ihrem wahren Licht, und wir sind selbst
> Genöthigt, unsern Fehlern in die Zähne
> Ein Zeugniß abzulegen.

oder im Wintermährchen:

> Himmelsmächte schauen herab auf der Menschen Thun.

Das zweite dagegen in ebenso bestimmter Weise, wenn er in „Maß für Maß" sagt:

> Der steigt durch Schuld und jener fällt durch Tugend,
> Der kommt von schwerer Sünde leicht hinweg;
> Der andre büßet schwer die leichte Schuld.

oder im Romeo:

> Ein Schicksal waltet über Aller Haupt,
> Trifft Schuld'ge bald und bald Unschuldige.

oder im Lear:

> Wir sind den Göttern, was den Knaben Fliegen:
> Sie tödten uns zum Spaß.

Alles das sagt nicht der Dichter unmittelbar, sondern er legt es bestimmten Charakteren in bestimmten Situationen in den Mund. Was seine eigene wahre Meinung war, wer will es sagen? Der Weltlauf bot ihm bald die eine, bald die andere Seite entgegen. Wir würden daher seine Behandlungsweise lieber als ein Argument für einen unbefangenen Blick in das Wettleben als mit Gervinus für seinen Glauben an eine sittliche Weltordnung gelten lassen.

Mehr Anstoß würden wir an den nicht ganz seltenen Fällen einer lahmen Besserung, einer plötzlichen sittlichen Umkehr nehmen, wie sie namentlich in einigen der genannten Lustspiele vorkommen. Aber auch jene berühmte Sinnesänderung des zum König gewordenen Prinzen Heinz scheint uns nicht klar und tief genug motivirt, und wir können dem Bilde des Heldenkönigs gerade von der psychologisch-sittlichen Seite die Bewunderung nicht zuwenden, die Gervinus in so unbegrenztem Maße dafür in Anspruch nimmt. Der Prinz ist in dem König kaum wieder zu erkennen; und es liegt die aller Erfahrung widersprechende Voraussetzung zu

Grund, daß Jemand, der in eine neue, freiere und günstigere
Lage versetzt wird, durch bloße Vorsätze ein anderer Mensch
werden könne. Wie soll insbesondere die Thronbesteigung
den von glühendem Ehrgeiz verzehrten, in wildem Treiben,
an mitunter sehr schalen Späßen Jahre lang sich ergötzenden
Prinzen in einen christlichen Heldenkönig voll Demuth, Milde
und Weisheit verwandeln können? War er damit schon selbst
ein anderer geworden, wenn er die eigenen Sünden gemäß
der lex regia an Dienern und Freunden, die er nun als
seine Verführer hinstellt, gestraft hatte? Und wie kommt er
auf einmal zu den vielen gottseligen Reden, da er doch im
Hause der Frau Hurtig so ganz andere Sprüche gelernt hatte?
Es fehlt hier nach unserem Gefühl an psychologischem Zu=
sammenhang, an der ethischen Motivirung. Es mochte dieß
freilich hier nicht der Zweck des Dichters seyn. Vielleicht
wollte er, wie wir oben vermutheten, nachdem er seinen
jungen vornehmen Freunden in dem geselligen Kreise des
Prinzen ein Conterfei ihres eigenen Jugendtreibens vor Augen
gestellt hatte, ihnen nun auch noch ein ideales Bild von dem,
was aus einem edlen Jüngling trotz solchen wilden Ge=
bahrens noch werden könne und solle, vorführen. Das Bild
des Königs hat jedenfalls etwas Ideales, von der sonstigen
Charakteristik des Dichters Abweichendes, hinter ihr Zurück=
bleibendes; es scheint in usum Delphini mit sittlich=patrio=
tischer Tendenz gezeichnet. Daß der Dichter darin seine eigene
Umkehr aus einem unordentlichen Jugendtreiben zur männ=
lichen Reife und Gediegenheit habe darstellen wollen, scheint

uns keine glückliche Vermuthung von Gervinus, wenn er auch den Stoff und Gehalt immerhin in irgend einer Weise aus der eigenen inneren Erfahrung hat schöpfen müssen.

Wenn man eines der Bücher in die Hand nimmt, in welchen von Kreyssig, Marggraf, Ahne und Andern unter verschiedenen Titeln und Gesichtspunkten die in allen Dramen Shalespeares überaus reichen Sentenzen zusammengestellt sind, und wenn man dabei von der metrischen und poetischen Form absieht, so wird man sich von der auffallenden Aehnlichkeit überrascht finden, die eine solche Anthologie mit einer Sammlung der Volksweisheit in Sprichwörtern hat. Der Ausdruck ist bei Shalespeare in der Regel glänzender, reicher, kühner, aber der Gedankengehalt ist sehr ähnlich und auch die Bilder und Tropen haben gleiches Gepräge. Und doch sieht man deutlich, es lagen dem Dichter nicht schon fertige Sprüche im Sinne, zu denen er nur eine Variante zu machen hatte, sondern er wird unabhängig durch seine Welt= und Menschen= beobachtung auf die gleichen Wahrnehmungen geführt und gibt ihnen einen selbstständigen Ausdruck. Manche treffen mit bereits bekannten Sprüchwörtern im Sinn zusammen, andere haben ganz das Gepräge derselben, wiewohl Bild und Form dabei neu zu seyn scheint. (Z. B. Es wächst die Erdbeer' unter Nesseln auf. Nicht bellt der Fuchs, wenn er das Lamm beschleicht. Wenn sie nur schenkt, wird jede Hand verehrt. Laß nicht den Hund los, eh' die Jagd beginnt ꝛc.)

Man versuche das Gleiche etwa mit einer Sentenzen= sammlung aus Schiller und Goethe, und man wird diese

Bemerkung nur selten und ausnahmsweise machen können;
ihre Sentenzen bewegen sich in andern Regionen, die Goetheschen beruhen überdieß vielfach auf einer eigenthümlichen
Grundanschauung, die der Volksweisheit fremd ist. Bei
Shakespeare dagegen bemerken wir ein interessantes Verhältniß der Congenialität zum Volksgeist, und zwar nicht
gerade zu einem bestimmten, sondern zur Volksweisheit im
Ganzen. Was diese im Lauf von Generationen und Jahrhunderten allmählig ansammelt, indem gewisse Wahrnehmungen und Reflexionen, die sich im Welt= und Menschenleben wiederholt aufdrängen, durch begabte Individuen bald
hier bald da einen geistvollen und schlagenden Ausdruck in
einfachen und treffenden Bildern finden, der dann durch die
Tradition der Sprache zum Gemeingut Aller wird, das
bemerkte Shakespeare bei seiner Beobachtung der menschlichen
Dinge für sich allein und wußte es in gehobenerem Styl in
gleich glückliche Formen auszuprägen. Daher zeigt auch der
Inhalt so große Aehnlichkeit. Denn wie die Spruchweisheit
am liebsten in den allgemeinsten und, wiewohl ältesten, doch
immer neuen Erfahrungssätzen sich bewegt, so sind auch bei
Shakespeare solche Betrachtungen über die Wandelbarkeit
alles Menschenglücks, über die Hohlheit und Nichtigkeit des
gewöhnlichen menschlichen Treibens, über die Herrschaft des
äußeren Scheins der Dinge, die Mahnungen zu Mäßigung
der Leidenschaften, zu Besonnenheit, Wahrhaftigkeit ein immer
wiederkehrendes Thema seiner Sentenzen. Ein ihm durch persönliche Lebenserfahrung, durch die herrschenden Vorurtheile

gegen seinen Beruf und gegen die Kreise, in denen er sich
bewegte, nahegelegtes Thema ist der Spott und die Klage
über Heuchelei und Gleisnerei, über die falschen Maßstäbe in der Schätzung der Menschen und Dinge, daß
der „übergoldete Staub höher geachtet werde als das be-
staubte Gold." Neue, durch besondere Tiefe und Originalität
überraschende Gedanken wird man bei Shakespeare in solchen
Sentenzensammlungen verhältnißmäßig wenige treffen, aber
auch das Alte und Bekannte findet einen so ursprünglichen
und schlagenden Ausdruck, daß man den Eindruck hat, wie
wenn es vorher noch Niemand gesagt hätte.

Die Aehnlichkeit geht jedoch noch weiter. Niemand wird
leicht eine Sammlung von Sprüchwörtern als Führer durch
Welt und Leben brauchen können. Denn daß die Ermahnungen zu Mäßigung und Besonnenheit nicht sehr viel aus-
richten, sagen uns eben diese Sprüchwörter selbst wieder in
zahlreichen Formen; der übrige Inhalt aber ist so mannigfach,
daß je ein Spruch wieder durch einen andern beschränkt und
aufgehoben wird. Es gibt daher wohl für jeden concreten
Fall im Leben ein Sprüchwort, das die Regel angibt, nach
welcher der Handelnde dabei verfahren solle, aber die Frage
ist gerade die, welcher von den vielen Sätzen, die an sich
Anwendung zulassen, eben dießmal der passende sey, ob ein
Spruch vom frischen Wagniß oder einer von der bedächtigen
Vorsicht, ob der vom Vortheil des Schweigens oder der vom
Reden zur rechten Zeit in Anwendung zu kommen habe.
Man muß schon einen festen Leitstern haben, wenn man sich in

der Spruchweisheit zurecht finden und von ihr Gewinn ziehen
will. In einer ähnlichen Lage dürfte sich derjenige befinden,
der nach Gervinus' Rath Shakespeare zum „Führer durch Welt
und Leben" machen wollte. Wir haben oben an dem Ver=
hältniß von Schuld und Schicksal gezeigt, wie sowohl These als
Antithese bei Shakespeare den stärksten und schönsten Ausdruck
gefunden hat. Solche Beispiele ließen sich aber noch in Menge
aufzählen. Die Situationen und Charaktere sind mannigfaltig,
wie das Leben selbst, und so auch die Maximen, die sich dem
Dichter daraus ergeben. Jener rothe Faden, der durch Ottiliens
Tagebuch geht und dort nicht schwer zu erkennen ist, wer hat
ihn denn in dem bunten und reichen Schatz der Shakespeare=
schen Sentenzen schon aufgefunden? Die Divergenz der Aus=
leger zeigt zum mindesten, daß er sehr schwer zu entdecken seyn
muß. Wir glauben aber sogar, daß er gar nicht vorhanden ist.
Das Leben gab ihm keine so feste und fertige Resultate, daß
Alles in Einem Geist gedacht seyn könnte. Der Dichter er=
reichte schon das Lebensalter nicht, in welchem die Meditation
und das Bedürfniß nach einer einheitlichen Weltanschauung
zum Uebergewicht gelangt. Er erscheint uns in seinem Lebens=
gang als ein vorwärts Schreitender, durch innere und äußere
Kämpfe ruhelos Fortgetriebener; die Werke seiner letzten Jahre
sind sogar nicht, wie man erwarten sollte, klarer und fertiger,
sondern eher dunkler und düsterer als die des ersten Mannes=
alters. Wenn Wilhelm Meister von ihm sagt, man glaube vor
den aufgeschlagenen, ungeheueren Büchern des Schicksals zu
stehen, in denen der Sturmwind des bewegtesten Lebens saust

und sie mit Gewalt rasch hin und wieder blättert, so fühlt man sich gegen diese Vergleichung zu dem trivialen Einwurf versucht, daß sich in einem Buch, dessen Blätter der Wind hin und herwirft, nun eben einmal nicht lesen lasse.

Gleichwohl scheint es uns nicht ganz unmöglich, Stellen zu bezeichnen, in denen die praktische Lebensweisheit des Dichters gleichsam culminirt und einen gewissen Abschluß findet. Sie unterscheiden sich von den andern dadurch, daß sich keine Antithese dazu findet, daß sie weniger Beziehung zu der Situation haben, die sie veranlaßt, daß man an der Wärme und Feierlichkeit des Ausdrucks den Dichter selbst deutlicher als sonst herauszufühlen glaubt. Wir haben besonders Eine Stelle im Auge; sie ist aus Hamlet, in dem wir unverkennbar auch sonst den Dichter unmittelbarer hinter der Maske seines Helden erblicken. Hamlet sagt zu Horatio:

       Hör' mich an.
Seit meine theure Seele Herrin war
Von ihrer Wahl, und Menschen unterschied,
Hat sie dich auserkoren; denn du warst,
Als littst du nichts, indem du Alles littest,
Ein Mann, der Stöß' und Gaben des Geschicks
Mit gleichem Dank genommen; und gesegnet,
Weß Blut und Urtheil sich so gut vermischt,
Daß er zur Pfeife nicht Fortuna dient,
Den Ton zu spielen, den ihr Finger greift.
Gebt mir den Mann, den seine Leidenschaft
Nicht macht zum Sclaven, und ich will ihn hegen
In Herzensgrund, ja in des Herzens Herzen,
Wie ich dich hege. | Schon zu viel hievon!

Man sieht wohl, der Dichter zeichnet damit nicht sich selbst, sondern weit eher das, was ihm fehlt, wonach er ringt, die Stille und ungebrochene Fassung des Gemüths gegenüber von den Wechselfällen menschlichen Schicksals. Dahin gehört auch jener resignirte Spruch, der sich im Lear und Hamlet fast in gleicher Fassung findet:

> Dulden muß der Mensch
> Sein Scheiden aus der Welt wie seine Ankunft.
> Reif seyn — ist Alles.

Es ist die Ataraxia der Weisen des hellenischen Alterthums.

Shakespeare wußte aber wohl schwerlich darum, daß er hiemit in den Fußstapfen griechischer Philosophen ging; denn er hielt wenig auf Philosophie und Philosophen. Wo er von ihnen redet, geschieht es in einer etwas despectirlichen Weise; z. B.

> Noch sah ich niemals einen Philosophen,
> Der mit Geduld das Zahnweh konnt' ertragen,
> Wenn er der Götter Sprache gleich geredet
> Und Schmerz und Zufall wie ein Nichts verlacht.

Und er nennt ganz im Sinn eines bekannten Schillerschen Gedichtes denjenigen einen ächten Naturphilosophen, „der dahinter gekommen ist, daß der Regen die Eigenschaft hat, naß zu machen, und das Feuer die, zu brennen, daß gute Weide fette Schafe macht, und magere dürre, daß die Hauptursache von der Nacht in der Abwesenheit der Sonne

liegt, und auch das noch, daß ein Mensch, der weder von
Natur noch durch Kunst zu Verstand gekommen ist, sich entweder über die Erziehung zu beklagen hat oder von sehr
dummer Abkunft ist." Dazu kommt der bekannte Spruch:

> Viel Dinge gibt's im Himmel und auf Erden,
> Die sich die Schulweisheit nicht träumen läßt.

Er ließ nur praktische Lebensphilosophie gelten, aber
keine Metaphysik. Er machte ehrerbietig Halt vor den My-
sterien, und in seinen Werken findet sich wohl nicht ein
einziges, für ein gläubiges Gemüth verletzendes Wort
darüber; aber er hielt es für unfruchtbar, sich näher damit
zu befassen. Er machte für sich keinen Anspruch darauf, von
transscendenten Dingen Etwas zu wissen, aber er schenkte
auch Andern, die davon zu wissen behaupteten, keinen
Glauben, mochten sie nun ihre Kunde aus natürlichen oder
übernatürlichen Quellen ableiten. Ganz verfehlt erscheint es
uns deßhalb auch, wenn Manche Shakespeare zum Spino-
zisten, zum Dichter des immanenten Weltgeistes machen
wollen. Dieser Standpunkt lag ihm jedenfalls noch ferner
als der entgegengesetzte; es fehlen ihm die wesentlichsten
Merkmale der pantheistischen Weltanschauung. Für diese
müssen die Widersprüche und Uebel der Welt etwas nur
Scheinbares seyn und ihre Ausgleichung bei einer höheren
Betrachtung finden, da sie ja auch nur Bestandtheile eines
göttlichen Alllebens seyn können; Shakespeare aber ließ sie
als reale und unausgeglichene Dinge stehen; seine Auffassung

neigt weit mehr zum Pessimismus als zur Theodicee; die
Quintessenz seiner Lebensweisheit läuft auf eine gute Defen=
sive gegen die Wechselfälle des Weltlaufs hinaus, in dem er
viel mehr des blinden Schicksals Walten, als die Leitung
einer guten und weisen Gottheit oder gar das unmittelbare
Leben des Weltgeistes sieht. Ebenso wesentlich ist dem pan=
theistischen Standpunkte, daß der Unterschied von gut und
böse nur ein relativer ist. Für Shakespeare steht das mon=
archische Recht des Gewissens, die Untrüglichkeit seines
Wahrspruchs und dessen einfach dualistische Grundlage außer
Frage. Das Gewissen ist wahrhaft „die Sonne seines Sitten=
tags;" diese Voraussetzung geht durch alle seine Werke,
und die gewaltigsten seiner dramatischen Wirkungen ruhen
auf ihr.

Man beruft sich dagegen auf eine Stelle im Hamlet,
die beim ersten Anblick allerdings anders klingt: „An sich
ist nichts weder gut noch böse; unser Denken macht es erst
dazu." Man darf sie aber nur im Zusammenhang lesen,
um zu sehen, daß dort gar nicht einmal vom Sittlichen die
Rede ist, sondern von Gut und Uebel. Dänemark mag für
Rosenkranz kein Gefängniß seyn, so ist der Zusammenhang,
für Hamlet ist es eines; denn da kommt Alles darauf an,
wie Jeder die Sache ansieht. Dieser einfachsten Reflexion
wegen, deren Gedanke so alt ist als das menschliche Denken
selber, machen unsere Gelehrten Shakespeare zu einem pro=
funden Philosophen, zum Propheten eines neuen Zeitalters.
Schon die deutsche Uebersetzung der Stelle ist unrichtig; für

bad sollte nicht stehen: böse, sondern: schlimm. Damit fällt allein schon das ganze Argument.

Allein ebenso müssen wir denjenigen widersprechen, die Shakespeare als christlichen und protestantischen Dichter bezeichnen, nicht nur in jenem allgemeinen culturgeschichtlichen Sinn, in dem wir auch Goethe und Schiller dazu rechnen, sondern in dem prägnanteren, daß der Glaube seiner Kirche ein, wenn nicht herrschendes, doch klar hervortretendes und deutlich erkennbares Element seiner Welt- und Lebensanschauung gebildet hätte, und wenigstens annähernd so, wie wir Dante, Tasso, Calderon, Milton, Klopstock christliche, und die einen davon katholische, die andern protestantische Dichter nennen. Diese Auffassung Shakespeares tritt in neuerer Zeit sogar mehr hervor als früher, wie das Buch von Flathe, die Schriften von Schwarzkopf, Gerth, Rio und Andern zeigen. Es möchte eben jede Richtung unsern Dichter zu den Ihrigen rechnen dürfen. Fragt man aber nach den Beweisen, so wird man eben gleich wieder jener leidigen, wir möchten sagen theologischen Manier begegnen, daß eine Anzahl dicta probantia zusammengestellt werden, dabei jede Stelle, ohne Rücksicht auf die Motivirung des unmittelbaren Zusammenhangs, als Zeugniß für des Dichters eigene Meinung genommen wird, und man diejenigen Stellen, die etwa eine abweichende, ja ganz entgegengesetzte Auffassung desselben Gegenstandes enthalten, nicht sieht oder mit Stillschweigen übergeht oder nicht gelten lassen will. Mit diesem Verfahren könnte man ganz leicht den Beweis liefern, daß

z. B. Schiller an die Gottheit Christi, an seine übernatürliche Geburt und seinen stellvertretenden Opfertod geglaubt haben müsse, da er an einer Stelle sagt: „Und geboren wurde der Jungfrau Sohn, Die Gebrechen der Erde zu heilen," und an einer andern: „Die ewige Gerechtigkeit zu sühnen, Starb an dem Kreuze Gottes Sohn." Und aus Goethe ließe sich nach dieser Methode eine ganze Anthologie christlicher Sentenzen zusammenreihen.

Daß Shakespeare, wenn er Stoffe aus der Geschichte des christlichen Mittelalters dramatisch behandelte, seine Personen als Christen darstellt, entspricht ganz der Natur der Sache, und man sollte verständiger Weise weit weniger das charakteristisch für Shakespeare finden, daß Richard II. nach seinem Sturz sich Betrachtungen von religiöser Art und annähernd christlicher Haltung hingibt, daß Heinrich V. in einer Anrede an sein Heer vor der Schlacht, in seinem Verhalten nach errungenem Sieg fromme Gesinnungen an den Tag legt, als daß das religiöse und kirchliche Moment, das doch in jenen Jahrhunderten so außerordentlich bedeutend und hervortretend war, bei Shakespeare im Ganzen doch so wenig und gewiß weniger zu Tage tritt, als jeder moderne Dichter, der den gleichen Stoff zu behandeln hätte, für geboten halten würde. Wer in seinem Shakespeare zu Hause und dabei im Stande ist, die natürlichen Eindrücke ohne vorgefaßte Meinungen in sich aufzunehmen, der wird gerade so wie der Kenner der Goethe'schen und Schiller'schen Dichtungen den untrüglichen Gesammteindruck empfangen, daß er einen

Dichter vor sich hat, der zwar mit der positiven Religion, welcher er angehört und in deren Gesittung seine ganze Bildung wurzelt, die mannigfaltigsten geistigen Berührungspunkte hat, der aber gleichwohl in völliger Unabhängigkeit von ihren Glaubenssätzen mit freiem Blick in Welt und Leben schaut und das Bild, das sich davon in seinem Geiste abspiegelt, ganz unbekümmert um dessen Beziehungen zu den Dogmen in die Formen seiner Kunst einkleidet. Er wird wohl auch bei unserem Dichter oft genug religiösen Gefühlen und Voraussetzungen begegnen, aber mehr nur jenen, in welchen sich tiefere Gemüther bei allen gesitteten Völkern, zu allen Zeiten und von allen Bekenntnissen im Stillen begegnen. Er wird sich kaum irgend einmal unmittelbar daran erinnert finden, daß er gerade mit einem Dichter christlichen Glaubens, und zwar evangelischen Bekenntnisses, beschäftigt ist.

Allein während das Verhältniß des modernen Dichters zu der Kirche, der er angehört, in solchem Fall in der Regel ein nur nominelles und indifferentes ist, verhielt sich das bei Shakespeare noch ganz anders. Seine Kirche verdammte seinen Beruf, verachtete seine Kunst, verfolgte seinen Stand und seine bürgerliche Stellung. Das treibende Element in ihr, das die nächste Zukunft beherrschen sollte, war die puritanische Gesinnung, die Idee einer gesellschaftlichen, kirchlichen und politischen Reform durch radicale, auf die christliche Urzeit zurückgreifende Principien, denen Kunst und Theaterwesen etwas völlig Fremdes waren. Shakespeare stand daher zu seiner Kirche nicht in einem neutralen, sondern in einem polemischen und defensiven Verhältniß. Es geht auch in der That für den aufmerksamen Leser durch alle Dramen Shakespeares eine versteckte Polemik zwar nicht gegen das Religiöse und Christliche an sich, aber gegen die Kirche. Nur muß man sich erinnern, daß ein strenges Verbot bestand, kirchliche Verhältnisse und Fragen auf die Bühne zu bringen, daß mit der Justiz damals in solchen Dingen nicht zu spaßen und daher große Vorsicht und Zurückhaltung geboten war. Den Geistlichen theilt unser Dichter in der Regel unvortheilhafte Rollen zu. Die niederen Geistlichen werden als beschränkt, die höheren als bigott, herrschsüchtig und zweideutig gezeichnet. Ehrn Olearius Textdreher in „Wie es euch gefällt," Nathanael in Verlorne Liebesmühe, Evans in den lustigen Weibern sind komische und possenhafte Figuren. Die verschiedenen Cardinäle und Bischöfe in den englischen Historien, der Priester im Hamlet sind schlimme oder schwache Charaktere. Einen wirklich frommen Sinn theilt der Dichter lieber einem Laien als einem Geistlichen zu. Nur der Bischof von Carlisle in Richard II., der Erzbischof Cranmer in Heinrich VIII. und Pater Lorenzo in Romeo können etwa als würdigere Vertreter ihres Standes gelten; doch tritt der erste wenig hervor, Cranmer ist bei Shakespeare mehr Hof- und Staatsmann als Geistlicher, und bei Lorenzo würde man den christlichen Mönch und Priester kaum erkennen, wenn er sich nicht der Redeformeln: „O heiliger Sanct Franz," und „Bei meinem heiligen Orden" bediente.

Deutlicher und unverhohlener ist die Polemik gegen das

Puritanerthum. Aber Shakespeare ist hierin offenbar und in wohl entschuldbarer Weise Parteimann. Das Berechtigte, Bedeutende und Weltgeschichtliche, welches in dieser energischen Bewegung des Gewissens und consequenten Gedankens gegen die faule und brutale Scheinreformation der Tudors lag, wird von dem Dichter nicht erkannt oder nicht gewürdigt. Er sieht nur die Schattenseiten und Extreme. Es ist, wie wenn Jemand heutzutage kirchliche Gesinnung, Sittenstrenge, Pietismus, Scheinheiligkeit, Muckerthum, Alles in einen Topf wirft. Wer so verfährt, bei dem wird man nicht im Zweifel seyn, daß er von der Sache keine tiefer gehende Erfahrung hat. So ist auch Shakespeare ein Fremdling auf diesem Felde. Sein Lord Angelo in „Maß für Maß" ist eine unnatürliche, nicht mit kundiger und feiner Hand gezeichnete Figur, ein widriger und gemeiner Schurke, durch dessen Bild sich die Puritaner nicht getroffen fühlen konnten.

Die Confession des Dichters mag zwar im Ganzen daran zu erkennen seyn, daß aus dem Schooß der katholischen Bildung in damaliger Zeit ein so freier Geist schwerlich hätte heranwachsen können; im Einzelnen aber wird man kaum an sie erinnert. Die einzige unzweideutige Stelle ist jene Weissagung in Heinrich VIII., bei Elisabeths Geburt, daß in ihren Tagen Gott werde wahrhaft erkannt werden. Auf das Kirchenthum beider Confessionen hielt er wohl gleich wenig, und wenn er das Puritanerthum schärfer und häufiger geißelt, als die römische Hierarchie, so war es nur, weil es ihm näher auf die Sohlen brannte. Die katholische Kirche

legte dem Theaterwesen nichts in den Weg. Bemerkenswerth
ist es immerhin, daß diejenige unter Shakspeares dramatischen
Personen, bei welcher eine ächte Frömmigkeit am entschiedensten
den Grundzug des Charakters bildet, katholisch und eine
Spanierin ist, die Königin Katharine, die Gemahlin Hein=
richs VIII.

Um nun auch noch von Shakespeares politischem Stand=
punkt zu reden, so kann ihn kein Dichter an Gefühl für
Ehre und Größe seiner Nation übertreffen, und die Vater=
landsliebe hat noch nie einen wärmeren und glänzenderen
Ausdruck gefunden, als in jenen berühmten Worten des
alten Gaunt in Richard II.: „Der Königsthron hier, dieß
gekrönte Eiland" u. s. w. Dieser patriotische Sinn geht
durch die ganze Reihe der englischen Dramen und macht
sie zu einem so kostbaren Besitzthum der englischen Nation.
In der Behandlung der Kriege gegen Frankreich geht der
Patriotismus sogar bis zum Prahlen und Bramarbasiren,
wie es in der Natur einer Volksbühne liegt, und man findet
sich an die Darstellung der Napoleonischen Schlachten auf
den Pariser Vorstadttheatern erinnert. Bei Agincourt läßt
der Dichter genau constatiren, daß 10,000 Franken gefallen
sind und nur 29 Engländer. Die Franzosen sind bei ihm
großmaulig und übermüthig vor der Schlacht, die Engländer
in ruhigster Fassung. Der König läßt vor dem Kampf Alle
in seinem Heer, die nicht Lust zu fechten haben, auffordern
heimzugehen und gibt ihnen Reisegeld, obgleich bereits fünf
Franzosen auf Einen Engländer kommen.

Was aber die Fragen des innern Staatslebens angeht, so müssen alle Versuche, Shakespeare als einen über den politischen Parteien auf freier Höhe mit unbefangenem Urtheil Stehenden darzustellen, an unwiderlegbaren Thatsachen scheitern, und Gervinus, der sonst so gern und streng die Dichter nach ihrem politischen Verhalten mißt, führt hier auf eine unbegreifliche Weise zweierlei Maß und Gewicht. Shakespeare hatte in diesen Dingen eine äußerlich gegebene Stellung, deren Consequenzen er sich nur schwer entziehen konnte und jedenfalls nicht entzogen hat. Die zwei Parteien, die sich in der folgenden Generation unter dem Feldgeschrei: Ritter und Rundköpfe, entgegenstanden, waren auch schon in Elisabeths letzter Zeit und unter Jakob in wohl erkennbarer Form vorhanden. Auf der einen Seite standen diejenigen, die mit der politischen und kirchlichen Reform Ernst gemacht haben wollten; dahin gehörten die Mittelklassen, das städtische Bürgerthum, der Kern des Volks. Zur andern Seite, die weitere Reformen ablehnte und die Vorrechte der Krone in Staat und Kirche festhielt, gehörten der Hof und der hohe Adel mit ihrem Anhang.

Unter den Gegenständen des Haders waren zwar viele wichtigere, aber ein jedenfalls auch nicht unbedeutender die Duldung der Schaubühne. Die Rundköpfe wollten sie geschlossen haben; der Gemeinderath von London verfolgt sie Jahrzehnde hindurch mit zäher Hartnäckigkeit, bis endlich ein Parlamentsbeschluß ihre völlige Aufhebung durchsetzt. Der Hof, der Geheimerath der Königin, die Lord Leicester, Cecil

u. A. schützten und hielten die Sache ganz allein, nicht ohne dem Verlangen der Bürgerschaft wiederholt bedeutende Concessionen machen zu müssen. Was konnte unter diesen Verhältnissen der politische Standpunkt eines Mannes seyn, der als Aktionär, Direktor, Schauspieler, Dichter mit dem Theater verwachsen war, dessen Vermögen und Nahrungsstand ganz von demselben abhing? Nun gehörte aber die Shakespearesche Truppe gerade zu den vornehmeren, vom Adel unterstützten und vorzugsweise besuchten; ihre Mitglieder hießen die Schauspieler der Königin und waren wiederholt der allgemeinen Verfolgung nur dadurch, allein oder mit wenigen, entgangen, weil sie sich darauf berufen durften, daß sie den Lustbarkeiten der Königin dienten und in gewissem Sinn ein Anhängsel des Hofstaates bildeten. Am Schluß der Vorstellungen wurde nach der Angabe eines Schriftstellers jener Zeit von den Schauspielern jedesmal knieend ein Gebet für die Königin gesprochen. Es ist nicht zu verwundern, aber auch nicht zu läugnen, daß Shakespeare der strengste Royalist und ein Anhänger der Hof- und Adelspartei vom reinsten Wasser war.

Wie schon oben in anderem Zusammenhang bemerkt worden, war die Geschichte von England für ihn nichts anderes als das Leben und die Schicksale seiner Könige und großen Barone; die magna charta, die Parlamente, das Bürgerthum und die Gemeinden, die ersten Reformbewegungen der Wicleftten, die Volkserhebungen waren für ihn gar nicht vorhanden. Von dem Aufstand des John Cade wird ein verächtliches und possenhaftes Bild gegeben, das durch die damit verbundenen Grausamkeiten einen widrigen Eindruck macht. Auf die einzige, aus dem Bedürfniß einer momentanen Motivirung leicht erklärbare Stelle, in welcher ein Vorzug des adeligen Blutes geläugnet wird, (in „Ende gut Alles gut" die Rede des Königs über Helena) fallen eine Unmasse von solchen, die ganz in jener Voraussetzung wurzeln. Eine wahre Musterstelle dafür ist die Anrede an das Heer vor der Schlacht, die Shakespeare seinem Tugendbild eines Königs, Heinrich V., in den Mund legt:

> Auf, Englische vom Adel!
> Seyd nun ein Vorbild Menschen gröbern Bluts
> Und lehrt sie kriegen! Ihr auch, wackres Landvolk,
> In England groß gewachsen, zeigt uns hier
> Die Kraft genoßner Nahrung, laßt uns schwören,
> Ihr seyd der Pflege werth.

Von jenen englischen Bogenschützen und Musketieren, die allein alle jene Siege auf Frankreichs Boden erfochten haben, ist hier die Rede, wie von Rossen oder Hunden, die nun am entscheidenden Tag zu zeigen haben, daß sie das Futter werth waren, das man ihnen indessen gereicht hat. Noch erstaunlicher ist die andere Stelle in Heinrich V., wo der Herold der Franzosen um die Erlaubniß nachsucht,

> Die Todten zu verzeichnen und begraben,
> Die Edlen vom gemeinen Volk zu sondern.
> Denn, o des Wehs! viel unsrer Prinzen liegen
> Ersäuft und eingeweicht in Söldnerblut!
> So taucht auch unser Pöbel rohe Glieder
> In Prinzenblut.

Man darf hier nicht sagen, das sey nun eben einmal der Standpunkt jener Zeit gewesen. Die jungen Cavaliere, die das Shakespearesche Theater beherrschten, mochten die Sache so angesehen haben, die Rundköpfe, die Mittelklassen gewiß nicht, und die christliche Kirche hat solche Anschauungen jederzeit als der ganzen Grundlage ihrer Weltanschauung zuwiderlaufend bekämpft und verdammt. Der Dichter huldigt hier dem englischen Kastengeist in der naivsten Weise, und man muß unwillkürlich dabei noch an seine eigenen vergeblichen Versuche denken, den mütterlichen Adel auf sich übergetragen zu sehen.

Im Coriolan ist der Gegensatz von Adel und Volk direkt das Thema des ganzen Dramas. Wie schroff und einseitig stellt sich der Dichter hier ganz in das patricische Lager! Die Plebejer, ihre Tribunen an der Spitze, sind sammt und sonders gemeine Schufte. Das Stück schien es förmlich zu fordern, daß auch auf die Gegenseite einiges Licht fiele. Gervinus meint aber in seinem blinden Eifer, es würde der ästhetischen Einheit des Stücks geschadet haben, wenn Shakespeare die Tribunen mehr hervorgehoben hätte. Hier heißt es nun auf einmal: „In dem Maße, in dem der Dichter uns für die Tribunen gefesselt hätte, wäre Coriolan aus all unserem Antheil gesunken," während sonst derselbe Kritiker, und mit Recht, die Kunst unseres Dichters rühmt, einen Reichthum selbstständiger und bedeutender Charaktere, ja selbst mehrere Handlungen in Einem Drama zu verknüpfen, und ihm sogar eine Vorliebe beilegt, seinen

erſten Helden durch den Gegenſatz eines zweiten und dritten
in helleres Licht zu ſtellen. Wohl läßt der Dichter Coriolan
durch das Uebermaß von Heftigkeit und Trotz tragiſch enden,
in der Hauptſache aber ſtellt er ſich ganz auf ſeine Seite.
Aus Julius Cäſar läßt ſich kein Argument gegen dieſe Auf=
faſſung ſchöpfen, denn auch dort iſt das Volk nur die rohe
und dumme Maſſe, die zuerſt Cäſar, dann Brutus, dann
Antonius zujauchzt, und die Verſchwörung iſt ganz eine
innere Fehde der Ariſtokratie unter ſich.

Daß Shakeſpeare auch den Fürſten und Großen die
ernſten und furchtbaren Lehren der Geſchichte in ergreifender
Weiſe und ohne ängſtliche Rückſichten vor Augen ſtellt, iſt
vollkommen richtig. Das ändert jedoch in der Hauptſache
nichts; denn in dem Sinne iſt wohl noch niemand abſolutiſtiſch
geweſen, daß er auch die ſittlichen Schranken der Könige
und ihre höhere Verantwortung in Abrede gezogen hätte.
Daß aber Shakeſpeare ſich aller Schmeichelei nach oben ent=
halten habe, dieſes Lob kann mit der Wahrheit nicht beſtehen.
Schon die Sonette ſind von ſchmeichleriſchen Uebertreibungen
gegenüber von dem jungen vornehmen Freund nicht frei,
wenn ſchon hier Liebe und Dankbarkeit und der für ſolche
poetiſche Huldigungen übliche Styl vieles entſchuldigen mag.
Der Hymnus auf Eliſabeth, der ſich in Heinrich VIII. findet, iſt
allerdings erſt nach dem Tode der Königin geſchrieben, aber
die Kritiker, die dieß ſo rühmend hervorheben, laſſen ſelt=
ſamerweiſe unerwähnt, daß ſich unmittelbar an jenen Preis
der verſtorbenen Königin ein nicht minder überſchwenglicher

auf den regierenden König Jakob anschließt. Der Dichter fährt nämlich, nachdem er Elisabeth verherrlicht hat, in seiner Weissagung fort:

> Wie
> Der Wundervogel stirbt, der Jungfraunphönix,
> Erzeugt aus seiner Asche sich der Erbe,
> So wunderwürdig auch, wie sie es war.
> So läßt sie einem Andern allen Segen,
> (Ruft sie der Herr aus Wolken dieses Dunkels)
> Der aus der heil'gen Asche ihrer Ehre
> Sich, ein Gestirn so groß wie sie, erhebt,
> Glanzhell. Schred, Friede, Fülle, Lieb und Treu,
> Die Diener waren dieses holden Kindes,
> Sind seine dann, wie Reben ihn umschlingend;
> Wo nur des Himmels helle Sonne scheint,
> Da glänzt sein Ruhm, die Größe seines Namens,
> Und schaffet neue Völker; er wird blühn
> Und weit, wie Berges Cedern, seine Zweige
> Auf Eb'nen streden. Unsre Kindeskinder,
> Sie sehn Gott preisend dies.

Worte und Gedanken sind zwar wie immer von wunderbarem Glanze, aber wenn das nicht schmeicheln heißt, was soll dann noch so heißen? Virgil und Horaz verstanden es nicht so, wiewohl Augustus immer noch ein ganz anderer war als Jakob. Und thront der Dichter noch so hoch über den politischen Parteien, der dem Fürsten, und einem solchen, wie der erste Stuart war, Lobsprüche, die an sich ungemessen sind und in diesem Fall aller geschichtlichen Wahrheit ins Gesicht schlugen, entgegen brachte?

Es kommt uns nun entfernt nicht in den Sinn, um dieser Dinge willen über den Dichter ein strenges Urtheil zu fällen. Er sah das Alles wohl ganz anders an, nicht nur als wir heutzutage, sondern auch als unabhängige Männer aus den damaligen bürgerlichen Kreisen. Ein König von England war in jenen Zeiten noch ein Wesen höherer Art, zumal für einen von der bürgerlichen Gesellschaft geächteten Schauspieler, dessen ganze Existenz an der Gunst des Hofes und der Großen hing. Shakespeare, der mit dem Bürgerthum in keine Berührung kommen konnte, wußte wohl gar nicht, was in diesen Kreisen vorging und gährte, und wie weit seine Anschauungen von den ihrigen ablagen. Er hat eigentlich die politischen Ideen seines Zeitalters nicht bekämpft, denn sie waren gar nicht an ihn herangetreten; er hatte eine gegebene Stellung und accommodirte sich derselben, wie seine Genossen und Rivalen, die Marlow, Green, Johnson, Beaumont, Fletcher und Andere auch thaten; daß man die Großen besingt und ihre Gunst zu gewinnen hat, das verstand sich gleichsam von selbst; es kam nur darauf an, wer das größte Talent, die größte Kunst dabei zeigte.

Shakespeares Beziehungen zu dem Grafen Southampton und andern Gönnern von hoher Geburt und Stellung konnten ihn natürlich auch nicht auf andere Anschauungen führen. Wie wir schon früher zeigten, war bei dem seltensten Reichthum der innern Gestaltenwelt der Kreis seiner äußeren Erfahrung ein beengter, und viele Dinge, die um ihn vorgingen, lagen außerhalb seines Gesichtskreises. Der Unter=

schied der Stände, die Vorzüge der Geburt, die unbeschränkte
Fürstengewalt waren ihm feste, vorgefundene, anerzogene,
durch die eigenthümliche Stellung seines Berufs verstärkte,
mit allen seinen Interessen verwachsene Voraussetzungen, die
er nicht in die Lage kam in Zweifel zu ziehen und zum
Gegenstand eines selbstständigen Nachdenkens zu machen.
Seine Phantasie trug ihn in ferne Länder und Zeiten und
stellte ihm alle denkbaren Situationen und Charaktere ins
hellste Licht; sie lehrte ihn die Sprache der Könige reden,
weit besser, als diese selbst sie verstehen, aber in der realen
Gegenwart war er der abhängige und gebundene Schauspieler
und Theaterdichter, der sich von der einen Seite verachtet
und verfolgt, von der andern beschützt und begünstigt fand
und sich in die natürlichen Consequenzen dieser gegebenen
Sachlage zu fügen wußte. Er konnte dabei ein edler und
freigesinnter Mann seyn, so gut als es Virgil und Horaz,
Calderon, Racine und andere Dichter gewesen seyn mögen,
die ihre äußere Lebensstellung der Gunst der Großen ver-
dankten und ihre Ergebenheit und Dankbarkeit in poetischen
Huldigungen bezeugten. Es mag somit schließlich Alles ent=
schuldbar und begreiflich seyn, aber nur das wird auf der
andern Seite eine billige Forderung seyn, daß man darauf
verzichten möge, Shakespeare auch in diesem Punkt, wie in
so vielen andern, in eine ideale und nebelhafte Höhe zu
rücken, und ihn mit ungerechten Seitenblicken auf unsere
großen deutschen Dichter als den mit staatsmännischer Ein=
sicht, mit historisch=prophetischem Blick auf der Höhe seines

Zeitalters thronenden Genius, als den politischen Dichter par excellence darzustellen.

Mit weit mehr Recht wird man sagen dürfen, daß Shakespeare nur dadurch der Dichter für alle Zeiten und Völker werden konnte, daß ihn die positiven und concreten Bestrebungen des eigenen Volks und Zeitalters so wenig berührten. Wäre er wirklich mit lebendigem Antheil innerhalb der damaligen bürgerlichen Gesellschaft und der politisch-kirchlichen Parteiung gestanden, hätte er mitgestritten, ob der König von England ohne Parlamentsbeschluß Handelsprivilegien, Concessionen, Monopole ertheilen, Tonnen- und Hafengelder erheben, neue Strafgesetze erlassen könne; ob das Oberhaupt des Staats zugleich auch das der Kirche seyn dürfe, ob der Episkopat ein auf göttlicher Anordnung ruhendes Institut, ob die Handauflegung dabei ein wesentliches Moment sey, ob die alttestamentlichen Sabbaths- und Ehegesetze zu dem noch gültigen, oder zu dem antiquirten Theil des Dekalogs gehörten u. s. w., so hätte das Alles in ganz anderer Art seinen freien Sinn beirren und beschränken und ihn künftigen Jahrhunderten unverständlich oder uninteressant machen müssen, als wenn er sich bei einem kindlich-patriarchalischen, einfachen Royalismus beruhigend, ohne näheres Verhältniß zu den speciellen Zeit- und Streitfragen, den freien Blick auf das allgemein Menschliche in den Bestrebungen und Geschicken der Personen des großen und kleinen Welttheaters gerichtet hielt, und, statt den Schwung seines Geistes in kleinem Gezänk abzunutzen, die Kunst wie Keiner gelernt hat, große Leidenschaften in großen Situationen zu zeichnen. So allein ist es auch erklärlich, daß Shakespeare von den eigenen Zeitgenossen, deren speciellere Interessen er nicht theilte und kannte, wenig beachtet, von der darauf folgenden Generation völlig vergessen werden konnte, aber, als jene Zeitfragen erledigt und begraben waren, zu unvergänglichem Leben in den kommenden Jahrhunderten auferstand. Hätte er der Mitwelt mehr gelebt, so läge er wohl auch in ihrem Grabe.

XII.

Der deutsche Shakespearecultus und Vergleichung Shakespeares mit Schiller und Goethe.

Der deutsche Shakespearecultus ist ungefähr gerade ein Jahrhundert alt und stand, wenn man das Bewundertwerden und nicht das Gelesenwerden zum Maßstab nimmt, niemals höher als jetzt. Er hat sein Fundament natürlich in der unausbleiblichen Wirkung der eminentesten dichterischen Naturgabe und wird darum, mögen sich die übrigen Anschauungen ändern wie sie wollen, so lange dauern als die Bildung des deutschen Volkes selbst. Gleichwohl hat er unbeschadet dieser festen Basis schon verschiedene Stadien durchlaufen, und das gegenwärtige wird auch ein vorübergehendes seyn. Je nach den verschiedenen Interessen und geistigen Strömungen der Zeit wurden verschiedene Seiten des Dichters

entweder hervorgehoben oder verkannt. Man kann drei Pe=
rioden von ungefähr gleicher Zeitdauer unterscheiden.

In der ersten Periode, dem letzten Drittheil des vorigen Jahrhunderts, war uns Shakespeare der Befreier aus der Enge des Renaissancestyls, der Schöpfer einer neuen, dem Alterthum selbstständig und ebenbürtig gegenüberstehenden dramatischen Kunst, der für die Darstellung eines weit reicheren individuellen Lebens die erforderlichen freieren Formen gefunden hat, der befruchtende Genius und geistige Führer bei dem Eintritt der deutschen Literatur in die Epoche ihrer Classicität. Die damalige Auffassung des Dichters war zwar von philologischer Seite noch die mangelhafteste, aber im Ganzen die wahrste und fruchtbarste. Sie drang auf den Mittelpunkt der Sache; man hatte keinerlei Nebenmotive; man ließ sich durch die Mängel des Dichters nicht beirren, ohne sie doch auch in Vorzüge umwandeln zu wollen. Lessings Urtheile sind ihrer Grundanschauung nach heute noch nicht veraltet. Goethe und Schiller waren an Shakespeare herangewachsen, aber ohne von ihm abhängig zu werden; sie sahen in dem classischen Alterthum einen zweiten, mindestens gleichberechtigten Pol der Schönheit; sie hatten die Fortschritte von zwei Jahrhunderten in Bildung und Wissen voraus. Schiller hatte Recht, am Schluß des Jahrhunderts zu sagen:

> Selbst in der Künste Heiligthum zu steigen
> Hat sich der deutsche Genius erkühnt,
> Und auf der Spur des Griechen und des Britten
> Ist er dem bessern Ruhme nachgeschritten.

Es kam darauf das Zeitalter der Romantik. Nachdem das Dichterpaar in Weimar ein Ziel erreicht hatte, woran fortzubauen oder nur anzuknüpfen Talenten zweiten und dritten Rangs nicht möglich war, wendete sich die Aufmerksamkeit rückwärts liegenden, fremden und vergangenen Kunstformen und Literaturen, besonders der mittelalterlichen Periode zu. Shakespeare wurde durch Schlegels treffliche Uebersetzung Gemeingut der Gebildeten, während ihn früher nur wenige kannten. Auch durch die literargeschichtlichen Studien über sein Zeitalter, seine Vorgänger und Rivalen, über die Bühnenverhältnisse wurde das Verständniß mächtig gefördert. Dagegen wurde der Maßstab, nach welchem der dichterische Werth seiner Werke gemessen wurde, ein wesentlich anderer. Man pries an ihm weniger das, was ihn zum classischen Dichter machte, als was ihn von denjenigen, die bisher für classisch gegolten, unterschied, das Romantische, Phantastische, um Regeln Unbekümmerte, die Mischung des Komischen und Tragischen, die Sorglosigkeit um äußere Motivirung der Handlung, das leichte und lecke Spiel des Witzes. Er wurde gerade um desjenigen willen, worin Goethe und Schiller ihm mit bewußter Absicht nicht gefolgt waren, über beide hinaufgestellt.

Auch diese Richtung der Geister ging vorüber und es folgte ein drittes, praktischeres Zeitalter, in welchem, etwa seit dem Anstoß der Julirevolution, das deutsche Volk lebhafter und allgemeiner als zuvor anfing politisch zu denken und zu streben, nach nationaler Einheit, Kraft und Größe zu ringen, und auch seine Schriftsteller und Dichter, die gegenwärtigen wie die vergangenen, von diesem Gesichtspunkt aus zu beurtheilen. An dem größten derselben, an Goethe, vermißte man nun den patriotischen Sinn, das Interesse für Staat, Geschichte und Politik, das Verständniß großer historischer Erscheinungen, wie der französischen Revolution, deren Zeitgenosse und Zeuge er doch war. Die Welt der individuellen Gefühle und Bildungskämpfe, welche früher alles literarische Interesse fast ausschließlich in Anspruch genommen hatte, erschien nun als etwas Untergeordnetes. Man verlangte nach geschichtlicher That, großen Charakteren und Situationen.

Diesem Umschwung der gesellschaftlichen Stimmung kam nun noch von ganz anderer Seite eine verwandte Richtung der Geister entgegen. Die Entwicklung der deutschen Philosophie hatte ungefähr um dieselbe Zeit einen angeblichen oder vorläufigen Abschluß in dem System Hegels gefunden. Dasselbe bezeichnete sich als objektiven Idealismus, womit unter anderem gesagt seyn sollte, daß „die Idee" nicht bloß als etwas in den Köpfen der Einzelnen bald so bald anders Vorgestelltes, sondern objektiv in der Welt selbst als die reale Macht der Dinge, ja als das allein Reale und wahrhaft Seyende existire. Auch wieder auf der höchsten Stufe ihrer Manifestationen, in dem Leben der Menschheit ist das subjektive Wollen, Meinen, Fühlen der Individuen nur das Untergeordnete, und „die Idee" hat ihre wahre und volle Verwirklichung nur als der „objektive Geist," als die substantielle

Macht, welche in Familie, Gesellschaft, Staat, in dem Entwicklungsgang der Völker den Einzelnen zum dienenden Gliede macht. Auch die Kunst, welche die Idee in die Form des Schönen kleidet, bleibt auf niedrigerer Stufe stehen, so lange sie sich nur in jener subjektiven Gefühls- und Gedankenwelt bewegt; auch sie hat zu ihrem wahren Stoff die höheren Existenzformen „der Idee;" sie hat zu zeigen, wie dieselben das Individuum durchdringen, überwältigen, seinen Widerstand vernichten, unter sich selbst collidiren und in dem dialektischen Proceß solcher Conflikte ihr relatives Recht bethätigen. Der Staat insbesondere gewinnt für diese Auffassung als die reale sittliche Macht gegenüber von dem Gebiet einer bloß subjektiven Moralität auch auf dem Boden der Kunst eine hervorragende Bedeutung, und die Völkergeschichte wird zur unmittelbaren Offenbarung des Weltgeistes. Da die Wahrheit gerade in der Bewegung und Handlung, in der lebendig sich vollziehenden Dialektik der Begriffe liegt, so ist in der Dichtkunst die vollkommenste, für die Darstellung des Höchsten geeignetste Form das Drama, und Lyrik wie Epos treten dagegen weit zurück; das Höchste und Letzte ist die Tragödie, weil gerade aus dem Untergang der Individuen die Idee als das allein Reale triumphirend aufsteigt.

So trat von zwei ganz verschiedenen Richtungen aus die Forderung an den Dichter heran, er solle uns möglichst verschonen mit seinen individuellen Gefühlen, Stimmungen, Kämpfen und Anfechtungen; er soll uns auf die große Weltbühne versetzen, den Menschen als Glied seines Volks und

Staats, handelnd und leidend für große Zwecke zeigen; er soll die Gestalten der Geschichte, hervorragende Charaktere, die Krisen und Wendepunkte im Leben der Völker, der Menschheit an uns vorüberführen.

Man suchte nach einem Vertreter für diese Art der Poesie, nach einem Ideale, das jenen Forderungen entspräche, und glaubte es in Shakespeare zu finden, dem Dichter des Cyclus der englischen Historien, der Römerdramen, des Macbeth, Hamlet, Lear, Othello. Nun ist theils wirklich ein kleiner Kern von Wahrheit an der Sache, theils ist unser Dichter so reich und vielseitig, dabei aber noch so fern und fremd und in seinem innersten Wesen unverstanden, daß man für alle möglichen Auffassungen Anhaltspunkte und Bestätigungen in ihm finden und viel leichter, als bei einem uns näher stehenden Dichter, das Unterlegen an die Stelle des Auslegens treten lassen kann. So wurde denn nun Shakespeare gefeiert als der Darsteller eines thatkräftigen Handelns auf der großen Bühne der Welt, als der Zeichner großer Charaktere in großen Verhältnissen, als Patriot und Staatsmann, als der große Dichter der Weltgeschichte, wenn man dabei auch über deren Bedeutung und näheren Gehalt noch so weit auseinander stehen mochte.

Dieß ist die noch jetzt vorherrschende Auffassung in der Literaturgeschichte. Die beiden Hauptausleger Shakespeares, Ulrici und Gervinus, treffen von verschiedenen Gesichtspunkten aus in derselben zusammen: Gervinus von politisch-historischen, Ulrici von philosophischen, wenn auch der

Hegelschen Schule nur theilweise nahestehenden Principien aus. Ebenso urtheilen im Wesentlichen Vischer, Kreyssig, Vehse, Julian Schmidt und andere.

Daß Shakespeare der erste Dichter aller Zeiten und Völker sey, ist hieburch erst vollends zur festen Voraussetzung geworden, die niemand mehr zu bezweifeln wagt, wenn sie auch bei Vielen weit weniger der wahre Ausdruck für die eigenen unbefangenen Eindrücke als ein auf Autoritäten hin recipirtes Dogma zu nennen seyn mag. Besonders sind unsere großen deutschen Dichter durch eine Vergleichung mit Shakespeare von jenem Gesichtspunkt aus herabgedrückt worden. Gervinus sagt geradezu, Shakespeare vereinige die Vorzüge von Goethe und Schiller in sich und sey frei von ihren Mängeln. Ulrici meint gar, die beiden deutschen Dichter haben an Shakespeare wie an einem höhern Wesen hinaufzusehen. Auch Vischer, in dessen ästhetischen Urtheilen wir sonst die Schärfe und Feinheit, den frappanten Ausdruck, den prompten Schuß in's Schwarze oft so gerne bewundern, scheint uns, sobald Shakespeare in Frage kommt, von dem allgemeinen Bann einer vorgefaßten Meinung nicht frei. Sein Votum läuft darauf hinaus: Goethe habe sich nur in den niedrigeren Stoffen, die auf dem Boden des Privatlebens stehen, bewegt, aber diese allerdings mit vollendeter Kunst und Wahrheit behandelt; Schiller habe die höheren Stoffe, d. h. die politisch-historischen ergriffen, aber die Behandlung sey noch eine ungenügende und allzu subjektive. Shakespeare dagegen vereinige beides; denn er behandle die höheren Stoffe mit der gleichen Meisterschaft, wie Goethe die niedrigeren.

Wir haben in den obigen Ausführungen schon Manches geltend gemacht, was gegen diese jetzt herrschende Auffassung gerichtet ist. Das ganze Thema derselben ist zu umfassend und greift zu tief in die höchsten Probleme des menschlichen Denkens ein, als daß es uns einfallen könnte, es hier in dem Rahmen kleiner Shakespearestudien gründlich und sachgemäß behandeln zu wollen. Aber einige Bemerkungen mögen doch noch darüber gestattet seyn, wenn sie auch keinen Anspruch darauf machen, den Philosophen oder den Politiker zu überzeugen, sondern nur an das gesunde Gefühl derjenigen appelliren, die den Meisterwerken der Dichtkunst eine einfache, weder von irgend einer Doktrin noch von der Politik beeinflußte Empfänglichkeit entgegenbringen.

Jene Auffassung stellt Forderungen an den Dichter, die zu seiner wahren Aufgabe in gar keinen oder nur entfernten Beziehungen stehen; sie setzt eine Location des Werths der Stoffe voraus, deren Princip nicht aus dem Wesen der Poesie selbst geschöpft ist. Sie legt für die Parallele zwischen Shakespeare und unsern großen deutschen Dichtern einseitige und falsche Maßstäbe an; sie schreibt dem brittischen Dichter Eigenschaften zu, die er nicht hat, von welchen theilweise eher das Gegentheil für ihn charakteristisch ist; sie ignorirt bei unsern deutschen Dichtern Eigenschaften, die bei einer Vergleichung in erster Linie in Betracht zu kommen hätten. Es ruht aller Accent auf jener Unterscheidung zwischen der subjektiven Gemüthswelt, die das niedrigere Feld der Dichtkunst bilden soll, und zwischen jener angeblich objektiven, auf Staat, Vaterland, Geschichte bezüglichen Welt socialer Ideen, deren Behandlung als des Dichters höchste Aufgabe bezeichnet wird.

Denken wir uns ein Drama oder auch gleich eine Trilogie, einen ganzen Cyclus von Tragödien, in welchen etwa das Zeitalter der Ottonen oder der Hohenstaufen, der Reformation, der Religionskriege, Friedrichs des Großen behandelt wäre; der Verfasser habe die gründlichsten historischen Studien gemacht; er sey voll des wärmsten Gefühls für die Kraft und Größe der deutschen Nation, von den politischen Ideen seines Zeitalters mächtig ergriffen, und doch besonnen und den Extremen feind; in seinen Dramen sey die Handlung übersichtlich und doch reich und wohlgefügt; sie sey voll Bewegung und energischer That; die Charaktere seyen individuell und gut gehalten; die Diktion rein und fließend; es fehle nicht an schönen Sentenzen und effektvollen Stellen; in der Katastrophe erhebe sich aus dem Untergang der Individuen siegreich die Macht der „Idee." Kurz, es sey allen jenen Zeitforderungen genügt, es seyen alle die Fehler vermieden, um deren willen in den Augen unserer Kunstkritiker jedes einzelne aus der Legion von historischen Dramen, mit denen unsere Literatur überschwemmt ist, doch wieder tadelnswerth und unbrauchbar seyn soll; und dennoch ist es bei allen obigen Vorzügen ganz wohl denkbar, daß es uns die größte Mühe und Ueberwindung kostet, jenen Dramen=

cyclus auch nur bis zu Ende anzuhören, daß ein Hauch von langer Weile uns gleich aus den ersten Akten anweht, daß es uns unmöglich erschiene, diese Stücke zum zweitenmal zu lesen oder aufführen zu sehen; ja daß wir schließlich vom Ganzen keine Erinnerung behalten, als einige Bereicherung unseres geschichtlichen Wissens, die wir uns vielleicht doch besser und selbst bequemer aus guten Geschichtsbüchern verschafft hätten.

Nehmen wir nun auf der andern Seite ein kleines Lied von wenigen einfachen Strophen, von der Art wie: „Füllest wieder Busch und Thal;" oder: „Wer nie sein Brod mit Thränen aß," „Ueber allen Wipfeln ist Ruh'," „Kennst du das Land." Es ist schwer etwas ausfindig zu machen, was man hier als die „Idee" des Dichters bezeichnen könnte; an Staat, Vaterland, sittliche Principien ist kein Gedanke; alles liegt in jener niedrigen Welt des subjektivsten Gemüthslebens. Und doch, das kleine Lied erleuchtet und erwärmt, erregt und beschwichtigt unser Gemüth; es bleibt fast von selbst in unserem Gedächtniß haften; es wird zu einem kleinen Schatz unsers Herzens und wacht von selbst mit der entsprechenden Stimmung in uns auf.

Ja, um die Beispiele nicht aus ungleichen Gattungen zu wählen, können wir uns sogar ein historisches Drama denken, dem kein einziger von allen den Vorzügen, die wir oben aufgezählt haben, beigelegt werden könnte, das voll Anachronismen und unhistorischen Zügen aller Art, ohne verständige Handlung, voll Widersprüche und Uebertreibungen wäre, und aus dessen Zeilen uns gleichwohl ein Dichtergenius entgegen träte, der uns fessell, mit dem zu fühlen und die menschlichen Dinge zu betrachten für uns einen unwiderstehlichen Reiz hätte. Ja es fehlte eben nicht mehr viel, so könnten wir als Beispiele dafür Dramen gerade von Shakespeare anführen, wie z. B. den Timon von Athen, Coriolan, Troilus und Cressida, Richard II.

Wenn nun die gemeine Logik Recht hat mit ihrer Lehre von den wesentlichen und unwesentlichen Merkmalen eines Begriffs, so folgt hieraus, daß Eigenschaften, die ein poetisches Werk haben kann, ohne daß die eigenthümliche Wirkung des Schönen in uns erzeugt wird, und die einem poetischen Werk fehlen können, ohne daß jene Wirkung deßhalb aufgehoben oder geschwächt würde, nicht zu denjenigen gehören können, in denen das Wesen des Schönen zu suchen ist.

Die Poesie ist in ihrer Wirkungsweise viel zu elementar und universell, als daß sie so specielle Anforderungen nicht abzulehnen hätte. Ihre Wirkung geht ganz von Gemüth zu Gemüth, von Monade zu Monade. Sie weiß nichts davon, daß das Individuum nur dazu dient, in einem dialektischen Schattenspiel logischer Abstraktionen als verschwindendes Moment zu figuriren. Jedes einzelne Ich ist ein Mikrokosmus, ein fester Mittelpunkt des Alls. Es hat den Drang, sich klar zu werden über sich selbst und seine Stellung zu dem Ganzen der Erscheinungen. Darin ruht der Keim aller Religion, Philosophie und Kunst. Wenn wir dumpf und ohne Besinnung dahin leben in verworrenen, wechselnden Empfindungen und Affekten, und Sinn und Willen nur auf beschränkte Einzelheiten richten, wenn wir uns gewöhnen, das Große und Stetige in den Erscheinungsformen der Welt als das Selbstverständliche, die kleinen Schwankungen als das Beachtenswerthe anzusehen, so leuchtet der Dichter wie mit einer Fackel in diese Finsterniß herein, und zeigt uns die Außenwelt in der Färbung seines Geistes; er gibt unsern Gefühlen Form und Gestalt in erregenden, beschwingten Worten; er hat es nicht verlernt, die Dinge mit der frischen und staunenden Aufmerksamkeit zu betrachten, wie wenn er sie zum erstenmal gewahr würde; er stellt und löst uns die Frage: was ist der Mensch, was ist die Welt, was ist Menschenschicksal? Ob und wie er dieß thut, mit welcher Kraft er uns zwingt und reizt, ihm nachzufühlen, aus seiner Seele heraus in die eigene, in Welt und Leben zu blicken, und welchen Genuß es uns gewährt, so in den Fußstapfen seines Geistes zu wandeln, darnach schätzen wir ihn. Alle einzelnen Erscheinungen des vielgestaltigen Lebens liegen draußen in der Peripherie, nicht im Mittelpunkt der Sache, und dahin gehören auch Staat, Volk, Geschichte mit vielen andern Dingen.

Tausende der edelsten Menschen haben sich ihr Lebenlang nicht mit dem Staat befaßt, sind nur in gleichgültige oder widrige Berührungen mit ihm gekommen. Für Tausende hatten die Schranken, welche die Völker von einander trennen, keine Bedeutung. Millionen wissen nichts von dem Leben

vergangener Geschlechter. Jedes Zeitalter beschäftigt sich mit
andern Problemen; und doch bleibt dabei immer das all=
gemein Menschliche weitaus das Wichtigste. Das eine lockert
die gesellschaftlichen Bande, das andere knüpft sie fester;
unter den mancherlei Gemeinschaften, in welche sich der
Mensch gestellt sieht, premirt das eine Geschlecht die Gleich=
artigkeit des Glaubens, das andere die der intellektuellen
Bildung, ein drittes das engere Stammesbewußtseyn, ein
viertes das weitere, ein fünftes hat kosmopolitische Neigungen.
Im einen bemerken wir einen Drang zu Wanderung und
Abenteuern, im andern eine Beschränkung auf kleinere oder
größere locale Zwecke. Unter den Trieben und Neigungen,
die zu allen Zeiten in dem Charakter der Gattung liegen,
wird so in bestimmten Zeitperioden eine einzelne etwas stärker
wie sonst angeregt; die andern bleiben aber daneben alle in
Thätigkeit; in Folge von Ursachen, deren Auffindung die
schwerste und wichtigste Aufgabe der Geschichtsforschung ist,
tritt ein gewisser Zug aus der Reihe sonst coordinirter Züge
mit einiger Betonung heraus. Die Allgemeinheit dieser kleinen
Steigerungen einzelner Seiten unserer Natur bringt Massen=
wirkungen hervor, in welchen sich die verschiedenen Zeitalter
kräftig und charakteristisch gegen einander abspiegeln und die
Reihenfolge jener präponderirenden Impulse bildet den Faden
der Weltgeschichte. Dem Leben und Bewußtseyn des Ein=
zelnen aber gibt jener sogenannte Zeitgeist nur eine leichte
Nuance der Färbung, nicht den Grundton und wesentlichen
Inhalt. Der Einzelne sieht sich immer wieder dem ganzen

Problem des Menschenlebens gegenübergestellt, den Naturmächten, der eigenthümlichen Ausstattung und den Widersprüchen seines Wesens, den Reizen und Conflikten seines Trieblebens, dem Bösen, dem Leiden, dem Schicksal, dem Tod. Dieses Problem tritt in einem neuen Zeitalter nur mit einem neuen Gewande auf, bleibt aber stets das gleiche, und die Schlagwörter der wechselnden Geschlechter haben daneben nur wenig zu besagen. Der Dichter aber, je größer er ist, wird um so weniger in diesen wandelbaren Zeitproblemen aufgehen und seine Blicke um so unverwandter auf das Ewige und Reinmenschliche gerichtet halten. Jene subjektive Gemüthswelt ist daher keineswegs nur eines der verschiedenen Elemente, das die Poesie betreten und auch wieder verlassen kann, sondern in ihr liegt die Wirkung der Poesie ganz und ausschließlich. Der Dichter unterscheidet nicht Privatleben und öffentliches Leben; für ihn gibt es nur das Eine untheilbare Leben der beseelten Monade. Auch von Staat, Volk und Geschichte kann er nur reden, indem er sie in Beziehung zum Centrum des individuellen Lebens setzt, zu einem Bestandtheil jener inneren Welt unseres Gemüths zu machen weiß. Subjektive und objektive Stoffe zu unterscheiden, scheint uns ein vager, unfruchtbarer, vom Kern der Sache abirrender Gedanke. Alle Wirkung der Poesie ist auf das Gefühl gerichtet; alle Gefühle sind subjektiv, aber alle bedürfen natürlich eines Objektes.

Dabei sind dann freilich wichtige Unterschiede. Es ist etwas Anderes, ob uns der Architekt einen Tempel oder ein

Schlachthaus, der Musiker einen Hymnus oder eine Polka, der Maler eine Madonna oder eine Gemüsehändlerin vorführt. Der Künstler rückt uns im einen Fall tiefer und unmittelbarer in den Mittelpunkt seines Gemüths, seiner ganzen Weltauffassung, als im andern. Oder mit andern Worten: es gibt einen Werthunterschied zwischen den menschlichen Trieben. Den metaphysischen Bedürfnissen unserer Natur legt unser Bewußtseyn trotz ihrer geringeren sinnlichen Stärke einen Anspruch auf höhere Berechtigung bei, als den physischen. Das Mitgefühl für fremdes Leid und Wohl, der Sinn für Schönes, der Trieb der Erkenntniß, die Forderungen des Gewissens ꝛc. fühlen sich vornehmern Rangs und Ursprungs als die Reize des Gaumens und der Geschlechtslust, oder der Trieb nach Erwerb und Besitz, die Abhängigkeit von fremder Schätzung. In diesem Sinn gibt es allerdings auch höhere und niedrigere Stoffe der Kunst, und man kann daran wohl auch noch eine weitere Gradation anknüpfen, je nachdem bei einem Thema nur eine einzelne oder mehrere oder alle Saiten unseres höheren Trieblebens angeschlagen werden. Auch das muß man natürlich gelten lassen, daß es größere und kleinere Ziele menschlichen Wirkens gibt, und die einen der Betrachtung und Darstellung würdiger sind als die andern. Aber mit dem Politischen als solchem hat die Sache nichts zu thun und selbst wo uns der Dichter auf den Schauplatz eines öffentlichen Wirkens stellt, wird immer unser ganzes Interesse an den individuellen Seelenzuständen, die er uns nachempfinden macht, haften, nicht an den Abstraktionen von Staat, Fortschritt, Nationalität. Wir werden es niemals gelten lassen, daß etwa Wilhelm Meister und die Wahlverwandtschaften, um von Faust nicht zu reden, eben darum, weil sie uns nur die geistigen und sittlichen Bildungskämpfe von Privatpersonen vor Augen stellen, in ein niedrigeres Feld der Poesie zu verweisen wären, als die historischen Dramen und Romane, die sich mit Politik und Völkerschicksalen befassen. Es wird sich immer wieder nur darum handeln, daß und wie der Dichter uns das Ganze seiner eigenthümlichen Gemüthswelt aufschließt, und welchen Reiz es für uns hat, ihm auf diesem Gange zu folgen.

Mit jener Location der Stoffe hängt auch die Location der Dichtgattungen und der entschiedene Vorzug zusammen, den die neuere Aesthetik dem Drama vor Lyrik und Epos gibt. Es liegt das in der Hegelschen Methode, die nichts Coordinirtes kennt, sondern Alles in eine Stufenfolge dialektischer Momente bringt und stets locirt, sofern sie uns gleichsam immer auf eine bestimmte Stufe eines trichotomisch gegliederten Treppenhauses stellt. Der Dichter zeigt uns stets nur sein Gemüth und seine Welt. Mit welchen Mitteln er dieses thut, ob in einer Reihe kleinerer Compositionen, die nur durch ein geistiges Band unter sich verbunden sind, oder durch größere und zusammenhängende Werke der Kunst, ob er im letzteren Fall unmittelbar in erzählender und darstellender Form oder durch den Mund der handelnden Personen zu uns spricht, das sind zwar feine und bedeutende

Unterschiede der poetischen Technik, aber sie lassen das Wesen der Sache unberührt, sie begründen keine Location, weder der Dichtgattungen, noch der Dichter. Wenn man auch sagen kann, die größeren und zusammenhängenden Produktionen des Epos und Dramas erfordern eine reichere und intensivere Dichterkraft als die kleineren und zerstreuten, so kann doch der Dichter in jeder dieser Formen gleich mächtig auf uns wirken, und ein paar kleine Gedichte können ganze Bände voll Dramen und Romanen aufwiegen. Ja, wir möchten eher sagen, die lyrische Anlage sey und bleibe doch das Erste und Fundamentale von aller Dichtergabe, und wie sich in der Musik neben Sonaten, Symphonien, Ouvertüren und Quartetten, ganzen Opern und Oratorien das einfache Lied in ungetrübtem Glanz, in seiner unwiderstehlichen Macht über alle Gemüther behauptet, so könne auch in der Poesie die ächte Lyrik durch nichts anderes in Schatten gestellt werden, und es sey das sicherste Merkmal des wahren Dichters, daß sich „ein Quell gedrängter Lieder ununterbrochen neu" in ihm gebiert. Auch die Vergleichung von Epos und Drama unter sich ist zwar ein sehr interessantes Thema, sie führt aber zu keiner Rangordnung derselben. Mit dem meisten Recht wird sich noch behaupten lassen, daß derjenige Dichter, der sich in mehreren oder allen Gattungen als ein Meister bewährt, reicher und vielseitiger seyn müsse, als wer nur in einer einzigen ein hohes Ziel erreicht hat.

Eben so wenig als mit der Location der Stoffe und Dichtgattungen sind wir damit einverstanden, daß innerhalb der dramatischen Poesie das historische Drama die höchste Stelle einnehmen soll, und halten es für eine Irrlehre der neueren Aesthetik, wenn sie den Dichter wie den Maler so vorzugsweise an die Geschichte verweist, als ob da das goldene Vließ der Kunst zu finden wäre. Die Geschichte ist eine Sache für sich und es kommt dem Historiker, nicht dem Dichter zu, Völker, Zeitalter, große Persönlichkeiten darzustellen. Wer auch nur einmal eine wichtigere Begebenheit, über welche reichlichere Quellen vorhanden sind, genauer studirt hat, oder wer gar bedeutenden Persönlichkeiten und Ereignissen selbst näher gestanden ist, der weiß gewiß auch, wie unendlich verwickelt die causale Verkettung menschlicher Dinge ist, wie Vieles für immer im Dunkel bleiben muß, wie ungemein schwierig es ist, den Schlüssel zu einem tieferen Verständniß geschichtlicher Charaktere zu finden, jedenfalls aber, wie zweifelhaft, oberflächlich, ja bodenlos der größte Theil von allem demjenigen seyn mag, was gemeinhin in den Compendien als Geschichte ausgegeben wird.

Nun sagt man uns freilich, für die Zwecke des Dichters komme es darauf gar nicht so genau an; er habe ja ohnedieß die Freiheit, in der Zeichnung von Personen und Sachen von der Geschichte auch wieder abzuweichen. Allein wenn man dem Dichter zuerst sagt, er solle sich an historische Stoffe, d. h. an Thatsächliches aus dem Leben der Menschheit halten, und dann hinzufügt, er habe sich um dieses Thatsächliche im Einzelnen nicht zu kümmern, so verliert man eigentlich schon allen festen Boden unter den Füßen. Man belehrt uns deßhalb weiter: nur auf das Detail komme es nicht an, darin habe der Dichter freie Hand, aber „die Idee," der „Geist" eines Volkes oder Zeitalters sey von ihm zu erfassen und in freien Formen wiederzugeben. Was ist es denn nun aber eigentlich mit diesen Ideen der Geschichte? wo und wie sind sie zu finden, wie soll gerade der Dichter zu ihnen gelangen? Sie sollten doch wohl eigentlich nichts anderes seyn als das auf einen kurzen und allgemeinen Ausdruck gebrachte Ergebniß gründlicher Detailstudien, und diese kann doch der Dichter selbst nicht vornehmen sollen. Er wird sie also von den Geschichtsforschern zu entlehnen haben. Da fragt sich nun gleich, bei welchen? Denn es versteht sich, daß gerade darüber die Meinungen am weitesten auseinander gehen, daß, wenn es sich z. B. um deutsche oder um mittelalterliche und moderne Geschichtsepochen handelt, der katholische und evangelische, der gläubige und freidenkende, der conservative und liberale Historiker eben den „Geist der Zeiten" höchst verschieden darstellen, und daß, wenn man sich bei den ersten und berühmtesten Geschichtsforschern Raths erholen will, gerade sie von „Geist" und „Idee" am wenigsten und vorsichtigsten zu reden pflegen. Der Dichter wird finden, daß die sogenannte Idee einer Zeit nicht sowohl ein Schlußergebniß alles Thatsächlichen, sondern ein von dem Betrachter je nach seinem politischen, religiösen, philosophischen Standpunkt schon mitgebrachter Maßstab und Leitfaden für die Beurtheilung und Darstellung des Thatsächlichen ist; ganz genau nach dem alten Goethe'schen Wort:

„Denn was man so den Geist der Zeiten heißt,
Das ist im Grund der Herren eigner Geist,
In dem die Zeiten sich bespiegeln."

Wenn der Dichter hienach die „Idee" selbst mitzubringen hat und an das Thatsächliche der Geschichte ebenfalls nicht gebunden ist, so hat er eigentlich nichts Greifbares mehr in der Hand. Auch Lessings Auskunft, der Dichter könne mit dem Geschichtsstoff verfahren, wie er wolle, nur die Charaktere müssen ihm heilig seyn, ist ganz unzureichend. Als ob diese feststünden, wie ein treu von Hand zu Hand überliefertes Besitzthum, als ob sie nicht vielmehr gerade das Zweifelhafteste von allem geschichtlichen Wissen wären und für immer bleiben müßten! Und gerade in demjenigen soll sich der Dichter die Hände binden lassen, wobei er am meisten aus seinem Innern zu schöpfen hat! Wenn jemand die umgekehrte Maxime aufstellen würde, die Situationen seyen aus der Geschichte zu entnehmen, die Charaktere aber des Dichters eigenes Werk, nur daß er auf das traditionelle Bild derselben einige Rücksicht zu nehmen habe und aus einer Lucretia keine Buhlerin, aus Nero keinen Tugendspiegel machen dürfe, so hielte sie zwar auch eine nähere Prüfung nicht aus, sie wäre aber um vieles begreiflicher als der Lessingsche Satz.

Allein wenn wir nun auch alle diese, vielleicht sophistisch scheinenden Bedenken auf sich beruhen lassen, und wenn der Dichter wirklich eine jener geschichtlichen Ideen erfaßt, wenn er uns z. B. einen Stoff aus dem deutschen Städteleben des fünfzehnten Jahrhunderts treu und geistvoll gezeichnet hat, was ist denn damit eigentlich erreicht? ist denn das die Forderung, die wir an den Dichter stellen? suchen wir das nicht doch besser bei dem Geschichtsschreiber, und, wenn je der Dichter dazu helfen soll, im historischen Roman? Der Dichter kann uns doch unmöglich Geschichte lehren sollen, so wenig als der Landschaftsmaler Geographie und Botanik.

Das ist auch am allerwenigsten die Meinung derjenigen, die so eifrig auf die politisch-historischen Stoffe dringen. Sie gerade verlangen ja vor allem vom Dichter, daß er von den Ideen seines eigenen Zeitalters ergriffen sey und an den Bestrebungen des eigenen Volkes lebhaften Antheil nehme. Die Ideen der Gegenwart sind es, für die er kämpfen soll; und nur weil der Geschichtsstoff der Gegenwart sich zu ernster dramatischer Behandlung aus vielerlei Gründen nicht eignet, soll er vergangene Zeiten aufsuchen, um das Gegenwärtige darin zu verkörpern. Es ist somit im Grunde Alles nur Schein und Täuschung mit diesen geschichtlichen Forderungen. Die vergangene Zeit soll nur zur Maske dienen, unter welcher für Interessen der Gegenwart gekämpft werden soll. Im Anzüglichen liegt ja das Anziehende. Der Dichter spricht im Grunde immer zum Publikum, wie Hamlet zum Könige von seinem Schauspiele: das Stück spielt in Vienna; Gonzago heißt der Herzog, seine Gemahlin Baptista. Es fällt uns auch gar nicht ein, das zu tadeln. Der Dichter, wie er sich auch stellen mag, findet sich doch wieder auf dem Boden seines Volks und seiner Zeit; das Vergangene als solches interessirt ihn nicht, sondern das allgemein Menschliche und

Zeitverwandte darin. Das soll ihm niemand verwehren; nur soll man dann nicht von dem Historischen reden, als ob es an sich seine Bedeutung für die Kunst hätte, als ob es der „objektive Geist" wäre, den der Dichter verstehen und auslegen müßte.

Daß die dramatische Handlung eine nach Zeit und Raum begrenzte seyn muß, daß es ihr zum Vortheil gereichen kann, wenn den handelnden Personen eine gewisse Größe und Bedeutung zukommt, und wir schon zum voraus einiges Interesse für dieselben mitbringen, daß aus diesen Gründen der dramatische Dichter gern zu historischen Stoffen greift oder seiner Handlung wenigstens einen bestimmten geschichtlichen Hintergrund gibt, das ist vollkommen begründet, aber auch längst bekannt und im Wesentlichen schon von Aristoteles bemerkt. Nur kommt es dabei auf geschichtliche Wahrheit gar nicht an, und die Sagenwelt dient in der Regel dem Dichter weit besser als die beglaubigte Geschichte. Macbeth, Hamlet, Lear, Faust, Iphigenie, Nathan, Emilia Galotti, die Braut von Messina sind keine historischen Dramen. Sollen nun Coriolan, Richard III., Wallenstein, Don Carlos, Maria Stuart dadurch etwas vor ihnen voraus haben, weil es wirklich geschichtliche Träger dieser letztern Namen gegeben hat, wenn auch ihre thatsächlichen Handlungen und Schicksale, so wie ihre Charaktere mit der Darstellung des Dichters nur die entfernteste Aehnlichkeit haben? Vielmehr glauben wir, der Dichter, der uns wirklich Gestalten seines eigenen innern Lebens vorzuführen hat, werde sich bei sagenhaften oder frei erfundenen oder wenigstens dem Lichte geschichtlicher Forschungen entrückteren Stoffen freier bewegen, und mit den unabweisbaren Forderungen einer historischen Kritik weit weniger in Conflict kommen, als wenn er aus bekannten Thatsachen und Charakteren ein Zwitterding von Wahrheit und Dichtung macht, das dem welt= und geschichtskundigen Leser weit leichter, als man glaubt, auch den ästhetischen Genuß verdirbt. Shakespeare selbst, auf den sich jene Theorien vom historischen Drama am meisten berufen, spricht das goldene Wort: „Die wahrste Poesie erfindet am meisten."

Es heißt eben hier auch: „Wenn ihrs nicht fühlt, ihr werdets nicht erjagen," und jene Verweisung des jungen Dichters an die Geschichte besagt im Grunde mit andern Worten: wenn du gerne ein Drama schreiben möchtest, du weißt aber nicht über was, und deine eigene Erfahrung hat dir niemals einen Stoff zugeführt, der deiner gestaltenden Phantasie zum Krystallisationskern hätte dienen können, so durchstöbere einmal die Geschichtsbücher, besonders solche, die dem unabsehbaren und verwirrenden Detail, in das sich bei näherer Betrachtung alle wichtigen Dinge aufzulösen pflegen, schon eine gewisse Appretur gegeben haben; da findest du vielleicht etwas, das du mit Hilfe deiner Einbildungskraft und nach guten Vorbildern, wie ein comprimirtes Gemüse, aufquellen lassen kannst, daß es den Schein des Frischen und Ursprünglichen gewinnt. So wenigstens, sollte man meinen, müsse der Rath verstanden worden seyn, wenn man die zahllosen historischen Dramen der letzten Jahrzehnde übersieht, die nur von wenigen überhaupt, von Niemand zum zweitenmal gelesen werden.

Nach den bisherigen Ausführungen wird es nicht mehr überraschend seyn, wenn wir auch gegen die Parallele, die von Gervinus, Ulrici, Vischer und Andern mit abweichender Motivirung, aber ähnlichem Schlußresultat zwischen Shakespeare und unserem großen deutschen Dichterpaar gezogen zu werden pflegt, entschiedenen Protest erheben. Man muß in der That mit Gervinus im einen Fall Mücken seigen, im andern Kameele verschlucken, um mit ihm zu dem Urtheil zu gelangen, daß Shakespeare als dramatischer Dichter die Vorzüge von Goethe und Schiller in sich vereinige und doch frei von Beider Fehlern sey. Man muß an der Aufgabe der Dichtkunst und an der natürlichen Bedeutung der Worte irre werden, um mit Ulrici zu sagen: Goethe und Schiller, denen die wahrhaft historische Weltanschauung fehle, haben an dem brittischen Dichter, der sie besitze, wie an einem Wesen höherer Art hinaufzubliden.[1]

Daß Goethe diesen letzteren Ausdruck selbst einmal mündlich auf sein Verhältniß zu Shakespeare angewendet

---

[1] Wenn der Verfasser sich hier und an andern Stellen einiger Polemik gegen Ulricis Ueberschwenglichkeit in der Beurtheilung Shakespeares nicht enthalten konnte, so vergißt er nicht, dabei auch die „unterscheidende Seelenthätigkeit" zu üben. Er weiß gar wohl, daß das Buch über Shakespeare in der öffentlichen Thätigkeit jenes tiefen und scharfsinnigen Denkers nur ein untergeordnetes Parergon aus früheren Jahren bildet, und fühlt sich um so mehr gedrungen, sich als dankbaren Leser und Verehrer von andern Schriften desselben Autors, zumal von seinem neuesten psychologischen Werke zu bekennen. Es kann doch nur wieder dem Dichter selbst zu gut geschrieben werden, daß es bei seiner Betrachtung auch vor so guten Augen etwas flimmert.

haben soll, ist noch entfernt kein Beweis für die objektive Richtigkeit desselben. Goethe besaß, wie wenige, den schönen Sinn einer neidlosen, selbstvergessenen Verehrung fremder Gaben und Leistungen; er spricht mit gleich enthusiastischer Bewunderung an andern Stellen auch von den griechischen Dichtern, von dem Dichter des Nibelungenlieds, der Sakontala, von Hafis, Ariost, Cervantes, Calderon, Schiller. Er dachte natürlich bei solchen Aeußerungen an dasjenige nicht, was er selbst etwa solchen Vorzügen entgegen zu setzen hätte, wenn es sich um eine vollständige Vergleichung handelte. In Dichtung und Wahrheit sagt Goethe bekanntlich auch, daß Shakespeare von der deutschen Kritik mit einer Billigkeit und Schonung behandelt werde, von der nur zu wünschen wäre, daß sie auch deutschen Dichtern zugestanden würde. Wenn nun auch Shakespeare seinerseits in den Sonetten (Son. 80) einen uns unbekannten Dichter seiner Zeit als den „bessern Geist" bezeichnet, dem gegenüber seine Zunge zu verstummen habe, wenn er schon von Spensers „himmlischen Gesängen" spricht, die ihm sagen, was er selbst nicht zu sagen vermöchte, würde er nicht vielleicht auch, wenn er den Faust, Tasso, Hermann, Meister, Werther, Iphigenie, Dichtung und Wahrheit, die Lieder, Balladen, Elegien Goethes kennen gelernt hätte, den gleichen Eindruck, wie Goethe im umgekehrten Fall, bekommen haben, daß hier ein Höheres vorliege, an dem er hinaufzubliden habe? Gervinus geht sogar so weit, wiederholt den Ausdruck zu gebrauchen, bei dem wir gestehen müssen, uns nichts Verständiges denken zu können, Goethe sey an Shakespeare zu Grunde gegangen. Denn wie und in welchem Sinn des Worts soll denn Goethe überhaupt ein zu Grund gegangener Dichter zu nennen seyn?

Auf die Gefahr hin, paradox zu erscheinen, wagen wir die Ulrici'sche Behauptung geradezu auf den Kopf zu stellen und zu sagen, daß von jenen drei Dichtern Shakespeare entschieden am wenigsten, Goethe am meisten wahren historischen Sinn gehabt hat. Die Grundbedingungen einer historischen Weltbetrachtung, das Bedürfniß, alles Leben als eine stetige Entwicklung, alle menschlichen Zustände als gewordene und werdende aufzufassen, das feinste und vorsichtigste Organ für Causalität, die Aufmerksamkeit auf die Wechselwirkung der (mannigfaltigen) Elemente im Leben der Völker, die breiteste und vielseitigste Welterfahrung, die reinste Wahrheitsliebe, wer besaß das Alles in höherem Grade als Goethe? Er hat die großen Culturepochen in der Geschichte der Menschheit zum zweitenmal in dem Mikrokosmus seiner geistigen Entwicklung durchlebt. Der Orient, das classische Alterthum, die Weltanschauung des Mittelalters, die Eigenthümlichkeiten der neueuropäischen Culturvölker haben ihn in verschiedenen Perioden seines Lebens der Reihe nach innerlich durchdrungen und beherrscht. Allerdings war sein Sinn immer vorzugsweise auf die culturgeschichtliche Seite des Völkerlebens gerichtet, aber sie ist auch, wenn nicht überhaupt, doch jedenfalls für den Dichter und Denker die wichtigste. Wenn er aber dem, was man politische Geschichte nennt, den „Haupt- und Staatsaktionen," der Kriegsgeschichte ein schwächeres

Interesse zuwandte, so geschah dieß doch gewiß am wenigsten aus Mangel an Kenntniß davon. Er durchlebte eine großartig bewegte Zeit und war über das, was in der Welt vorging, nicht wie die meisten Dichter auf die Nachrichten der Zeitungsschreiber beschränkt; er ist in einem, wenn auch kleinen deutschen Land lange Zeit an der Spitze der Regierung und immer im engsten Vertrauen seines Fürsten gestanden, er kam mit fast allen hervorragenden Männern seines Zeitalters in persönliche Berührungen; er war Zeuge eines wichtigen Feldzugs, einer denkwürdigen Belagerung; seine Darstellung davon hat bleibenden, geschichtlichen Werth, wie auch des Dichters Selbstbiographie gerade als culturgeschichtliches Zeitbild ein unerreichtes Meisterwerk zu nennen ist. In den wenigen Volksscenen des Egmont und in den politischen Gesprächen, die zwischen Egmont, Margarethe, Macchiavell, Oranien, Alba geführt werden, ist nach unserem Dafürhalten mehr wahres Verständniß davon, wie es auf der großen Weltbühne zugeht, wie in bewegten Zeiten Interessen, Charaktere, Standpunkte gegen einander wirken, und ein wie unendlich Complicirtes die geschichtlichen Resultate sind, als im ganzen Shakespeare und Schiller zusammen. So viel man an den Wanderjahren als einem Produkt des Greisenalters von ästhetischem Standpunkt aus vermissen mag, so tritt doch in der Behandlung der socialen Fragen ein prophetischer Weltblick zu Tage, wie ihn nur das tiefste Verständniß der Zeitrichtungen und ihrer zukünftigen Consequenzen erzeugen kann.

Wenn Goethe später vom historischen Drama immer

mehr ablam, so geschah dieß am allerwenigsten aus Mangel
an historischem Sinn, sondern im Gegentheil weil ihm bei
seinem klaren und scharfen Realismus, seinem reinen Wahr=
heitsgefühl Geschichte und Poesie immer mehr als gesonderte
und unvereinbare Gebiete aus einander traten, weil ihm in
der Wirklichkeit die allgemeinen Verhältnisse viel mächtiger,
die Individuen in ihrem Handeln viel beschränkter, die Er=
eignisse viel complicirter erschienen, als es die dramatischen
Gesetze zu erfordern scheinen. Seine Richtung auf das Ge=
netische und die symbolisirende Neigung wurden so über=
wiegend in ihm, daß er in der späteren Periode sich von
der ganzen Gattung der dramatischen Poesie mit Bewußtseyn
abwandte, weil sie einen festen Abschluß verlange, wo in
Wahrheit keiner seyn könne; wie er denn in den Wander=
jahren in seinem socialen Zukunftsreiche so weit geht, alle
dramatischen Aufführungen zu verbieten und auf jene selt=
same Sentenz geführt wird: „Was sind Tragödien anders
als versificirte Passionen von Leuten, die sich aus den äußeren
Dingen, ich weiß nicht was, machen?"

Allen diesen Zeugnissen zum Trotz soll Goethe gleich=
wohl keinen historischen Sinn gehabt haben, weil ihm die
französische Revolution nicht immer in eine Sehweite trat,
wie sie sich für die darauf folgende Generation von selbst
ergab, weil er auch einmal den Bürgergeneral und die Auf=
geregten geschrieben hat, weil er die Erhebung des Jahres
1813 am Anfang als ein aussichtsloses, verderbenbringendes
Unternehmen beurtheilte, was sie auch ohne den späteren

Uebertritt von Oesterreich sehr leicht werden konnte, weil er
als angehender Greis der Stimmung und den Hoffnungen
der deutschen Jugend die kühle Ruhe gerade eines histori=
schen Standpunkts entgegen setzte, weil er in seinen späteren
Jahren sich eine universelle und übersichtliche Betrachtung der
Weltbegebenheiten und des Völkerlebens angeeignet hatte,
in welcher ein einseitiger Patriotismus und ein lebhafteres
Interesse für vorübergehende Zeitrichtungen keine Stelle mehr
finden konnten. Er durfte gar wohl von sich sagen:

> Wer in der Weltgeschichte lebt,
> Dem Augenblick soll' er sich richten?
> Wer in die Zeiten schaut und strebt,
> Nur der ist werth zu sprechen und zu dichten.

Und zu Shakespeare als dem wahrhaft historischen Dichter
soll er wie zu einem Wesen höherer Art hinaufzublicken haben!
Shakespeare besaß das, was man historischen Sinn nennen
darf, nur in mittlerem Grade. Er hat Menschen, Charaktere
in leidenschaftlicher Bewegung, in bedeutenden Situationen
geschildert. Dabei waren ihm Geschichtsbücher eine Fund=
grube zu dramatischen Stoffen gerade so wie Sammlungen
von Novellen und Sagen. Seine englischen Historien sind
nur Königsgeschichten; Zustände von Staat, Volk, Gesell=
schaft kommen ihm kaum in Betracht; für die culturgeschicht=
liche Seite, überhaupt für alles Genetische hatte er kein Auge
und Interesse. Es fehlt ihm fast jede Spur von kritischem
Sinn, fast jeder Maßstab für die Unterscheidung wahrschein=
licher und unwahrscheinlicher Handlungen. Er weicht von

seinen Quellen gewöhnlich nur darin ab, daß er sie in der Richtung des Phantastischen überbietet und ihre pragmatische Motivirung abschwächt. Ob er mit Römern, Griechen, Italienern, Dänen, Schotten, Engländern zu thun hat, er zeichnet Menschen und menschliches Schicksal, wenn auch sein Blick immer frei und hoch genug ist, nach Stoffen von einer universellen Bedeutung zu greifen und sie in großem Sinne zu behandeln. Darin liegt auch entfernt kein Tadel des Dichters; denn Alles das lag außerhalb seiner Zwecke. Er schildert uns Könige nur, weil er für große Charaktere und Leidenschaften auch großer Situationen bedurfte und es überdieß herkömmlich war, die Tragödie nur auf die große Weltbühne zu stellen.

Nach jener Ulricischen Methode freilich, durch welche der historische Stoff eines Dramas in einen allgemeinen Erfahrungssatz der Geschichte, der dann die Grundidee des Stücks enthalten soll, aufgelöst wird, könnte man auch den obscursten Dichter, der ein geschichtliches Thema behandelt hat, zu einem großen historischen Geist stempeln. Wenn in Richard III. das Wesen der Tyrannei, in Heinrich V. das des Kriegs, in König Johann das Verhältniß von Staat und Kirche, in Coriolan der Conflikt von Politik und Familie, in Antonius das Verderbliche der Oligarchie gezeichnet seyn soll, so möchten wir wissen, wie ein historisches Drama beschaffen seyn müßte, um nicht eine ähnliche Phrase, die sich für eine große historische Wahrheit ausgeben läßt, als die Grundidee davon ausfindig machen zu können. Was ists überhaupt um diese angebliche Grundidee einer dramatischen

Dichtung? Wenn jemand aus Ulrici die Grundideen der sieben-
unddreißig Stücke von Shakespeare zusammenschreibt und dem
besten Shakespearekenner die Aufgabe stellt, er solle nun zu jeder
Grundidee das entsprechende, vom Ausleger gemeinte Drama bei-
fügen, er wird unter zehn kaum ein einziges mit voller Sicherheit errathen, und häufig zwischen einem halben Dutzend im
Zweifel seyn, wovon auf jedes die angegebene Grundidee gleich
gut und gleich wenig paßt. Shakespeare selbst würde jedenfalls in einem solchen Examen am schlechtesten bestanden seyn.

Das Vergleichen von Dichtern, auch wenn sie ganz ver-
schiedenen Zeiten und Nationen angehörten, hat immer einen
Reiz und Werth, weil die Eigenthümlichkeit eines jeden dabei
stets von neuen Seiten ins Licht tritt; allein eine ganz andere
Sache ist es, die Resultate solcher Vergleichungen in eine
Gesammtschätzung, in eine Art von Lokation zusammenzufassen.
Man begeht dann gar leicht den Fehler, den die Schulkinder
machen, wenn sie Scheffel, Gulden, Centner, Morgen in
Einer Summe zusammen addiren. Am ehesten lassen sich
noch die psychologischen Elemente der Individualität, in denen
das Wesen der natürlichen Dichtergabe enthalten ist, namentlich die hieher gehörigen Eigenschaften des Intellekts, die
Stärke und Klarheit, der Umfang und die Schwungkraft der
Phantasie, der Witz, das Vergleichungsvermögen, die Sprach-
gewalt, der Sinn für Rhythmus und Metrik, und ähnliche
Naturgaben einzeln einander gegenüberstellen. Nur wird
man auch bei einem solchen Versuch sogleich auf die Schwie-
rigkeit stoßen, daß die psychologische Wissenschaft so wenig

feststehende und anerkannte Grundlagen hat, daß fast jeder Forscher jene Begriffe wieder anders bestimmt und unter sich combinirt, und daß daher jeder solchen Vergleichung genau genommen eine psychologische Erörterung über den Sinn, den man mit den verschiedenen Begriffen verbinden will, vorauszugehen hätte.

Wie man aber immer auch jene Begriffe näher bestimmen wollte, so wird, wenn es sich darum handelt, Shakespeare mit Schiller zu vergleichen, kein Zweifel darüber seyn, daß der britische Dichter dem deutschen in der dichterischen Naturgabe entschieden überlegen ist, daß er die reichere, vielseitigere, flugkräftigere Phantasie, die überlegene Schärfe der sinnlichen Anschauung, die größere Originalität und Fülle der Bilder, daß er im Zarten wie im Furchtbaren den noch eigenthümlicheren und wirksameren Ausdruck voraus hat. Allein diese Naturbegabung ist wohl der erste, aber keineswegs der einzige und für sich entscheidende Factor für die Gesammtwirkung eines Dichters. Daß Schiller die reiche Geistesarbeit von zwei vollen Jahrhunderten und das Vorbild Shakespeares selbst voraus hatte, daß er auf der Höhe seiner Zeitbildung stand und von ihrer geistigen Strömung aufs tiefste erregt war, was beides von Shakespeare nicht gilt, daß er die Alten kannte, daß sich zu dem Talent des Dichters die Eigenschaften des selbstständigen, scharfsinnigen Denkers gesellten, sind Vortheile, die schwer ins Gewicht fallen. Seine Gedankenwelt steigt in Regionen auf, die über Shakespeares ganzen Gesichtskreis hinauslagen, ohne daß man sagen könnte, daß sie auch die Sphäre der Dichtkunst überschritten. Wallenstein, Maria Stuart, die Jungfrau, Tell mögen hinter Macbeth, Hamlet, Richard III. an Genialität des ganzen Wurfs, in der Charakterzeichnung, an Großartigkeit einzelner Scenen zurückstehen; sie haben aber eine besser motivirte, spannendere und zusammenhängendere Handlung, sie sind frei von jenen Uebertreibungen und Widersprüchen, an denen z. B. Richard und Hamlet überreich sind; sie sind mit kundiger, maßvoller Hand trefflich componirt; sie haben den mächtigen Reiz einer gedankenvollen, glänzenden Rhetorik und jenes schönen sittlichen Idealismus, der dem Dichter die Ausübung seiner Kunst zu einem heiligen Priesterdienst machte, und dessen edles Pathos ihm für alle Zeiten einen Platz in der Reihe der großen Lehrer und Propheten der Menschheit sichert. Sie nehmen durch die Vereinigung solcher Vorzüge einen selbstständigen, ebenbürtigen Rang unter den dramatischen Werken ersten Rangs ein, und es wäre durchaus unberechtigt, sie nach ihrem Gesammtwerth in eine niedrigere Klasse versetzen zu wollen. Und wie bedeutend steht die Schiller'sche Lyrik an Fülle und Tiefe der Gedanken, an Glanz und Mannigfaltigkeit über Shakespeares kleineren Dichtungen und Sonetten, wenn man auch diesen vielleicht die zartere Empfindung, ein genialeres Colorit beilegen mag!

Nimmt man aber nun noch die Gesammtwirkung beider Dichter auf ihre Nation, ihre culturgeschichtliche Bedeutung, so läßt sich freilich, da Schiller uns zeitlich noch zu nahe steht, darüber wohl erst in kommenden Jahrhunderten ein

abschließendes Urtheil fällen. Wenn man die beiden Secular=
feiern von 1859 und 1864 zum Maßstab nehmen wollte,
könnte über das Ergebniß kein Zweifel seyn. Shakespeares
Erscheinung ging an seinen Zeitgenossen fast unbeachtet und
jedenfalls ohne hervortretende Wirkung vorüber; die vier bis
fünf nachfolgenden Generationen vergaßen ihn so gut als
gänzlich; als man sich seiner wieder erinnerte und ihn rasch
als König der Dichter auf den Schild hob, war er seinem
Volke schon in eine alterthümliche Ferne gerückt, bei welcher
eine philologische Behandlung erforderlich und die Wirkung
auf engere Bildungskreise beschränkt ist. Vielleicht wäre die
höchste culturgeschichtliche Bedeutung des britischen Dichters
darein zu setzen, daß er einem fremden, dem deutschen Volke
zum Leitstern und Führer beim Eintritt in seine große Lite=
raturepoche geworden ist. Aus der Art, wie in England
jene Secularfeier ablief, möchte man schließen, daß Shake=
speare dem englischen Volk bereits mehr zu einem großen
und stolzen Namen verflüchtigt, als ein noch unmittelbar in
weiteren Kreisen wirkender Nationaldichter zu nennen ist.
Schiller dagegen ist eben dieß in einem Umfange, wie seit
Homer kaum ein zweites Beispiel genannt werden kann. Es
ist gar nicht zu ermessen, wie groß sein Antheil an der Bil=
dung, dem geistigen und politischen Aufschwung des deutschen
Volkes im neunzehnten Jahrhundert gewesen ist. Nach Hun=
derttausenden sind diejenigen zu zählen, die ihm einen wesent=
lichen Theil ihrer Bildung danken, und man möchte glauben,
das könne niemals anders werden, so lange die Nation nicht

selbst in Schlaffheit und Barbarei versinkt. Schon zehn Jahre nach seinem Tod konnte Goethe von ihm singen:

> Schon längst verbreitet sich's in ganze Schaaren,
> Das Eigenste, was ihm allein gehört.

Wir legen unsererseits einer solchen unmittelbaren Wirkung im Großen nicht das entscheidende Gewicht bei, da sie leicht auf Eigenschaften beruhen kann, denen im Reich der Geister doch nicht der erste Platz gebührt; aber diejenigen Literarhistoriker und Kritiker, die, wie Gervinus, gerade die historisch-politischen und nationalen Gesichtspunkte bei der Beurtheilung der Dichter obenan stellen, dürfen wohl daran erinnert werden, wie sehr sie in ihren Urtheilen über Shakespeare und Schiller entweder wichtige Thatsachen ignoriren oder den eigenen Grundsätzen widersprechen.

Shakespeare mit Goethe in eine Parallele zu stellen, hat sich im obigen schon wiederholter Anlaß ergeben, und es kann dem Leser nicht mehr unerwartet seyn, wenn wir einer Unterordnung des ersten deutschen Dichtergenius unter den ersten britischen, wie sie in den Urtheilen von Gervinus, Ulrici, Vischer u. s. w. liegt, mit Entschiedenheit widersprechen.

Hier läßt sich schon nicht, wie gegenüber von Schiller, von einem Vorzug Shakespeares in der natürlichen poetischen Begabung reden. Beide Dichter vertreten in diesem Punkt das Höchste, was wir innerhalb der menschlichen Gattung kennen; sie lassen sich aber unter sich nur der Art, nicht dem Grade nach unterscheiden.

Shakespeare zeichnet uns die besondere Natur seiner eigenen Dichtergabe, wenn er sagt:

> Des Dichters Aug, in schönem Wahnsinn rollend,
> Blitzt auf zum Himmel, blitzt zur Erde nieder;
> Und wie die schwangre Phantasie Gebilde
> Von unbekannten Dingen ausgebiert,
> Gestaltet sie des Dichters Kiel, benennt
> Das luft'ge Nichts und giebt ihm festen Wohnsitz.

Ebenso läßt uns Goethe die Eigenthümlichkeit seiner Phantasie erkennen, wenn er von dem Dichter sagt:

> Wodurch bewegt er alle Herzen?
> Wodurch besiegt er jedes Element?
> Ist es der Einklang nicht, der aus dem Busen bringt
> Und in sein Herz die Welt zurücke schlingt?
> Wenn die Natur des Fadens ew'ge Länge
> Gleichgiltig drehend auf die Spindel zwingt,
> Und aller Wesen unharmon'sche Menge
> Verdrießlich durch einander klingt,
> Wer theilt die fließend immer gleiche Reihe
> Belebend ab, daß sie sich rhythmisch regt?
> Wer ruft das Einzelne zur allgemeinen Weihe,
> Daß es in herrlichen Akkorden schlägt? 2c.

Das rollende Auge des einen Dichters eilt von einer Erscheinung zur andern, vom Nächsten zum Entferntesten; der Blick des Andern ruht still und rein auf den Dingen selbst, saugt sich in die einzelne Erscheinung ein und schaut in ihr das Typische und Ideelle. Die Phantasie des einen Dichters ist discursiv und combinatorisch, die des andern intuitiv und plastisch; jene hat den kühnern, glänzendern, schwung-

volleren Flügelschlag; diese fliegt von ihren Gestalten nicht
weg, sondern breitet den „aus Morgenduft und Sonnen-
klarheit gewebten Schleier," den die Dichtung aus der Hand
der Wahrheit empfing, darüber hin, um sie innerlich zu
durchleuchten und zu verklären. Die poetische Muse hatte
bei jedem der beiden Dichter noch eine zweite Muse zur Be-
gleiterin und Gehülfin; bei Shakespeare war es die Musik,
bei Goethe die bildende Kunst, und dieser Unterschied ist für
beide durchaus charakteristisch.

Das Vergleichungsvermögen ist bei beiden Dichtern so
eminent, daß ihnen die tropische Redeweise wie zur zweiten
Natur geworden ist. Kein anderer Dichter reicht darin von
ferne an sie hin. Die Bilder Shakespeares sind in der Regel
kühner, frappanter, fernerliegend, die von Goethe einfacher,
treffender, wahrer. Jene ruhen auf einer Einbildungskraft
von der wunderbarsten Beweglichkeit, diese auf einer Fülle
und Breite der klarsten Anschauungen. Shakespeares Vergleichungen halten manchmal die nähere Prüfung nicht aus; sie
neigen sich zur Hyperbel; es fehlt ihnen nicht selten die sinnliche Vollziehbarkeit; namentlich wenn abstracte Begriffe wie
Freude, Gram, Zorn, Liebe, Furcht, Gnade u. s. w. in länger
ausgesponnenen, oft gesuchten Tropen personificirt werden.
Goethe würde bei der Beschreibung eines Sturms nicht sagen,
daß die Welle zum glühenden Bären Wasser aufzuschleudern
und des Polarsterns Fackel auszulöschen scheine; er würde
seinen Helden nicht drohen lassen, den Gegner an das Horn
des Mondes zu schleudern; er würde von der Hand der

Geliebten nicht sagen, sie sey so blendend, daß alles andre Weiß dagegen als Dinte erscheine, und des Schwanes Flaum sey nicht so sanft wie ihr Druck. Auch jene frappanten und phantastisch geistvollen Vergleichungen lagen Goethe ferner, wie z. B.: „Auch wärst du träger als das feiste Kraut, das ruhig Wurzel treibt an Lethes Bord." oder: „Die Wunden, die sein Körper trägt, sie gleichen Gräbern auf geweihtem Boden."

Dagegen wird man bei Shakespeare nicht jene tiefsinnige Weltsymbolik suchen dürfen, mit welcher Goethe die äußern Vorgänge in Natur und Leben und die innersten Regungen des Gemüths in unendlichem Wechselspiel zu verknüpfen, alles Physische zu beseelen, alles Geistige sinnlich zu veranschaulichen wußte. Für ihn waren Bilder und Gleichnisse, die ihm in solcher Fülle zuströmten, daß er selbst im Gespräch kaum einen Satz ohne tropische Figuren gebildet haben soll, nicht bloß ein müßiges und glänzendes Spiel der Phantasie, sondern die unwillkürlichen Erzeugnisse eines den Weltzusammenhang mit ahnungsvollem Wahrheitsdrange suchenden Geistes. Shakespeares Gleichnisse bestrahlen die Dinge, wie Raketen und farbige Lichter, mit flüchtigem Glanz; Goethe zeigt uns die Sache selbst in dem ruhigen Spiegelbild eines zweiten anschaulicheren Vorgangs. Wenn Shakespeare sagt: so nackt wie die gemeine Luft, oder: so keusch wie ungesonnter Schnee, so zahm wie der Schlaf u. s. w., so ist es mehr das Neue und Geistvolle, als das Treffende der Vergleichung, was uns überrascht und erfreut. Wenn Goethe, die Xenien mit einem Feuerwerk vergleichend, sagt:

> Einige steigen als leuchtende Kugeln und andere zünden;
>> Manche auch werfen wir nur, spielend das Auge zu freun.

so zeichnet er damit in der anschaulichsten Weise die drei verschiedenen Klassen der Xeniensammlung und die Stimmungen der beiden Dichter bei ihrer Abfassung.

Wo sich dagegen auch Shakespeare ganz innerhalb des Kreises wirklicher Sinneneindrücke bewegt, wie in der Zeichnung der elementaren Naturerscheinungen, der Tages- und Jahreszeiten, der Witterung, des Meeres, des Sternenhimmels, da sind seine Bilder von ganz anderer Art und haben mit der Goethe'schen Weise sogar eine augenfällige Aehnlichkeit. Beide Dichter wissen über diese einfachsten Formen des Naturlebens den Zauberhauch des ersten Schöpfungsmorgens hinzugießen. Wenn wir uns nicht täuschen, so liegt in vielen Stellen dieser Art bei Shakespeare ein zarter Ton von Wehmuth, von einer Sehnsucht aus den Nebeln und der dumpfen Bretterwelt seines Londoner Lebens heraus nach den Naturfreuden seiner Jugend an dem schönen Ufer des Avon. Die bekannten Stellen, zu denen noch viele ähnliche zu nennen wären: „Wie süß das Mondlicht auf dem Hügel schläft" u. s. w. „Der Tag erklimmt mit leisem Schritt die Nebelberge," oder:

>> Des Glühwurms
> Ermattend Licht verkündet schon den Morgen:

ebenso jene Schilderungen der Nacht von der schaurigen wie von der lieblichen Seite, wenn es im Macbeth heißt:

>> Schon sinkt der Abend und die Krähe fliegt
>> Dem dohlenwimmelnden Gehölze zu ic.

und:
>Eh' noch die Fledermaus
>Den einsam klösterlichen Flug beginnt,
>Eh noch der Käfer mit dem schläfrigen Gesumm
>Die Nacht einläuten wird rc.

und dann wieder im Kaufmann:

>Der Mond scheint hell. In solcher Nacht wie diese,
>Da linde Luft die Bäume schmeichelnd küßte
>Und sie nicht rauschen ließ rc.

scheinen uns bei vollster Originalität auf beiden Seiten die innigste Verwandtschaft mit so vielen Klängen der Goethe'schen Lyrik zu haben, wie: „Der Morgen kam, es scheuchten seine Tritte den leisen Schlaf, der mich gelind umfieng rc." „Wenn sich lau die Lüfte füllen." „Schwindet ihr dunklen Wölbungen droben rc." „Es schlug mein Herz: geschwind zu Pferde rc." „Füllest wieder Busch und Thal Still mit Nebelglanz."

Goethes Dichtergabe kann insofern die reichere und vielseitigere genannt werden, als er in allen Gattungen der Dichtkunst Meisterwerke schuf, Shakespeare nur in einer einzigen, dem Drama. Für das Epische scheint Shakespeare geradezu die volle Anlage gefehlt zu haben. Er ist in allem Erzählen und Beschreiben durch das Abspringende seiner Phantasie gehemmt. Die Beschreibung zerfällt leicht in Hyperbeln und Superlative; in Lucretia und Venus und Adonis, sowie in den erzählenden Partien seiner Dramen zeigt sich eine Art von Abneigung und Ungeschick, die wesentlichen Momente einer Handlung ohne Abschweifung und

Dreinreden in ihrer einfachen Folge auf uns wirken zu laſſen. Lucretia namentlich iſt ein wahres Muſter einer ſolchen Er‐ zählung, in der man fortwährend den Faden der Handlung durch eingeſchaltete Reflexionen und Schilderungen zu ver‐ lieren in Gefahr iſt; auch das wenige, was wir Balladen‐ und Romanzenartiges von Shakeſpeare haben, zeigt, daß ſeine Stärke im muſikaliſchen Element und nicht im epiſchen lag. Für Lyrik beſaß Shakeſpeare, wie wir oben gezeigt, zwar die höchſte Befähigung, aber dieſe gelangte weit nicht zu ihrer vollen Entfaltung. Die Sonette, ſo ſehr ſie als ſolche glänzen, können doch die Schranken, welchen dieſe Dichtgattung einmal unwiederbringlich verfallen iſt, nicht überſchreiten. Goethe ſteht daher in der Lyrik wie im Epos hoch und in unvergleichbarer Weiſe über Shakeſpeare.

Innerhalb der dramatiſchen Gattung dagegen iſt Shake‐ ſpeare der reichere, bühnenkundigere, effektvollere Dichter. Wiewohl ſeine dramatiſche Handlung im Kleinen und Ein‐ zelnen viele Anſtöße gibt, ſo weiß er ſie doch im Großen und Ganzen mit ſicherer Hand in wachſender Spannung zum wirkſamſten Abſchluß zu führen. Alle ſeine Stücke ſind voll raſcher, energiſcher That. Goethe fügt ſich nur in ſeinen Jugendwerken, Götz, Clavigo, Egmont den naturgemäßen und hergebrachten Forderungen der dramatiſchen Form. In den reifſten und eigenthümlichſten Dichtungen dagegen ſträubt ſich ſein Genius gegen das draſtiſche Element, gegen die gewaltſame Kataſtrophe. Er legt den ganzen Accent auf die feinſte Motivirung im Einzelnen, findet aber im Großen

den effektreichen Gang der Handlung nicht, den der Zuschauer scenischer Darstellungen erwarten zu dürfen glaubt.
Die Dramen dieser Art sind deßhalb nicht bühnengerecht,
sie bleiben entweder Fragmente, oder gelangen sie nur zu
einem unwirksamen Abschluß. Die Zartheit der Empfindungen
und die wachsende Neigung für das Symbolische ließ ihm
auch die unbedeutendere Handlung vielsagend erscheinen.
Iphigenie, Tasso, die natürliche Tochter sind in dieser Beziehung wahre Antipoden zu Lear, Macbeth, Richard III.
Es sind ganz verschiedene Gattungen der Poesie, die sich
nicht weiter miteinander vergleichen lassen. Nur wer das
theatralische Moment des Dramas zum entscheidenden macht,
was wir für unberechtigt halten, ist hier mit seinem Urtheil
leicht fertig, zumal wenn er dabei noch die Bildungsstufe
und Forderungen des großen Theaterpublikums als maß-
gebend betrachtet. Shakespeare dichtete alle seine Dramen
im strengsten Sinn für die Bühne, Goethe nur wenige und
gerade die weniger bedeutenden. Drama und Bühnenstück
waren ihm zwei getrennte Begriffe.

Unzweifelhaft hat Shakespeare innerhalb der dramatischen
Gattung vor Goethe auch voraus, daß ihm das Komische
wie das Tragische in gleicher Vollendung gelang, während
Goethe für die eigentliche Komödie nur eine mittlere Be-
gabung zeigt. Wie groß ist der Abstand von Goethes Lust-
spielen gegen den Sommernachtstraum, Was Ihr wollt, den
Kaufmann von Venedig! Nur im satirischen und ironischen
Genre, wie es in den Vögeln, in Götter, Helden und

Wieland, in vielen Scenen des Faust, sodann in Reinele Fuchs, dem Jahrmarkt u. s. w. vertreten ist, hat Goethe eine ihm eigenthümliche, Shakespeare ziemlich fremde, Gattung des Komischen mit Meisterschaft ausgebildet.

Ueber Shakespeares Verdienste um die englische Sprache müssen wir auf ein eigenes Urtheil verzichten. Jedenfalls aber ist Goethe in den poetischen Formen weit reicher und mannigfaltiger, und für sein Volk nicht nur in der gebundenen Rede, sondern auch in der Prosa zum schöpferischen und unerreichten Vorbild geworden.

Dem Styl Shakespeares ist die größere Energie, Wucht und Schwungkraft beizulegen; es liegt eine hinreißende, überwältigende Vehemenz in dem brausenden Strom seiner Rede, gegen welche dann die zarten und weichen Töne, die ihm wieder zu Gebot stehen, um so wirkungsvoller sich abheben. Shakespeare ist der unübertroffene, ja im Ganzen unerreichte Meister des poetischen Ausdrucks. Schon die Alten nennen das Dichterwort ein geflügeltes; wir sprechen in einem ähnlichen Tropus von der gehobenen, schwungvollen Diction. Eben darin liegt eine der glänzendsten Eigenschaften Shakespeares. Seine Rede berührt den Boden der gemeinen Sprechweise gar nicht; sie bewegt sich frei und leicht mit energischem Flügelschlag in der luftigen Region des idealen Ausdrucks. Es kommt dem Styl Shakespeares im höchsten Grade zu, was der Franzose in einem für den Deutschen unübersetzbaren Wort verve nennt. Dieser machtvolle stürmische Redefluß ist Shakespeare so eigenthümlich, daß er wie

ein Merkzeichen dient, um den Dichter schon aus wenigen
Zeilen zu erkennen; etwa wie jener Wächter auf dem Thurm
von Jesreel schon aus der Bewegung der Staubwolke, die gegen
die Stadt heranzog, errieth: es ist das Treiben Jehu, des
Sohnes Nimsi, denn er treibet wie ein Unsinniger. Und fast
niemals hat der Klang der Worte den Mangel oder die
Unklarheit des Gedankens zu übertönen; vielmehr strömen
ihm Gedanken und Bilder in solcher Fülle zu, daß die Rede
Mühe hat zu folgen. Leicht geschieht es dem Dichter, daß
ihn der freie Reiz der Poesie dem unmittelbaren Anlaß der
dramatischen Situation fast unwillkürlich entführt, und er
sich gleichsam im reinen Dienste seiner Muse fühlt. Wenn
Arthur von dem glühenden Eisen, das seine Augen durch-
bohren soll, sagt, es würde seine feurige Entrüstung in den
Thränen löschen und sich nachher aus Gram in Rost ver-
zehren, und dann wieder von der abgeglühten Kohle:

> Des Himmels Odem blies den Geist ihr aus
> Und streute Asche auf ihr reuig Haupt,

so darf man dabei nicht fragen, ob ein Knabe in solchen
Momenten auf ein so feines Spiel der Phantasie verfallen
könnte. Der Dichter überläßt sich, unbekümmert um die
nächsten Ausgangspunkte und begleitenden Bedingungen seiner
Rede, dem freien Flug seines Geistes. [1]

---

[1] Diese und ähnliche Stellen, deren Zahl nicht klein ist, mag Goethe
bei der oben erwähnten Aeußerung im Auge gehabt haben: Shakespeare
sey kein Theaterdichter; er habe an das Theater gar nicht gedacht.

Viele halten aber diesen Reiz des Styls und die Fülle der Tropen für das Wesen der Dichtkunst selbst und erheben Shakespeare schon um dieser Wirkung willen zum König aller Dichter. Besonders für den jugendlichen Geschmack wird der Grad, in welchem sich die dichterische Redeweise von der gewöhnlichen entfernt, gleich auch der Maßstab für die ganze poetische Wirkung. Das zartere Ohr und der reifere Sinn empfinden nicht ganz so; ihnen thut Shakespeares Styl manchmal auch des Guten zu viel; sie möchten ihn oft, wie es Horaz nennt, sermoni propior haben. In zahlreichen Fällen zwar gelten Shakespeares eigene Worte: „In deinem Reime schwimmt der Stoff so leicht, daß man kaum weiß, ist's Kunst, ist es Natur." Aber der Cothurn ist dem Dichter zur zweiten Natur geworden; es häufen und überstürzen sich auch Bilder und Gedanken; es fehlen der Phantasie die nöthigen Ruhepunkte. Die Diction bewegt sich gern an der Grenze des Ueberladenen, Rhetorischen und Hyperbolischen hin und überschreitet sie leicht und oft. Die Stellen aber, wo ihn seine Feuermuse trägt, ohne jene zarte Grenzlinie zu berühren, stehen auf dem Höhepunkt seiner und wohl auch aller Poesie.

Der Goethesche Styl erhebt sich zwar auch gar oft zum Hohen und Großartigen, und die Dichtersprache kennt keine höheren Flüge, als die Goethesche Muse in vielen Stellen von Faust, Iphigenie, Prometheus, in manchen seiner Oden und lyrischen Dichtungen genommen. Ja man kann sagen, schon Faust allein sey eine Fundgrube für das Herrlichste in jeder Gattung des dichterischen Wortes. Dennoch ist der vorherrschende Charakter die sinnliche Klarheit, das Maßvolle, Zarte, Beschwichtigte; die Grenze, die von seinen mittleren Jahren an für ihn gefährlich wird, ist eine schwunglose Fülle, ein allzufeines dialektisches Spiel von Gedanken und Empfindungen, die über das Interesse und Verständniß der gebildeten Massen hinausliegen. Goethe ist auch darin ein wahrer Antipode von Shakespeare. Auf den Abweg des Ueberladenen und Rhetorischen zu gerathen, ist er niemals in Gefahr; dagegen liebt er es, sich vor dem Leser zu verstecken, das Beste und Bedeutendste noch zurückzubehalten, in schlichtem Ausdruck lieber nur anzudeuten als Alles herauszusagen und den vollsten Effekt zu erringen. Shakespeare reißt unsere Phantasie auf schwindlichte Bahnen mit sich fort, daß ihr oft Hören und Sehen vergeht; Goethe lockt sie zu sinniger Vertiefung, zu selbstständiger Fortbildung seiner Anschauungen und Ideen.

Goethe war die harmonischere Natur; die verschiedenen Kräfte und Triebe seiner Seele traten nicht zu schroffen Extremen auseinander, sondern temperirten sich gegenseitig. Darum stehen auch die Menschen, die er schildert, in ihren Charakteren und Motiven näher beisammen; er zeichnet keine Engel und keine Teufel; sein Satan selbst ist noch um Vieles menschlicher als Shakespeares Bösewichte. Die Personen seiner dramatischen und epischen Dichtungen stehen fast durchaus auf geschichtlich und gesellschaftlich bedingtem Boden; er leiht ihnen kein schrankenloses Handeln. Er scheint deßhalb den Umfang menschlicher Lebensformen nicht zu erschöpfen. Wie Shakespeare dagegen seine innere Traumwelt bis zum

Gegensatz von Gestalten des Lichts und der Finsterniß spaltend
aus einander breitet, wie er seine Charaktere unter dem
Impuls einer einzigen Leidenschaft oder Triebfeder schrankenlos
handeln läßt, wie er hiedurch den Schein der höchsten Natur=
wahrheit, der erschöpfenden Darstellung alles Menschlichen
erreicht, ist schon in einem früheren Abschnitt eingehender
dargelegt worden. Ebenso ist oben schon der Gegensatz beider
Dichter in der pragmatischen Motivirung der Handlung her=
vorgehoben worden, wie Goethe darin den strengsten An=
forderungen genügt, Shakespeare aber, unbekümmert um
das realistische Element, die einzelne Situation als etwas
durch die Fabel, der er nun einmal folgt, Gegebenes ohne
weitere Prüfung hinnimmt und nur darauf bedacht ist, den
poetischen Gehalt jeder Scene für sich zum vollsten und glän=
zendsten Ausdruck zu bringen, selbst auf die Gefahr hin,
daß der aufmerksame und vergleichende Leser auf mancherlei
Widersprüche in der Handlung wie in der Charakteristik
stoßen könnte.

Ein beliebtes und interessantes Thema ist immer eine
Vergleichung der Goethe'schen und Shakespeare'schen Frauen
gewesen. Wir glauben zu bemerken, daß Shakespeares
männliche Charaktere mit weit mehr Naturwahrheit gezeichnet
sind als die weiblichen, und wissen dieß nach den obigen
Darlegungen auch leicht daraus begreiflich zu machen, daß
der Dichter wohl sein Lebenlang den Zutritt in die Kreise
gesitteter und edlerer Frauen nicht hat finden können,
während er für die männlichen Gestalten im Umgang mit

jungen Edelleuten, mit Dichtern, Literaten, Schauspielern ein reiches Feld der Erfahrung hatte. Seine Frauengestalten sind nicht aus dem Leben gegriffen, sondern Gebilde seiner Phantasie, in denen eine unzureichende Erfahrung durch geniale Combinationen ergänzt erscheint. Es fehlen ihnen die kleinen, concreten Züge der Weiblichkeit, die Schranken, mit welchen die häusliche und gesellschaftliche Sitte das Leben der Frauen umgibt und sie nöthigt, statt gerade heraus zu reden und zu handeln, ihre Gesinnungen und Gefühle in die Formen einer zarten Symbolik zu hüllen. Wenn Shakespeare überhaupt seinen Menschen ein zu unbedingtes Handeln leiht, so fällt dieß am meisten bei seinen Frauen auf. Sie treten fast so frei und selbstständig auf, wie die Männer; es fehlen die kleinen Schwächen und die Widersprüche ihrer Natur; sie zeigen gleich zu große Tugenden oder zu große Laster.

Es lassen sich drei Grundtypen seiner bedeutenderen Frauenbilder unterscheiden: die sittlichen Ungeheuer, wie Lady Macbeth, Regan, Goneril, Tamora, die Königin in Cymbeline; die hochgesinnten und heldenmüthigen Opfer von Liebe und Treue, wie Julia, Imogen, Cordelia, Desdemona, Helena; die geistvoll lecken kleinen Heroinen, wie Portia, Rosalinde, Rosaline, Beatrice, Viola. Unter den übrigen sind noch die edeln Dulderinnen Hermione und Catharina, die Feenmährchenkinder Miranda und Perdita, die geniale Buhlerin Cleopatra hervorzuheben. Je weniger Shakespeare seine unmittelbare Erfahrung die Modelle zu solchen Frauen-

gestalten bieten mochte, um so bewunderungswürdiger ist der
geniale Takt in den Schöpfungen seiner Phantasie. Doch
finden sich immerhin unter seinen Frauen weit mehr als
unter seinen Männern Nebenfiguren von etwas vager und
verschwommener Charakteristik. Die meisten Frauen in den
englischen Historien und viele in den Lustspielen sind nur in
schwachen und unsichern Umrissen gezeichnet; auch Ophelia
möchten wir dazu rechnen.

Goethe brachte sein ganzes Leben im Umgang mit gebildeten Frauen zu, und kannte das weibliche Herz wie kein
zweiter Dichter. Der Reichthum an feingezeichneten Frauenbildern ist fast unabsehbar. Gleichwohl sind auch die Goetheschen Frauen in das Element der Idealität hinaufgehoben,
und man irrt sich sehr, wenn man ihnen eine vulgäre
Naturwahrheit beilegen will. Man wird vergeblich in der
Gesellschaft nach einer Iphigenie, Dorothee, Natalie, Ottilie,
nach einem Gretchen und Klärchen, ja selbst nach einer
Philine und Marianne suchen; nur etwa eine Frau Melina,
Barbara, Frau Marthe, Elmire dürften leichter zu finden
seyn. Auch Goethes Frauenbilder sind, wie Shakespeares,
freie Dichtungen, nur schöpfte seine Phantasie dabei aus der
Fülle der Realität. Es liegt in Goethes Frauenzeichnungen
eine Mystik, zu der er sich in den bekannten Schlußworten
des Faust offen bekennt. Man hat ihm daher, als dem
Dichter des „ewig Weiblichen," schon Shakespeare als den
Dichter des „ewig Männlichen" entgegengestellt; in diesem
Sinne wenigstens gewiß nicht mit Recht. Denn Shakespeare

selbst scheint uns jene mystische Verehrung des Weiblichen
als eines Höheren und Gottähnlicheren mit Goethe, Petrarca,
Raphael, Dante, Rousseau, Jean Paul ganz zu theilen.
Seine idealsten Gestalten sind durchaus weibliche. Den
männlichen Helden, die er nach seinem Herzen zeichnet,
Hamlet, Posthumus, Heinrich, Edgar gibt er immer noch
ein gutes Theil irdischer Schwere mit; eine Imogen, Cordelia,
Desdemona, Catharina aber, sind schon halbverklärte Gestalten; eine Portia, Rosalinde, Perdita, Miranda stehen
am Eingang in ein Feenland.

Der Schein, als ob Shakespeare der männlichere Geist
wäre, entsteht nur daraus, daß er seine Menschen indeter-
minirter, weniger durch äußere Gegenwirkungen bestimmt
zeichnet. Vergleicht man aber die Persönlichkeit beider Dichter,
so wird man eher auf die gegentheilige Auffassung geführt.
Shakespeare war wohl die sensiblere, weichere, bei unsanften
Berührungen der Außenwelt nicht kräftig reagirende, sondern
sich unmuthig in ihr Traumleben zurückziehende Natur;
darauf weisen der ganze Stimmungston, der durch die
Sonette geht, die weltverachtende Bitterkeit im Hamlet, Lear
und den Dramen seiner spätern Zeit, seine wachsende Vorliebe für die mährchenhaften Stoffe, der frühe Abschluß seiner
dichterischen Laufbahn. Goethe dagegen erscheint in der
Führung seines eigenen Lebensgangs als ein durchaus willens-
kräftiger, sich selbst mit klarem Bewußtseyn und festem Entschluß bestimmender, die Hindernisse seiner Entwicklung oft
genug schroff und rücksichtslos beseitigender Charakter; es ist

grundfalsch, die Werther, Weislingen, Ferdinand, Clavigo, Eduard als Typen seines eigenen Naturells zu bezeichnen, wie Gervinus so häufig thut; sie stellen nur die Anfechtungen dar, die er wie leichte Häutungen von sich abstreift. Wenige Menschen waren unbekümmerter um die Meinungen des Publikums, wenige haben so auf alles unnütze Klagen über Menschen und Dinge verzichtet; wenige haben sich ihren Lebensweg so selbstständig vorgezeichnet. Wenn er das Leben mit einer Seefahrt vergleicht, so gelten von ihm selbst die Worte:

> Doch er stehet männlich an dem Steuer,
> Mit dem Schiffe spielen Wind und Wellen,
> Wind und Wellen nicht mit seinem Herzen.
> Herrschend blickt er auf die grimme Tiefe
> Und vertrauet scheiternd oder landend
> Seinen Göttern.

Der höchste Vorzug endlich, den wir dem Goetheschen Genius vor dem Shakespeareschen beilegen müssen, beruht zwar vielfach, aber doch nicht ausschließlich auf dem Unterschied der Zeitbildung und der persönlichen Lebensstellung beider Dichter. Es ist jene Universalität des Geistes, wie sie ihm Schiller zu der Zeit, da er ihm noch fremd und fast feindlich gegenüber stand, gleich nach den ersten Berührungen fast widerwillig zuerkennen muß, wenn er von ihm sagt: „Sein Geist wirkt und forscht nach allen Direktionen und strebt sich ein Ganzes zu erbauen — und das macht mir ihn zum großen Manne." Es ist ihm wie keinem zweiten Dichter gelungen, das Ganze der menschlichen Erfahrung in selbstständiger Anschauung zu durchmessen, und in der Fülle von einzelnen Erscheinungen das Eine Ewige, lebendig und stetig Wirkende zu erfassen. Der Dualismus des Dichters und Denkers, über den die größten Geister, ein Rousseau, Lessing, Schiller nicht hinauskamen, ist in ihm durch eine wunderbare Stärke des intuitiven Intellekts überwunden. Damit verglichen ist Shakespeares Gesichtskreis fast ein beengter zu nennen. Sein Thema ist doch immer wieder das eine: Charakter und Schicksal. Die Reiche der Natur, die Kulturstufen der Menschheit, die Gebiete der Kunst, Philosophie, Religion, die Goethe in selbstständigem Denken geistig durchwandert hat, sind Shakespeare bis auf wenige Anklänge fremd geblieben. Es fehlte ihm ein höheres Maß metaphysischer Anlage, der starke Trieb nach umfassender Erkenntniß. Er verstand und erstrebte nur praktische Lebensweisheit. Das hierin erreichte Ziel erhebt sich wenig über die populäre Sphäre und tritt gegen die außerordentliche Vielseitigkeit, Tiefe und Originalität der Goethe'schen Spruchweisheit sehr zurück. Er gehört zu den größten Dichtern der Menschheit, aber nicht in gleichem Maße auch zu ihren Lehrern und geistigen Führern. Man kann sich sein Lebenlang immer von Neuem wieder an seinen Dichtungen erfreuen; man kann sich aber nicht in gleicher Weise immer wieder neu an ihm bilden.

Dieser wichtige Gesichtspunkt tritt bei Gervinus, Ulrici und Andern gar nicht hervor. Gervinus befaßt sich mit dem

Philosophischen überhaupt nicht, und weiß die schöne Literatur immer nur zum Politischen und Historischen in Beziehung zu stellen. In letzter Instanz hat aber die Kunst mit Religion und Philosophie das Thema gemein. Die philosophischen Kritiker dagegen, von denen eine solche Einseitigkeit am wenigsten zu erwarten wäre, haben sich einmal in ihren ästhetischen Schulbegriffen von der historischen Tragödie, als dem Höhepunkt aller Poesie, festgerannt, und dadurch den freien Blick auf das Ganze eines Dichtergeistes getrübt.

Ein unvergängliches Gedächtniß und die dankbare Bewunderung der fernsten Nachwelt ist wohl beiden Dichtern im gleichem Maße verbürgt. Selbst wenn zum zweitenmal fremde Barbaren das europäische Kulturleben in den Staub werfen sollten, würde doch immer wieder eine Zeit kommen, in der Shakespeare und Goethe aus dem Schutt und Grab der Vergangenheit so sicher wieder auferstünden, als einst Homer und Sophokles aus tausendjähriger Vergessenheit. Doch, sollte man denken, werden beide Dichter immer nur auf die beschränkten Kreise einer geistigen Aristokratie ihre Wirkung äußern. Wenn es überhaupt erlaubt ist, in solchen Dingen aus der Gegenwart und kurzen Vergangenheit Schlüsse zu ziehen, so möchte man bei Shakespeare glauben, daß er den romanischen Völkern auch fernerhin fast unzugänglich bleiben werde. Der Charakter ihrer Phantasie ist für seine Art zu plastisch und realistisch. Aus verwandten Gründen erlauben wir uns das vermessene Urtheil, daß auch

innerhalb des germanischen Bodens der Shakespearecultus der
Frauen nicht selten auf Selbsttäuschung und Nachbetung
beruht, daß sie nur an Einzelnheiten, namentlich den Stellen
von lyrischer Natur, aufrichtiges und volles Gefallen finden
können. Shakespeare wird immer bleiben, was er zu seinen
Lebzeiten war, der Dichter für gebildete Männer von jugend=
kräftiger Phantasie. Dagegen können wir uns nicht denken,
daß sein Geist und seine Muse jemals eigentliche Gegner
finden sollten; die Anziehungskraft, die er übt, wird nur
eine stärkere oder schwächere seyn.

Goethe wird an Popularität, in der Wirkung auf die
gebildeten Massen wohl immer hinter Schiller noch weiter
als Shakespeare zurückstehen. Zwar eine nationale Schranke
läßt sich nicht wohl denken, und die Frauen werden den
Dichter, der sie, wie keiner, gekannt und gepriesen hat,
niemals vergessen; aber er wird immer nur eine kleine Ge=
meinde haben, die ihn in vollsten Ehren hält, wie er auch
bei den schönsten seiner Dichtungen stets unbekümmert war
um das große Publikum und nur den kleinen Kreis mit=
strebender Freunde und gleichgestimmter Seelen im Auge
hatte. Dagegen ist Eine Eigenthümlichkeit für ihn charak=
teristisch. Während andere Dichter nur entweder ergreifen
oder unwirksam bleiben, hat Goethes Genius und Muse
auch wirkliche Gegner. Manche finden sich, und zwar bei
unzweifelhafter geistiger Begabung und edlem Streben, von
dem Geist, der durch Goethes Dichtungen weht, und seiner
ganzen Individualität positiv abgestoßen. Die Gründe wissen

sie häufig selber nicht anzugeben, wenigstens sind diejenigen, die sie am meisten hervorzukehren pflegen, eigentlich nur scheinbare. Denn wenn sie von einzelnen Flecken in dem Privatleben des Dichters oder von seinem aristokratischen Standpunkt reden, so wissen sie daneben ganz ähnliche oder größere Anstöße und Differenzen bei Shakespeare, Rousseau, Schiller, Jean Paul, Tieck mit größter Liberalität zurecht=
zulegen. Die wahren Gründe sind mancherlei, und es ist hier der Ort nicht, sie alle aufzuführen, aber einen dieser Gründe erlauben wir uns hier noch zur Sprache zu bringen, weil er zugleich dazu dienen kann, unserer Charakteristik der beiden Dichter einen gewissen Abschluß zu geben.

Die letzten Gründe, aus denen uns der eine Dichter anzieht, der andere abstößt, der dritte gleichgiltig läßt, liegen über den Bereich ästhetischer Gesichtspunkte hinaus. Der Dichter tritt zu seinem Leser schließlich in einen un=
mittelbaren Rapport; das Ganze der einen Individualität wirkt auf das Ganze der andern. Je weiter uns der Dichter in die Tiefen seines Geistes einführt, desto mehr schließt sich auch unser eigenes Innerstes auf, und die Grundakkorde zweier Monaden berühren sich, sey es harmonisch oder disharmonisch, sympathisch oder antipathisch. Dieser letzte Eindruck ist nicht Sache einer freien Wahl, sondern resultirt von selbst aus den Gegenwirkungen der vielen Faktoren, die zusammen eine Individualität ausmachen. Wenn wir ver=
suchen, einen solchen Eindruck objectiv zu begründen, so ist das, was wir vorbringen, in der Regel nur etwas Scheinbares

und sehr Unvollständiges: ungefähr wie wir in der Gesellschaft nicht in Worte zu fassen wissen, warum uns das eine Gesicht anspricht, das andere nicht, und wie man bei allen Meinungsungleichheiten in ästhetischen Dingen schließlich doch damit abbricht, daß sich über Geschmackssachen eben nicht streiten lasse. Ebendamit scheint sich auch dieses ganze Gebiet aller vernünftigen Discussion zu entziehen, und wir würden es gar nicht berührt haben, wenn nicht unser Thema, Goethe und Shakespeare, doch noch darauf hinführte. Die beiden Dichter gehen in der Grundstimmung ihrer Lebensauffassung aus einander und üben daher eine ungleiche Anziehungskraft aus, je nachdem die Grundstimmung des Lesers mehr dahin oder dorthin neigt. Mit einem zwar nicht genauen, aber doch verständlichen Ausdruck möchten wir die Menschen nach dem Grundakkord ihrer Lebensstimmung in Optimisten und Pessimisten scheiden. Von zwei Individuen, deren persönliche Lebenserfahrungen ein ungefähr gleiches Gemisch von Förderungen und Störungen, von Erfreulichem und Schmerzlichem bilden, sehen wir das eine vorzugsweise an dem haften, was das Leben ihm bietet, das andere an dem, was es ihm verweigert. Der eine vergißt über der Befriedigung seiner Wünsche leicht deren Täuschungen, der andere über der Täuschung alle Befriedigungen. Ebenso hat bei ununterscheidbaren Chancen des Gelingens der eine den glücklichen, der andere den schlimmen Ausgang seiner Unternehmungen vor Augen. Das praktische Leben vermischt und verwischt zwar vielfach jene Gegensätze,

sofern es Jedem fast mit Gewalt ein gewisses Maß von
Resignation aufdrängt, aber das schärfere Auge wird sie
auch da noch wohl erkennen, und in der theoretischen Weltbetrachtung, wohin auch alle ästhetischen Genüsse gehören,
treten sie um so stärker hervor. Die Unterschiede von classisch
und romantisch, von antik und modern, von naiv und sen-
timental, von Realismus und Idealismus lassen sich als
Variationen von jenem Einen Thema betrachten.
Der optimistische Standpunkt hat wohl noch niemals
einen hellsinnigeren und geistvolleren Vertreter gefunden als
Goethe. Seine Lebensanschauung ist weit entfernt von einem
bloßen praktischen Epikuräismus, von der sittlichen Leichtfertigkeit, die im Leben und Lebenlassen den Schlußstein aller
Weisheit sieht. Der Dichter des Faust ist, wenn Irgend
Jemand, gegen den Verdacht gesichert, daß er die Idealen
Anforderungen an das Leben, denen er als Mann Beschränkung
oder Schweigen auferlegte, nicht selbst in ihrer ganzen Stärke
erkannt und empfunden habe. Dennoch war es die Summe
seiner Lebensweisheit, die er in tausend Formen wiederholt:
der Mensch solle entsagen und seine Wünsche auf das Niveau
desjenigen, was der Weltlauf zu bieten vermöge, einschränken;
er habe sein Glück nicht in der Ferne zu suchen, sondern
alle Kräfte auf das Gegenwärtige, auf die Forderung des
Tages, auf das seiner besondern Individualität Angemessene
zu concentriren und sich hier auch mit kleinem Erfolg und
Genuß genügen zu lassen. Alles Klagen über unabänderliche
Dinge, alles die Welt anders haben Wollen konnte er mit

Unmuth zurückweisen, wiewohl Niemand weniger in Illusionen lebte. Schon als Jüngling sang er: Uns gaben die Götter auf Erden Elysium; in der Blüthe des Mannesalters konnte er das Seltenste von sich sagen: er habe mit allen seinen Wünschen Abrechnung gehalten und hege jetzt nur noch solche, deren Erfüllung er in schönem Wanderschritt sich entgegen kommen sehe. Im ausgereiften, verhärteten Mannesalter sprach er diese Grundsätze sogar mit einer gewissen Schroff= heit und Schärfe aus. Nach allen Seiten ist er liberal, nur mit dem „Grillenfänger" nicht, und

> Fürchtet hinter diesen Launen,
> Diesem ausstaffirten Schmerz,
> Diesen trüben Augenbraunen
> Leerheit oder schlechtes Herz."

Am meisten sind ihm die lamentirenden Dichter zuwider:

> „Niemand soll nach Weine lechzen,
> Doch kein Dichter soll heran,
> Der das Aechzen und das Krächzen
> Nicht zuvor hat abgethan."

Als Greis wurde Goethe wieder milder und weitherziger nach allen Richtungen. Manches, was in seiner Jugend bei ihm angeklungen, und was er in dem hellenisirenden Paga= nismus seiner mittleren Jahre schroff ablehnte, fand jetzt von Neuem Eingang in sein Gemüth. Dem Optimismus aber ist er immer treu geblieben. Gerade, weil er beim Rückblick auf ein langes Leben auch keine vier Wochen volles Glück genossen zu haben meinte, rechnete er sich's als ein

Verdienst an, das er an Paradiesespforte geltend machen
dürfe, troh aller „Lebenswunden Tücke" stets „gläubiger
Weise" gesungen zu haben,

„Daß die Welt, wie sie auch kreise,
Liebevoll und dankbar sey."

Nur Mißverstand und Vorurtheil kann sagen, daß der
Goethesche Optimismus der Standpunkt des Lebemannes, des
Sonntagskindes sey. Resignation und eine rastlose lebens-
muthige Thätigkeit sind keine Dinge der Bequemlichkeit.
Niemand ist daher, der aus der Goetheschen Ethik, die das:
Gedenke zu leben an die Stelle des Memento mori setzt,
und in dem Spruch: Trinke Muth des reinen Lebens! einen
charakteristischen Ausdruck findet, nicht zu lernen hätte. Ja
ihre Forderungen sind weit eher zu schwer als zu leicht.
Sie haben aber ihre volle Geltung nur für den gesunden,
günstig organisirten Menschen von normalem Lebensgang.
Den kümmerlich Ausgestatteten, Hoffnungslosen, Trostbedürf-
tigen, den Mühseligen und Beladenen vermögen sie nicht
aufzurichten; sie klingen ihm, wie wenn man an das Lager
des Kranken tritt und ihm zuruft: bilde dir nicht ein, krank
zu seyn; stehe auf und wandle. Und dieser Anstoß beschränkt
sich nicht auf den Kreis der Unglücklichen; wir möchten sogar sagen, daß unter allen, die sich mit dem Geist der
Goetheschen Dichtungen nicht befreunden können, für die
meisten eben jener Optimismus, der ihrer eigenen Grundstimmung zuwider ist, ein Hinderniß bildet. Auch für die

Vergleichung mit Schiller, dem leidenden, gegen ein widriges
Schicksal männlich ringenden Idealisten ist dieser Punkt von
großer Bedeutung. Noch wichtiger ist er für die Frage nach
Goethes Stellung zum Christenthum. Dieses ist zwar an sich
weder auf die eine noch auf die andere Seite zu stellen. Das
Evangelium kennt einen Optimismus von der höchsten Gattung, in den sich zu allen Zeiten schöne Seelen und sinnige
Denker vertieft haben. Das kirchliche Dogma aber und der
Volksglaube kehren das pessimistische und spiritualistische
Element der christlichen Weltbetrachtung sehr stark hervor.
Auf diesem Standpunkt mag Goethes Anschauung als ein
verfeinertes Heidenthum erscheinen, und Schiller findet trotz
einer radikaleren Stellung gegen alles Positive, Shakespeare
trotz einer unzweideutigen Polemik gegen alles Kirchliche eine
weit schonendere Beurtheilung, weil in beider Dichter ethischer
Lebensauffassung das Element der Weltflüchtigkeit nicht fehlt.

Shakespeare ist nun zwar weit entfernt, in gleicher
Weise ein Vertreter für den Pessimismus heißen zu können,
wie Goethe für das Gegentheil. Seinen puritanischen Zeitgenossen scheint er eher als ein leichtfertiger Epikuräer gegolten zu haben; und nach Allem, was wir von ihm wissen,
mag er sich gar wohl darauf verstanden haben, den schönen Augenblick an der Stirnlocke zu erfassen. Jedenfalls wußte er die Freuden und Reize der Welt in die glänzendsten Farben zu kleiden.
Allein, wenn unsere obige Darstellung seiner Persönlichkeit und
Weltanschauung keine ganz verfehlte war, wenn wir den Geist
seiner Spruchweisheit nicht falsch gedeutet und mit Recht aus den

Sonetten, aus Hamlet und Timon am meisten des Dichters unmittelbare Züge und Stimmungen herausgefühlt zu haben glauben, so können wir nicht darüber im Zweifel seyn, daß er nach dem Grundtone seiner Lebensanschauung auf die pessimistische oder, wenn man an dem Ausdruck Anstoß nimmt, idealistische Seite zu stellen ist. Die Welt ist ihm nur ein Chaos unlösbarer Widersprüche, nicht ein Abglanz göttlicher Weisheit und Herrlichkeit. Das Menschenleben ist ihm der tückischen Fortuna launisch Spiel, nicht ein Antheil an der Verwirklichung der höchsten Zwecke; die einzige Waffe dagegen ist ihm der stoische Gleichmuth. Was ihm das Leben versagte, schmerzte ihn tiefer, als ihn erfreute, was es ihm bot. Für alle idyllischen Bilder vermochte er nur in einer Traum- und Feenwelt Raum zu finden. Gerade in diesem elegischen Zug seines Naturells liegt eine mächtige Anziehungskraft gegenüber von Goethes antikem Realismus und dessen unbequemer Forderung eines resignirten und doch allezeit frischen und thätigen Lebensmuthes.

Da nach dem Obigen über den Vorzug der einen oder andern Lebensauffassung nicht objektive Gründe, sondern subjektive Wahlverwandtschaften entscheiden, so verzichten wir darauf, die Vergleichung beider Dichter auch unter diesem Gesichtspunkt abzuschließen. Jeder hat die Wahl, sich auf die eine oder andere Seite zu stellen, oder vielmehr er wird und muß diese Wahl gemäß dem Ganzen seiner Individualität treffen. Da der Erfahrung gemäß so viele ästhetische Diskussionen mit einer Berufung auf ein nicht weiter begründbares subjektives Moment abschließen, so mochte es wohl gestattet seyn, hier bei einem ähnlichen Anlaß dieser Seite der Sache, wenn auch nur in kurzen Andeutungen, noch zu gedenken.

Wie dem aber auch seyn möge, so müssen wir allem Bisherigen zufolge jenes mehrerwähnte Urtheil, Shakespeare vereinige die Vorzüge von Schiller und Goethe und sey frei von ihren Fehlern, als ein grundfalsches und höchst einseitiges bezeichnen. Wohl hat auch nach unserer Ansicht Shakespeare Vorzüge vor beiden; vor Schiller die Ueberlegenheit der ganzen dichterischen Naturgabe, vor Goethe die gewaltigere Schwungkraft der Imagination und die vielseitigere, auch die Komödie umfassende dramatische Befähigung, vor beiden die reichere Bühnenerfahrung und praktische Technik, vielleicht auch die noch größere Virtuosität des poetischen Ausdrucks. Ebenso sicher aber hat er große Fehler, von denen die deutschen Dichterheroen frei sind, und diesen kommen große Vorzüge zu, die wir in Shakespeare vergeblich suchen. Jene Fehler sind ein großer Mangel an realistischer Motivirung der Handlung und ein Hang zu Ueberladung und Maßlosigkeit in Worten, Bildern und Sachen. Diese Vorzüge sind eine weit umfassendere Bildung, ein weit größerer Ideengehalt, ein in der Schule der Alten geläuterter Sinn für maßvolle Schönheit und reine Kunstformen, und speciell bei Goethe der plastische Charakter der Phantasie, die reichere Begabung für Lyrik und Epos, die Fülle von Realismus und Weltkenntniß, die Universalität und Centralisation des Geistes, die größere Originalität der ganzen Lebensauffassung.

Es ist eigenthümlich, wie für Gervinus gerade die patriotisch-politischen Gesichtspunkte das innerste Motiv waren, auf Kosten der deutschen Dichter den britischen zu idealisiren, und wie wir im Obigen trotz der Verwerfung jener Motive dazu gelangten, die vaterländischen Dichter in die ihnen gebührende Stellung wieder einzusetzen. Der Verfasser der vorstehenden Herzensergießungen glaubt sich zu den eifrigen Liebhabern und warmen Verehrern der Shake‑speare'schen Muse zählen zu dürfen und gehört jedenfalls zu denen, die seit den Jahren der ersten Jugend nicht aufgehört haben sich mit dem Dichter zu beschäftigen, die immer von Neuem wieder nach seinen Werken greifen und ihm stets neuen Genuß und neue Anregung verdanken; eine Eigenschaft, die er befremdlicherweise gerade bei den blindesten Eiferern, die nicht den geringsten Tadel an Shakespeares Dichtungen ertragen können, nur selten und ausnahmsweise beobachten konnte. Was ihm die Feder in die Hand gab, war der Unmuth über eine Verkehrung der natürlichen Maßstäbe für die Beurtheilung von Dichterwerken, über eine ästhetische Hyperkritik, die uns den reinen und unbefangenen Genuß, für den der fühlende und gebildete Leser keiner großen Instruktionen bedarf, nur verderben kann. Er wollte durch Beseitigung von störenden Vorurtheilen, Theoremen und Nebenmotiven dazu beitragen, daß der große britische Dichter zwar weniger der Gegenstand einer blinden und obligaten Lobpreisung, aber dafür um so besser verstanden, um so eifriger gelesen und genossen werde.

Es kann freilich scheinen, wie wenn die Richtung der obigen Ausführung eben dieser Folgerung eher im Wege stünde, als förderlich werden könnte. Wir haben es versucht, in das Gewölke, welches den Meisten Shakespeares Bild bis zur Unkenntlichkeit umhüllt, die leichten Umrisse einer menschlichen Gestalt einzuzeichnen, an die Stelle eines Titanenmythus eine geschichtlich bedingte und begreifbare Erscheinung zu setzen. Darin lag von selbst, daß wir auch Schatten und Schranken nachzuweisen hatten. Wir haben diese Mängel vielleicht sogar eingehender erörtert und schärfer betont, als es die Aufgabe, Shakespeare für sich allein und im Verhältniß zu seinen Zeitgenossen zu würdigen, erfordert haben würde. Es handelte sich aber zugleich darum, eine tendenziöse Verherrlichung auf Kosten der einheimischen Größen zurückzuweisen, an welcher der britische Dichter für sich ganz unschuldig ist. Zugleich war die obige Besprechung der einzelnen Dramen ja nur auf einen ganz bestimmten und beschränkten Punkt, die Motivirung der Handlung, gerichtet und ließ fast alles Andere unberührt. Wenn wir unbefangene Eindrücke und concrete Urtheile an die Stelle unbestimmter Redensarten zu setzen suchten, so glaubten wir, die ächten Freunde des Schönen, denen die deutlicheren Linien immer willkommener seyn müssen, als die verschwommenen, werden uns einen solchen Versuch eher verdanken als verargen. Mögen sie das Verfehlte berichtigen, das Ungenügende ergänzen! Die Freude am Dichter selbst aber hoffen wir Niemanden getrübt oder entmuthet zu haben. Sein Reichthum ist so außerordentlich, daß auch bei einer Ermäßigung der unbedingten Prädikate noch eine Fülle von Schönheiten übrig bleibt. Wenn wir einen Planeten mit bewaffnetem Auge betrachten, so mindert sich zwar sein Glanz und Schimmer, aber indem wir ein unserer Erde ähnliches Gebilde erkennen, wird der Anblick dennoch bedeutungsvoller und ahnungsreicher.

Der deutsche Shakespearekultus trägt die Bürgschaft seiner Dauer in sich selbst; nachdem er aber schon drei Stadien durchlaufen hat, wäre es zu wünschen, daß er in ein viertes einträte, in welchem dem britischen Dichter wieder jene frische und voraussetzungslose Empfänglichkeit, mit der ihn vor hundert Jahren Lessing, Herder und Goethe begrüßten, entgegengebracht würde, nur geläutert und bereichert durch die werthvollen Hülfsmittel, welche der Fleiß von englischen und deutschen Shakespearefreunden indessen angesammelt hat, aber zugleich auch in ihrem Urtheil befestigter durch den neu hinzugetretenen Maßstab, den uns der Aufschwung des eigenen Volkes zu einer classischen Literaturepoche an die Hand gibt. Dann wird sein Licht das unseres deutschen Doppelgestirns nicht überstrahlend in den Schatten rücken, aber vereint mit ihm ein Dreigestirn des Schönsten und Größten bilden, was in der Dichtkunst weitem Bereiche ein deutsches Gemüth zu erheben und erfreuen vermag.

www.ingramcontent.com/pod-product-compliance
Lightning Source LLC
Chambersburg PA
CBHW021347230426

43666CB00006B/435